KB199961

인간 붓다와
신(神) 예수

* 일러두기

이 책에 나오는 《성경》은 개역개정 본을, 《숫타니파타》는 디지털 불교 사이트 본을,
《법구경》은 《법구경》(법구 편, 이규호 역, 문예춘추사, 2016)을 사용했음을 밝힙니다.

인간 붓다와 신(神) 예수

지은이 | 정성민
초판 발행 | 2024. 01. 17.
등록번호 | 제 1988-000080 호
등록된 곳 | 서울특별시 용산구 서빙고로 65 길 38
발행처 | 사단법인 두란노서원
영업부 | 2078-3352   FAX | 080-749-3705
출판부 | 2078-3331

책값은 뒤표지에 있습니다.
ISBN 978-89-531-4779-9 03230

독자의 의견을 기다립니다.
tpress@duranno.com   www.duranno.com

두란노서원은 바울 사도가 3 차 전도여행 때 에베소에서 성령 받은 제자들을 따로 세워 하나님의 말씀으로 양육하던
장소입니다. 사도행전 19 장 8-20 절의 정신에 따라 첫째 목회자를 돕는 사역과 평신도를 훈련시키는 사역, 둘째
세계선교 (TIM) 와 문서선교 (단행본·잡지) 사역, 셋째 예수문화 및 경배와 찬양 사역, 그리고 가정·상담 사역 등을
감당하고 있습니다. 1980 년 12 월 22 일에 창립된 두란노서원은 주님 오실 때까지 이 사역들을 계속할 것입니다.

인간 붓다와 신神 예수

정성민 지음

붓다와 예수의
처음 가르침
본격 조명!

두란노

목차

제1장 /

붓다는 누구인가?

제2장 /

붓다는 무엇을 깨달았을까?

제3장 /

붓다는 왜 무신론자인가?

제4장 /

붓다는 왜 사후 세계를 부정했을까?

제5장 /

붓다 사상의 근원은 무엇인가?

감수평

김영한 원장(기독교학술원)

정성민 박사는 2022년에 《예수와 석가의 대화》(CLC, 582쪽)라는 종교학적으로 우수한 책을 저술하였다. 본인은 기독교인들이 붓다와 불교를 이해하는 데 훌륭한 길잡이가 되는 이 책을 신학생, 대학원생, 목회자, 대학교수까지 읽어야 할 필독서라고 적극 추천한 바 있다.

이번에는 정성민 박사가 불교 창시자 붓다를 일반인들의 눈높이에 맞춰 쉽게 소개해 주려는 시도로서 《인간 붓다와 신(神) 예수》라는 책을 저술하게 되었다. 일반인들에게는 방대하고 다소 이해하기 어려운 수준의 책, 《예수와 석가의 대화》를 짧고 간결하면서도 이해하기 쉽게 풀어쓴 책이라고 볼 수 있다. 이 책의 학문적 가치는 불교 창시자 붓다를 현대의 시각에서 소개해 주는 데에 있다. 이런 면에서 《인간 붓다와 신(神) 예수》는 앞으로 비교종교학의 고전이 될 것으로 여겨진다.

본서는 힌두교의 신, 우주적인 영으로서의 브라만의 존재를 부정하고 자립 해탈의 길을 연 붓다의 무신론적 원시 불교와 그 이후에 나타난 유신론적 대승 불교의 차이를 자세하게 설명해 주고 있다. 힌두교의 급진적 개혁자로서의 붓다를 조명하였을 뿐만 아니라 과학적이고 합리적인 종교 사상을 보여 주기 위하여 무신론, 중도 사상으로 특징지어지는 붓다의 사상을 힌두교, 자이나교, 대승 불교 등과도 비교한다.

본서가 지닌 학문적 가치를 다음 세 가지로 제시하고자 한다.

첫째, 저자는 불교의 창시자 석가모니 붓다가 신이 아니라 한 순수한 인간이라는 사실을 밝힌다. 저자는 붓다가 힌두교의 개혁자로 도덕적이고 거룩한 생활을 가르치고 몸소 실천한 사람이라고 밝히고 있다. 붓다의 세계관은 사후 세계를 인정하지 않는 무신론적 세계관이다. 붓다의 깨달음은 연기론이다. 이 세상에 변하지 않는 존재나 사물은 없으며, 만물은 서로가 의존적인 관계에 있다. 연기론의 최종 결론은 무신론과 무아론이다. 실제로 존재하는 것은 아무것도 없다는 것을 깨우치고, 욕망을 포기함으로써 해탈(열반)에 이른다. 윤회에서 벗어나 해탈에 이르는 길은 바로 연기론에 근거한 무아론이다. 저자는 석가의 본래 사상을 계승한 소승 불교와 대승 불교의 차이를 명확히 밝히고, 붓다의 중도 사상이 지닌 창의성을 지적하면서 붓다를 합리적인 종교 개혁자로 서술하고 있다.

둘째, 저자는 붓다의 사상을 당시 브라만교와의 차이 그리고 현대 철학의 맥락에서 설명한다. 저자는 붓다를 초월적인 신을 부정하고 스스로 인간 가치를 찾고자 하는 근대 계몽주의 사상의 원조로서 해석한다. 더 나아가 붓다를 현대 철학과 현대 교육의 원형이라고도 주장한다. 붓다는 신의 존재를 부정하고 인간의 이성을 중시하며 인간의 자율성을 최대한 보장하였다. 저자는 이 점에서 그를 계몽사상과 근대 철학의 원조로 본다. 그래서 현대 무신론의 진정한 시조는 붓다라고 본다. 이러한 초기 불교가 말하는 붓다는 몇백 년 후에 등장한 대승 불교에 의해 신격화된 붓다와 전혀 다르다고 한다. 즉 초기 불교의 가르침은 힌두교로 되돌아간 대승 불교와 전혀 다르다고 설명해 준다.

셋째, 예수와 붓다의 차이점과 공통점을 잘 드러내고 있다. 기독교의 유신론, 유아론, 신본주의 그리고 사후 세계에 대한 믿음 등의 초월적인 세계관은 붓다의 사상인 무신론, 무아론, 인본주의 그리고 사후 세계의 부정 등 합리적이고 과학적인 사고 체계와는 대조적이

라는 것이다. 평안(열반)을 성취하는 방법에서 둘은 다르다. 특히 에
필로그에서 저자는 붓다의 사상인 자력 구원과 열반 및 인생무상 사
상, 스스로 삶의 주인이 되려는 인본주의, 도덕주의, 욕망을 절제하
는 깨달음의 삶, 중도의 삶과는 다른 기독교의 은총 구원과 신적 평
안, 영생 사상, 하나님께 전적으로 의존하는 신본주의를 대조적으
로 잘 설명하고 있다.

　예수와 붓다의 공통적인 가르침은 욕망이 고통의 원인이라는 것
이다. 고통에서 해방되는 것을 기독교는 구원, 불교는 해탈이라고
말한다. 둘은 마음의 문제를 다룬다는 면에서 전적으로 일치한다.
예수와 붓다는 마음을 지키지 못할 때 고통이 따른다고 가르쳤다.
무욕과 무소유, 도덕적이고 거룩한 삶, 계급이나 차별이 없는 사회,
비폭력 무저항주의, 삶의 괴로움에서 벗어나 마음의 내적 평안에 이
르는 길을 공통적으로 제시했다고 설명한다.

　본서는 기독교 신학자의 관점에서 불교의 창시자 석가모니 붓다
의 사상과 힌두교 및 후기 불교의 사상을 비교종교학적 관점에서 설
명하고 있다. 본서는 오늘날 많은 비교종교학 저서 가운데 기독교
신학자가 붓다를 객관적으로 그리고 현대 철학적인 관점에서 소개
한다는 점에서 그 학문적 가치가 크다. 마지막으로 본서는 타 종교
에 관심을 가지고 기독교 신앙에 입문하는 청소년들과 기독교적 관

점에서 힌두교, 불교, 근대 서양 철학 사상에 관해 알고자 하는 지성인들에게 길잡이가 되는 비교종교학 교과서다.

● 김영한 원장은 현재 기독교학술원장이다. 그는 서울대학교를 졸업하고, 독일 하이델베르크 대학교에서 철학 박사 학위(1974년)와 신학 박사 학위(1984년)를 취득하였다. 숭실대학교 기독교학대학원 설립 및 초대~3대, 5~6대 원장으로 일했다. 또한 한국해석학회(2004-06년), 한국기독교철학회(2006-12년), 한국개혁신학회 창립 및 회장(1996년)을 역임하였다. 대표 저서로 《바르트에서 몰트만까지》(대한기독교서회), 《하이데거에서 리꾀르까지》(박영사), 《젠더주의 도전과 기독교 신앙》(두란노) 등이 있다.

서평

이성청 교수(서울대학교 종교학과)

정성민 박사가 새롭게 집필한 책,《인간 붓다와 신(神) 예수》는 기독교 신학자가 불교를 심도 있게 연구하여 내어놓은 걸작품이다. 이 책을 통해 불교 사상으로부터 얻을 수 있는 통찰력과 지혜, 그리고 비판적 사고를 접목함으로써 기독교가 생각하는 인간의 문제와 구원에 대한 이해의 지평이 확장된다. 저자는 인도 종교에 익숙하지 않은 사람들을 위해 특히 알기 쉬운 언어로 다양한 종교적 및 철학적 주제를 다루고 있다.

저자의 불교에 대한 접근 방식과 주제 선택은 세련되며, 복잡한 인도의 종교 철학을 쉽고도 균형 있게 제시하고 있다. 이 책의 초점은 붓다의 핵심 사상과 기독교 신앙과의 연관성을 이성적이고 합리적인 사고를 통해 풀어 나가는 데 있다. 저자는 불교가 발생한 역사적이고 종교적인 상황에 대한 종합적인 설명을 통해 이러한 논의의 출발점을 성공적으로 마련한다. 저자는 불교를 힌두교와 자이나교를 포함한 풍부한 인도 종교 및 인도 철학과의 관계 안에서 이해하려고 하는 엄청난 노력을 기울였다. 붓다가 가르친 중요한 형이상학적 개념들, 곧 연기론, 무아론, 인생무상론, 윤회론, 업 사상 등을 논의함으로써 붓다 사상의 뿌리가 되는 브라만교 사상과 어떻게 다른지를 훌륭하게 설명하고 있다. 불교 발생에 관한 이러한 역사적이고 종교적인 배경에 관한 설명은 뒤에 이어질 후대 대승 불교의 신앙과 붓다의 본래 사상을 대조하는 데 아주 좋은 기반이 된다.

이 책에서 가장 가치 있는 측면은 타 종교인 불교와 저자 자신의 종교인 기독교 사이에서 의미 있는 연결점을 찾기 위한 정성민 박사의 성실하고 진지한 노력에 있다. 붓다의 가르침을 예수의 가르침과 대조함으로써, 그는 악의 문제, 구원론 및 윤리학과 같은 기본적인 종교적 관심사의 유사점과 차이점을 깊이 파고들었다. 더 중요한 것은, 그가 종교 간 대화를 구성하는 제안이 유용하고 영감을 주며, 여러 가지 대화의 가능성을 제시하면서도 자신의 종교인 기독교에 대해 객관적이고 때로는 비판적인 관점을 유지하고 있다는 점이다.

결론적으로 정성민 박사의 《인간 붓다와 신(神) 예수》는 불교를 더 잘 이해하고, 불교 신자들과 의미 있는 대화를 나누기를 바라는 기독교인들에게 가치 있는 통찰력을 제공할 아주 훌륭한 작품이다.

● 이성청 교수는 미국 오하이오대학교에서 지역학을, 조지아주립대학교에서 철학을 공부한 뒤, 템플대학교에서 종교 간 대화의 세계적 권위자 레너드 스위들러(Leonard J. Swidler) 박사의 지도 아래 철학 박사(종교학) 학위를 받았다. 종교 철학자로서 미국 핀리대학교 종교학과 종신 교수 및 학과장을 역임했고, 동시에 미국 종교학회의 동부 지역 아시아 종교학회장으로 일했다. 현재는 서울대학교 종교학과에서 비교종교학과 종교사회학을 가르치고 있다. 대표 저서로《Ham Sok Hon's Ssial Cosmopolitan Vision》(Lexington Books),《청년의 빅 퀘스천: 청년 예수, 붓다, 마호메트에게서 배우는 실존적 삶의 비결》(책으로여는세상) 등이 있고, 역서로 그의 스승 레너드 스위들러의《예수는 페미니스트였다: 복음이 증거하는 혁명적 관점》(신앙과지성사)이 있다.

추천사

정세근 교수
(충북대학교 철학과, 제53대 한국철학회 회장)

철학끼리 만나듯 종교끼리도 만나야 한다. 그런데 현실은 그렇지 못하다. 그 까닭은 자기 속에서 만족하기 때문이다. 술에 술 탄 듯 물에 물 탄 듯 버릇처럼 종교를 받아들이는 것은 종교학자의 길이 아닐뿐더러 깊이 생각하는 종교인의 길도 아니다. 종교라는 말이 뜻하는 대로 종교학자는 종교를 통해 '큰 가르침'을 찾아내야 한다. 기독교가 본 불교, 불교가 본 기독교가 중요한 연유가 바로 여기에 있다.

정성민 박사가 집필한 책,《인간 붓다와 신(神) 예수》의 장점은 기독교만의 세계관 속에서 안주하지 않고, 적극적으로 불교와의 만남을 추구한다는 것이다. 저자는 "윤회를 버리고 연기로 돌아가라"라는 나의 저서《윤회와 반윤회》의 학문적 입장에 동조하면서 기독교적 관점에서 원시 불교, 곧 붓다의 가르침을 명료하게 설명하고 있다. 더 나아가 저자는 불교에 관한 비판적 이해를 통해 기독교에 관한 원숙한 설명을 이끌어 낸다.

이 책을 읽으면서 내가 느낀 것은 이제는 우리 사회가 비교종교학이 가능해졌다는 희망이다. 적대적 종교가 아니라 서로의 좋고 나쁜 데를 말할 수 있는 너그러운 종교 말이다.

● 정세근 교수는 충북대 철학과 교수다. 그는 국립타이완대학교에서 철학 박사 학위를 받았고, ㈔한국철학회 제53대 회장을 역임했다. 워싱턴주립대학교와 대만 삼군대학교에서 강의했고, 대동철학회 회장을 세 차례 연임했으며 여러 철학회에서 연구위원장 및 편집위원을 역임했다. 저서로 쌍둥이 책인 《노장철학과 현대사상》과 《도가철학과 위진현학》(예문서원)이 있으며, 동전의 양면과 같은 《노자와 루소, 그 잔상들》(충북대학교출판부)과 《노자와 루소, 여든하나의 방》(지식산업사)이 있고, 어머니의 철학으로 읽는 《노자 도덕경》(문예출판사), 불교에서 윤회를 버리자는 《윤회와 반윤회》(CIR), 학계와 교육에 관한 평론집인 《철학으로 비판하다》(충북대학교출판부) 등이 있으며, 편서로 노장 이후 세계관의 변화를 모은 《위진현학》(예문서원) 등이 있다.

프롤로그

필자는 사람들이 이해하기 어렵다고 하는 불교를 기독교인들에게 소개하고자 2022년에 《예수와 석가의 대화: 기독교인의 시각으로 본 석가모니》를 출간했다. 나름 쉽게 썼다고 생각했는데, 현실은 그렇지 못하다는 사실을 알게 되는 데는 그리 오래 걸리지 않았다. 이 책을 읽은 여러 사람이 좀 더 쉽고 짧게 써 달라고 부탁했다. 그래서 고심 끝에 《인간 붓다와 신(神) 예수》를 새롭게 집필하게 되었다.

이 책은 초기 불교에서 말하는 붓다의 가르침이 무엇인가를 밝히는 데 초점을 맞추고 있다. 그러므로 대승 불교에 속하는 한국 불교가 생각하는 붓다의 사상과는 상당한 거리가 있을 수 있다. 초기 불교가 말하는 붓다는 한 사람의 순수한 인간이지만, 후기 불교가 말하는 붓다는 신격화된 존재이기에 그렇다. 이러한 큰 차이로 인해 신격화된 붓다에 익숙한 한국의 불자들은 필자가 말하는 순수한 인간으로서의 붓다의 가르침을 생소하게 느끼거나 다소 놀랍게 여길 수 있다.

이런 면에서 《인간 붓다와 신(神) 예수》라는 책 제목으로 인해 의
아해할 독자들이 있으리라 생각한다. 왜냐하면 통념상 인간 붓다
와 인간 예수가 자연스럽고, 신으로서의 붓다와 신으로서의 예수
가 익숙하기 때문일 것이다. 하지만 사실은 인간 붓다와 신 예수가
바른 표현이다. 왜냐하면 붓다는 그 모든 자연신을 포함한 초월적
인 존재 자체를 부정했기 때문이다. 그가 오로지 믿는 것은 연기법
으로 알려진 자연법칙이고, 그 핵심은 바로 무아론이다. 신의 존재
자체를 부정하기에 붓다는 자신을 순수한 인간이라 주장했던 것이
다. 그 누군가 그를 신격화하여 숭배하려고 한다면 그는 이를 철저
히 그리고 격렬하게 거부했을 것이다. 이게 바로 초기 불경이 말하
는 붓다의 정체성이다.

이와는 반대로 예수는 자신의 정체성을 하나님의 아들이라 분명
히 하였다. 이러한 사실은 마태·마가·누가복음이라는 공관복음서에
서 동일하게 밝히고 있다. 더 나아가 요한복음에서 예수는 자신이
하나님과 하나라고 했다.

이 책은 인간 붓다의 자연주의적 세계관과 신 예수의 초월적 세
계관이 어떻게 다른지를 밝힐 것이다. 또한 인간이 어떻게 살아야
하는지에 대한 붓다와 예수의 유사한 가르침들이 무엇인지도 다룰
것이다. 즉 초기 불교가 전하는 순수한 인간으로서의 붓다의 가르

침과 신약 성경이 증거하는 기독교의 창시자 예수의 가르침을 비교함으로써 이들 간의 대화 가능성을 살펴보고자 한다. 사실 예수와 붓다의 가르침은 상당한 공통점이 있다. 그럼에도 불구하고 이들의 세계관은 타협이 불가능할 정도로 양극적이다.

필자는 이 책을 통해 많은 기독교인이 기독교와 불교의 차이를 깨달았으면 한다. 타 종교를 이해하고 기독교와의 차이를 알게 되면, 기독교인들의 신앙이 더 깊어지고 성숙해지리라 믿기 때문이다. 더 나아가 불교인들에게도 기독교인의 입장에서 바라보는 붓다의 모습을 알 수 있는 기회가 되리라 생각한다.

간결하게 쓰다 보니 초기 불교 경전의 원문을 많이 생략하게 되었다. 혹시라도 초기 불교에 나타난 붓다의 가르침을 좀 더 자세히 공부하고자 한다면, 필자의 또 다른 저서《예수와 석가의 대화: 기독교인의 시각으로 본 석가모니》를 참고하기 바란다.

이 책을 집필하는 데 김영한 기독교학술원 원장님이 많은 도움을 주셨음을 말씀드리고 싶다. 이 책의 방향을 잡아 주셨을 뿐만 아니라 책의 논지와 심지어 각주 부분까지 세세하게 읽고 조언해 주셨기 때문이다. 또한 감수평을 써 주시고 이를 통해 이 책의 특징을 잘 설명해 주셨기에 감사한 마음이 그지없다.

또한 이 책의 완성도를 높이는 데 도움을 주신 충북대 철학과 정세근 교수님(제53대 한국철학회장)을 말하지 않을 수 없다. 오랫동안 불교를 연구해 오신 불교 연구의 권위자이자 《윤회와 반윤회》의 저자인 정세근 교수님이 해박한 불교 지식으로 이 책을 꼼꼼히 읽고 추천사를 써 주셨기에 이 자리를 통해 감사한 마음을 표현하고자 한다.

　마지막으로 《인간 붓다와 신(神) 예수》를 읽고 서평을 써 주신 서울대 종교학과 이성청 교수님에게도 감사를 드리고 싶다. 학교 강의와 개인적인 저술 활동으로 바쁘신 가운데도 부족한 필자의 책을 꼼꼼히 읽으면서 서평을 써 주신 수고에 감사한 마음을 전하고자 한다.

2024년 1월

시애틀에서
정성민

제1장

붓다는
누구인가?

초기 불교는 무엇인가?

불교의 세계를 잘 묘사한 작품 중에 김동리의 《등신불》이 있다. 자신의 소원을 이루기 위해 스스로 등신불이 되었는데, 그 자리에서 자신의 소원을 성취했을 뿐만 아니라 그 자리에 함께 있던 사람들에게도 기적이 일어났다는 내용이다. 이 작품은 인간의 고결한 사랑과 붓다를 향한 대중의 기원을 잘 드러냈다. 하지만 불교의 근본정신을 잘 설명하고 있는지는 의문이 든다.

사실 초기 불교는 인간의 소원을 들어주는 그런 초월적 성격의 종교가 아니었다. 불교는 고타마 싯다르타(Gautama Siddhārtha)가 깨달음을 얻은 후에 제자들에게 자신의 가르침을 전한 것인데, 그의 가르침은 전혀 초월적이지 않았다. 오히려 종교의 초월적이고 신비한 성향을 배척했다. 이것이 바로 붓다의 근본 가르침이요 초기 불교의 성격이다.

붓다가 죽고 100여 년이 지나면서 붓다의 가르침을 따른다는 불자들 사이에 붓다의 가르침에 관한 새로운 해석이 나오기 시작했다. 이 새로운 운동은 붓다의 가르침을 문자 그대로 해석하고 따르기보다는 좀 더 신비적이고 초월적인 성향을 띠게 되었다. 이 과정에서 붓다의 신격화를 추구했으며, 초인간적인 능력으로 개인의 소원을 들어주는 초월적인 종교의 모습으로 변하기 시작했다. 바로 대중부 (大衆部) 불교[1]다. 대중부 불교에 모두가 찬성한 것은 아니었다. 붓다의 본래 가르침을 지키고자 하는 저항 세력이 있었는데, 이것이 상좌부(上座部)[2]다. 상좌부는 붓다의 본래 가르침을 떠나 다시 힌두교와 같은 신비적 종교로 돌아가려는 대중부 불교에 동의할 수 없었다. 그들은 붓다의 초기 가르침을 그대로 고수하려는 보수적인 세력이었다.

이처럼 붓다의 가르침에 대한 이견이 생겨나 보수적인 상좌부와 진보적인 대중부로 분열되고, 다시 상좌부는 11개 부파로, 대중부는 9개 부파로 분열되었다. 이러한 부파(部派)불교가 200~300년간 지속되다가 결국 상좌부는 소승 불교로, 대중부는 대승 불교로 자리매김하게 되었다.

---

1 대중부 불교는 붓다가 열반하고 100년이 지난 후에 전통 불교에 반대하여 나타난 혁신파라 할 수 있다. 대중부는 대승 불교 탄생의 기반이 되었는데, 진보적이고 혁신적인 사람들에 의해 출발하였다. 붓다를 초월적인 인격으로 숭배하는데, 붓다의 육신은 보통 사람과 달리 '삼십이상 팔십종호'(三十二相 八十種好)의 특징을 지녔으므로 인간이 아무리 수행해서 아라한(阿羅漢, 소승 불교의 수행자 가운데 가장 높은 경지에 오른 사람)이 되더라도 현세에서는 도저히 붓다와 동일하게 될 수 없다는 사상으로 붓다의 신격화를 의도하였다.
2 상좌부 불교는 붓다의 가르침 혹은 계율을 원칙대로 고수하는 보수적인 불교다. 소승 불교의 전신이다.

현재 우리가 접하고 있는 불교는 여러 단계의 변화를 거쳐서 초기 불교의 가르침과는 전혀 다르게 변형된 모습이다. 이런 면에서 초기 불교의 초점이 되는 붓다의 본래 사상이 무엇인지 밝히는 것이 필요하다고 본다. 불교의 본래 가르침, 즉 붓다의 가르침을 제대로 이해하기 위해서는 초기 불경을 주의 깊게 연구해야 한다.[3] 이를 통해 불교의 창시자, 붓다의 진정한 깨달음이 무엇인지를 밝혀야 할 것이다.

이제부터 초기 불경에 나타난 붓다의 근본 사상을 알아보고자 한다.

---

3 필자는 초기 불교 연구를 위한 기초 자료로서 《숫타니파타》, 《담마빠다》, 《아함경》 등과 같은 불교 경전을 사용할 것이다. 《숫타니파타》는 시기적으로 상당히 고층에 속하는 초기 경전으로 남방 불교에서 매우 중요하게 여기는 불경이다. 붓다 사후에 제자들이 모여 운문 형식으로 구성한 모음집으로서 최초 성립한 불교 경전이다. 많은 학자가 《숫타니파타》를 원시 불교에 가장 가까운 경전으로 생각한다. 《담마빠다》는 붓다 사후 300년이 지난 후에 기록된 붓다의 가르침으로 전 세계적으로 가장 많이 읽히는 초기 경전이다. 우리에게는 《법구경》으로 잘 알려져 있다. 《아함경》은 석가모니 붓다와 그 제자들의 언행록으로 초기 불교 연구를 위한 좋은 자료인데, 《아함경》은 부파 불교의 문헌으로 여러 부파의 승려들이 전승한 경전을 모은 것이다. 그렇기 때문에 똑같은 내용이 반복되기도 하고, 논리적으로 서로 상충되는 내용이 함께 기록되거나 똑같은 질문에 서로 다른 대답을 하기도 한다. 다만 《아함경》에 담긴 부파 불교의 해석에 유의한다면 초기 불교의 흔적을 찾을 수 있다고 본다.

붓다는 누구인가?

붓다는 순수한 인간이다

고타마 싯다르타는 평생 순수한 인간의 길을 가고자 했다. 이것이 다른 종교 창시자들과 전혀 다른 모습 중 하나다. 일반 종교의 창시자들은 자신이 신이거나 신의 계시를 받은 자라거나 아니면 신이 인간의 모습으로 나타난 화신(化身)이라고 주장한다. 하지만 이에 반해 붓다는 자신이 인간이라고 주장했다. 즉 그는 어떠한 초월적인 계시나 영감을 받은 아주 특별한 존재가 아니라는 것이다. 그는 왕족으로 태어나 부유한 생활을 하였으나 인생의 문제를 풀기 위해 고행한 후 인생의 고귀한 깨달음을 얻은 한 인간이다.

고타마 싯다르타는 인생의 문제, 즉 생로병사의 문제와 그로 인한 정신적인 고통의 문제를 풀기 위해 평생을 보냈다. 그렇기 때문에 그의 깨달음의 내용도 인간의 일상적인 삶에서 크게 벗어나지 않

았다. 즉 그의 가르침은 초자연적인 계시가 아니라 한 인간으로서 깨달은 것이다.[4]

나는 곧바로 알아야 할 것을 곧바로 알았고, 닦아야 할 것을 이미 닦았으며, 버려야 할 것을 이미 버렸습니다. 그래서 브라만이여, 나는 깨달은 님입니다(Stn. 558).[5]

붓다의 가르침은 그 무엇인가 신비하고 영험한 것이라는 선입감이 들지만, 막상 그의 말을 가감 없이 전달한다면 지극히 평범하기 이를 데 없다. 즉 붓다의 가르침은 우주와 대자연의 당연한 이치를 말한다는 것이다. 이러한 당연한 자연의 이치는 신비한 것이나 특별한 것이 결코 아니다. 붓다는 이 당연한 자연의 이치에 대한 깨달음을 얻어 진정한 인간이 될 수 있다고 하였다.[6]

다시 말해, 붓다의 가르침은 신적인 신비를 찾는 것이 아니라 인간 내면에 존재하는 당연한 것, 즉 인간적인 것을 찾아내는 것이다. 진정한 인간이라면 누구도 신이 될 수 없다. 그리고 신이 될 필요도

---

4 Sue Hamilton, Early Buddhism: A New Approach, Curzon, 2000, p.143.
5 Stn. 558은 숫타니파타 558경을 가리킨다. 이하 Stn.으로 표시한다. - 전재성, 《숫타니파타-붓다의 말씀》, 2015.
6 op. cit. 69. 스티븐 프로테로(Stephen Prothero)도 초기 불교의 경전에서 보이는 붓다는 단지 한 인간의 모습일 뿐이라고 말한다. 그에 따르면, 붓다는 결코 그 자신이 신이거나 구원자라고 주장하지 않았다는 것이다. - Stephen Prothero, God Is Not One: The Eight Rival Religions That Run the World, HarperOne; Reprint edition, 2011, p.181.

없다. 그러므로 붓다는 신이 아니다. 서울대 명예 교수 정진홍에 따르면, 불교는 붓다를 신격화하려는 시도를 끊임없이 거절함으로써 불교의 종교성을 유지할 수 있었다고 한다. 붓다가 한 사람의 순수한 인간이라는 주장으로 인해 불교가 미흡하고 불완전한 종교로 전락하는 것이 아니라 오히려 그것 자체 때문에 불교는 불교로서의 독특한 종교성을 주장할 수 있었다는 것이다.[7]

붓다는 과학적이고 합리적인 사고를 하는 철학자다

많은 불교학자가 불교를 과학적 사고와 방법으로 사색하는 과학적인 종교로 이해한다.[8] 스리랑카의 세계적인 불교학자 월폴라 라훌라(Walpola Rahula)에 따르면, 붓다는 믿음보다는 이성적인 확신을 중시하는 지극히 현실적이고 객관적인 사람이다.[9] 이는 불교가 초자연적인 계시가 아니라 인간에게서 나온 지극히 이성적인 가르침이며, 이것이 초기 불교의 성격을 규정짓고 있다는 것을 분명히 하는 것이다.

그렇다면, 붓다가 과학적이고 합리적인 사고를 하는 철학자라는 사실의 근거는 무엇인가? 바로 그의 깨달음의 근본적인 바탕이 연기

---

7 Ibid.
8 Ibid, forward I.
9 월폴라 라훌라, 《붓다의 가르침과 팔정도》(개정판), 전재성 역, 한국빠알리성전협회, 2005, 50쪽.

법(緣起法)이기 때문이다. 연기(緣起)의 사전적 의미는 '모든 현상이 생기고 소멸하는 이치'다.[10] 즉 연기가 불교 교리의 토대라고 말할 수 있는 가장 큰 이유는 연기법이 사물이 생겨나고 사라지는 자연 과학적 원리를 설명하고 있기 때문이다.

그러니까 연기법은 존재의 생성과 소멸을 자연의 이치로 바라보는 자연법칙인 것이다. 자연법칙으로서의 연기법은 세상을 영적으로나 신비한 시각으로 보지 않는다. 다시 말해 세상의 모든 변화를 과학적이고 합리적인 눈으로 바라보는 것이다. 그러므로 불교에서의 연기법은 붓다가 만든 것이라기보다는 그 자체로서 자연적으로 이미 주어져 있는 진리이고, 붓다는 이러한 진리를 깨달은 사람인 것이다. 붓다 이전에도 이미 우주가 존재하고 있었고, 우주의 법칙에 따라 운영되고 있었다면 연기법은 붓다가 독창적으로 만든 것이 아닌 이미 존재하던 세상의 법칙인 것이다. 이것에 관해 붓다 스스로 이렇게 이야기하였다.

연기법은 내가 만든 것도 아니고, 다른 사람이 만든 것도 아니다. 이 법은 여래가 세상에 나오거나 세상에 나오지 않거나 항상 법계에 머무른다. 여래는 이 법을 스스로 깨달아 동

---

10 호진(승려)은 연기는 '크고 작은 물줄기들의 근원'과 같다고 하였고, 불교학자인 김사업은 '전체를 꿰는 실'이라 하였으며, 충북대 철학교수인 정세근은 '많은 이론의 바탕'이라 표현하였다. 그 표현은 각각 다르지만, 의미하는 바는 하나다. 연기를 바탕으로 불교의 수많은 이론과 실천 덕목들이 만들어졌다는 것이다.

정각을 이룬 뒤에 모든 중생을 위하여 분별해 설하고 드러내
보인다.[11]

결과적으로 연기법은 그저 자연법칙일 뿐이며 붓다는 단지 그것
을 발견하고 깨달은 것뿐이다. 그러므로 세상을 연기법으로 바라본
다는 것은 세상을 자연 과학적인 눈으로 이해한다는 것이다.

연기법의 결론은 모든 존재는 홀로 존재할 수 없으며 서로의 인
연에 의하여 생겨나고 사라진다고 본다. 이처럼 붓다는 자연의 이
치를 과학적 사고를 바탕으로 합리적으로 설명하려 하였다. 그러므
로 붓다는 이러한 자연법칙을 바탕으로 하여 인간의 삶을 고찰한 과
학적이고 합리적인 철학자라 할 수 있다.

붓다는 무신론적 철학자다

많은 불교학자가 불교는 무신론(無神論)이며, 불교의 창시자인 석
가모니 붓다는 무신론 철학자라 말한다. 과연 어떠한 근거로 붓다
를 무신론 철학자라고 말하는 것일까? 앞서 밝힌 대로, 붓다의 깨달
음은 연기론이다. 이러한 연기론을 통해 초기 불교가 무신론적 종교
이며, 붓다가 무신론자라는 사실을 유추할 수 있다.

---

11 《잡아함경》제12권 299경.

붓다는《잡아함경(雜阿含經)》에서 세상 만물의 생성에 관해 다음과 같이 설명하였다.

이것이 있을 때 저것이 있으며, 이것이 생겨나므로 저것이 생겨난다.
이것이 없을 때 저것이 없으며, 이것이 소멸하므로 저것이 소멸하는 것이다.[12]

위의 말에 따르면 '이것' 때문에 '저것'이 생겨나며, '이것' 때문에 '저것'이 소멸한다고 한다. 이는 이것과 저것이 서로 얽혀서 생(生)과 멸(滅)이 이루어지는 것이고, 서로가 얽혀서 존재를 만들고 있다는 말이다. 다른 측면에서 보면, 연기란 '말미암을 연(緣)'과 '일어날 기(起)'의 결합으로 어떠한 조건으로 인해서 그 무엇이 발생한다는 의미다. 그래서 이 의미를 체계화한 연기론(緣起論)은 어떤 생명이나 사물이 어떻게 존재하게 되었는가에 관한 원인을 설명하는 것이다.[13]

결과적으로, 우리 삶의 생성과 지속 그리고 소멸 과정에서 그 모든 사물과 사건이 원인과 결과로 서로 연관되어 있고, 이로 인해 상호 의존한다는 것이다. 이 의존성은 결국 우주 안에 있는 모든 사물

---

12 월폴라 라훌라,《붓다의 가르침과 팔정도》, 전재성 역, 한국빠알리성전협회, 2005, 161-62쪽에서 재인용.
13 정진홍,《기독교와 타종교와의 대화》, 전망사, 1980, 71-73쪽.

이 서로 이어져 한 몸이 되도록 한다. 서로가 의존해야 비로소 존재하게 되는데, 이것이 바로 연기의 세계다.[14] 그러므로 연기론적 입장에서 파악한 세상은 존재하는 모든 것은 전적으로 상대적이고 상호의존적이다.[15] 그러므로 연기법은 우주를 운영하는 자연법칙으로 상호의존성의 법칙이라 할 수 있다.[16]

그런데 우주 전체가 하나로 연결된 것으로 끝나는 것이 아니라 하나의 유기체처럼 움직인다고 주장한다. 즉 이 세상의 그 어떠한 존재도 우연히 생겨났거나 혼자서 존재할 수 없다는 것이다. 모든 존재는 여러 가지 원인이나 조건에 의해 생겨나고, 그와 동시에 원인과 조건이 변할 때는 존재 역시 변하거나 사라지게 된다. 결과적으로, 이 세상에 고정불변하고 독립적으로 존재하는 사물은 없다는 것이다.[17] 이는 독립적으로 존재하고 영원불변한 존재로 여겨지는 신은 존재할 수 없다는 사실을 가리킨다. 결국 붓다는 아리스토텔

---

14 김사업, 《인문학을 좋아하는 사람들을 위한 불교수업》, 불광출판사, 2017, 52-53쪽.
15 호진, 《무아·윤회 문제의 연구》, 불광출판사, 2015, 109쪽.
16 한 가지 놀라운 사실은 중국의 우주론적 철학인 주역이 말하는 자연 현상의 원리가 석가가 발견한 연기법과 매우 유사하다는 것이다. 주역이 말하는 자연 현상의 원리는 무엇일까? 그것은 만물은 끊임없이 변한다는 것이다. 그리고 이러한 변화의 원리만이 영원히 변치 않는 유일한 자연법칙이라는 것이다. 주역과 연기법이 지닌 유사성에도 불구하고, 연기법은 이러한 만물의 변화무쌍한 변화가 어떻게 (인과적으로 그리고 상호의존적으로) 작동하는지를 밝힌다는 면에서 주역이 말하는 우주의 원리보다 좀 더 구체적이라고 할 수 있겠다.
17 박찬국에 따르면, 연기의 세계에는 고정된 실체가 없다. 이는 세상의 모든 사물이나 존재는 서로의 인연에 따라 생성과 소멸을 하는 것을 의미한다. 즉 세상의 모든 사물이나 존재는 서로가 서로에게 끊임없이 작용하면서 어울려 있다는 것이다. 결국 인연에 따라 만물이 서로 얽혀 있다는 것이 불교의 연기설이고, 그 결론은 세계에는 어떠한 독립적인 존재나 실체는 존재하지 않는다는 것이다. - 박찬국, 《쇼펜하우어와 원효》, 세창출판사, 2020, 166쪽.

레스나 토마스 아퀴나스가 주장하는 신 존재의 우주론적 증명, 즉 신이 우주 최초의 원인이라는 사실 자체를 부정한다고 볼 수 있다.

붓다는 종교 개혁자다

붓다가 살았던 당시 인도를 지배하고 있던 것은 브라만교였다. 브라만교는 수많은 자연신을 숭배하며 희생 제사를 드렸다. 브라만교의 제사장은 브라만 계급인데, 온갖 특혜를 누리며 백성 위에 군림하였다. 또한 내세를 주장하며 현세에서 고행하여야 사후에 더 좋은 조건으로 태어날 수 있다고 하면서 백성에게 지우는 고통을 정당화하였다.

붓다는 신의 존재나 사후 세계를 믿지 않았다. 따라서 브라만교의 신비적이며 초자연적인 신앙을 인정할 수 없었다. 그런 붓다의 입장에서 신과 윤회를 내세워 동물 희생 제사와 고행을 강조하는 브라만교의 가르침에 동의할 수 없었다. 특별히 가난하고 무지한 천민들을 윤회 사상에 가두어 불합리한 계급 사회의 현실에 순응하도록 하는 종교의 행태에 대하여 분노하였다.

붓다는 대중에게 인간의 생로병사는 피할 수 없는 자연의 이치라는 사실을 가르쳤다. 신에게 기도할 필요가 없다는 것이다. 왜냐하면 신이란 존재하지 않으며, 없는 신에게 기도나 제사는 무용하기 때문이다. 더 나아가 사후 세계는 존재하지 않기에 극락을 염원할 필요도 없다고 가르쳤다. 이는 천지를 개벽하게 하는 종교 개혁이었다. 기존 종교, 즉 브라만교의 문제점을 직시하고, 그것에서 벗어나려고 한 가르침이자 새로운 종교의 시작이었다. 이 종교 개혁을 통해 불교가 태동한 것이다.

마틴 포워드(Martin Forward)는 붓다가 일으킨 파문을 급진적인 종교 개혁이라 단언하였다. 그리고 불교가 기존의 브라만교 신앙 속에서 자라났지만, 브라만교 신앙과 반응하면서 결국에는 브라만교 신앙의 문제를 뒤집어엎어 버리는 종교로 발전하게 되었다고 하였다.[18]

붓다 자신은 한 종교 교단의 수장 자리에 올라서서 부와 명예를 누리는 입신양명을 취한 적도 없고, 또 기존의 종교를 떠나서 새로운 집단을 만들어 교세를 확장하려는 생각도 없었다. 담담하게 자신의 가르침을 제자들에게 전했을 뿐이다. 그럼에도 불구하고 불교는 브라만교를 능가하는 종교로 서게 되었다. 이것은 오로지 붓다의 가르침에서 비롯된 것이다.

요약하자면, 붓다는 브라만교의 문제점을 인식하고 그것을 개혁하려고 한 종교 개혁자였다. 그는 미신적이고 기복적인 신앙을 비판하는 데 머문 것이 아니라 타력(他力) 종교의 타락과 한계를 극복하고, 인간 스스로 구원에 이를 수 있는 자력(自力) 종교의 길을 열었

---

18 Martin Forward, *Religion: A Beginner's Guide*, Oneworld Publications, 2006, p.65-66.

다. 그가 일으킨 불교는 브라만교 신앙 속에서 태동하고 자라나 그것과 반응하면서 결국에는 그 문제점을 극복하려는 새로운 종교 운동으로 발전한 것이다.

붓다는 도덕적이며 거룩한 생활을 가르치고, 그것을 몸소 실천한 불교의 창시자다

붓다는 '신의 존재'나 '우주' 그리고 '사후 세계'에 관해서는 별로 관심이 없었다. 그에게 최우선 관심사는 인간이 지닌 고통의 문제를 해결하기 위한 실제적인 방법을 찾는 것이었다.

붓다는 고통 가운데 살 수밖에 없는 사람들에게 어떻게 하면 고통으로부터 자유로울 수 있는지를 가르쳤다. 붓다가 생각하는 고통으로부터의 자유는 정신적인 고통, 즉 번뇌로부터의 자유를 말한다. 붓다는 정신적인 고통에서 벗어나기 위해서는 도덕적이며 거룩한 생활을 해야 한다고 믿었다.[19]

붓다가 제시한 괴로움에서 벗어나는 길은 해탈이다. 해탈을 위해서는 괴로움의 원인을 파악해야 한다. 붓다는 이 원인을 욕망으로 보았다. 붓다는 이 땅에서 경험하는 모든 번뇌가 바로 감각적인 쾌락의 욕망에서 비롯된다고 본 것이다. 그렇기 때문에 욕망을 버리

---

19 호진, 《무아·윤회 문제의 연구》, 불광출판사, 2015, 20쪽.

고 거룩하게 살라고 가르쳤다. 탐욕을 버리고 거룩한 삶을 살면 두통이나 정신적인 고통은 저절로 사라진다는 것이다. 즉 인간 내면의 악의 뿌리를 뽑아 버리면 된다는 것이다.

초기 경전인 《숫타니파타》(Sutta Nipata)에 따르면 욕망을 버린 붓다는 고통에서 자유를 얻은 사람, 진정한 힘이 뿜어져 나오는 사람으로 묘사되고 있다. 이는 우리에게 내면의 죄악과 추함을 제거하고, 거룩한 삶을 사는 것이 초기 불교에서 얼마나 중요한 것인지를 보여 준다.

세라는 제자들에게 말했다.

"너희들은 눈이 있는 이의 말씀을 들으라. 그는 번뇌의 사슬을 끊어 버린 사람이며 위대한 영웅이시다. 마치 사자가 숲 속에서 포효하는 것과 같다"(Stn. 562).

"당신은 깨달은 분이십니다. 당신은 스승이십니다. 당신은 악마를 정복한 분이시며 현자이십니다. 당신은 번뇌의 숨은 힘을 끊고 스스로 거센 흐름을 건너셨고, 또 사람들을 건네 주십니다"(Stn. 571).

감각적 쾌락의 욕망을 버리고 거룩한 삶을 사는 사람은 숲속의 사자와 같고, 성자이며, 사람들을 건네주는 사람이 된다. 이는 붓다에게만 해당하는 것은 아니다. 붓다의 가르침을 따라서 번뇌, 즉 정신적인 고통에서 벗어난 모든 사람이 그렇게 될 수 있다고 가르친다.

제2장

붓다는
무엇을 깨달았을까?

붓다의 깨달음은 사성제(四聖諦)로 요약될 수 있는데, 사성제는 불교의 궁극적인 목적인 열반(涅槃)에 이르는 네 가지 진리를 말한다. 바로 고제(苦諦), 집제(集諦), 멸제(滅諦), 도제(道諦)라고 불리는 인생의 진리다. 우리는 사성제를 통해 붓다가 생각하는 인생관과 세계관을 가장 선명하게 이해할 수 있다.[20]

그렇다면 열반이란 무엇인가? 열반은 우리가 이 세상을 살아가면서 경험하게 되는 모든 정신적인 고통으로부터 자유로워지는 마음의 평안함을 말한다. 그러므로 사성제는 우리가 이 세상을 살아가면서 경험하게 되는 고통이 무엇이며, 그 고통의 원인은 무엇이고, 그 고통을 어떻게 극복할 수 있는지 그리고 마지막으로 이러한 고통을 극복하고 나서 우리가 누릴 수 있는 열반의 상태가 무엇인지를 알려주는 붓다의 가르침이다.

---

20 사성제와 더불어 불교의 핵심 사상을 잘 보여주는 것이 삼법인(三法印)이다. 삼법인은 확실한 세 가지 진리를 뜻한다. 첫 번째 진리는 제행무상(諸行無常)이다. 이는 모든 존재는 변하고 있다는 것이다. 모든 존재는 서로 원인과 결과로 얽혀 끊임없이 변화하는 과정에 있다. 두 번째 진리는 제법무아(諸法無我)이다. 모든 사물은 실체가 없다는 것이다. 이는 인간 내면에 있다고 믿어지는 영원한 자아, 곧 영혼이 없다는 것과 더불어 이세상에 영원히 존재하는 사물은 없다는 것을 의미한다. 세 번째 진리는 열반적정(涅槃寂靜)이다. 우주의 진리를 깨달아 집착을 버린 자는 정신적 고통에서 해탈하여 평안함을 누린다는 것이다. 하지만 우주의 본 모습을 모르고 무아와 무상한 것들에 집착을 하면 모든 것이 고통이 된다. 이를 일체개고(一切皆苦)라 한다. 그래서 삼법인에 일체개고를 더하여 사법인(四法印)이라고 한다. 결과적으로 사법인은 사성제와 동일하게 석가모니 붓다의 사상을 가르치는 불교의 근본 교리다.

사성제란 무엇인가?

고제(苦諦)

고제는 고통이란 무엇인가를 다룬다. 인생은 고통의 연속이다. 붓다는 세 가지 종류의 고통을 말했는데, 그 첫 번째가 생로병사(生老病死)의 고통이다. 이는 태어나서 성장하고 늙어 죽어 감에 따라 경험하게 되는 육체적인 고통을 말한다. 두 번째는 변화(變化)의 고통인데, 이는 만물이 끊임없이 변함에 따라 이 세상에 태어난 모든 생명체가 변화 속에서 생존해야만 하는 치열한 싸움과 그에 따른 고통을 말한다. 마지막으로 세 번째 고통은 형성(形成)의 고통인데, 이는 철학적인 표현이다. 형성의 고통은 인간의 자유의지에 따른 책임을 가리킨다고 말할 수 있다. 인간은 무엇인가를 선택하고 결정해야만 한다. 이러한 자유의지를 통한 선택이 그 사람의 운명을 좌우한다. 만일 자신의 욕망을 제어하지 못한다면, 이에 따르는 고통은 이루

말할 수 없다. 결국, 형성의 고통은 자신의 자유의지를 어떻게 사용하는가에 따르는 정신적인 고통을 말한다. 인간의 자유의지는 마음의 문제이고, 마음의 문제는 자연스럽게 마음의 고통, 즉 정신적인 고통을 불러온다. 이런 면에서 붓다가 말하는 진정한 고통은 정신적인 고통, 즉 마음의 고통인 것이다.

집제(集諦)

집제는 고통의 원인이 무엇인가를 다룬다. 붓다에 따르면, 인간이 경험하는 정신적인 고통의 직접적인 원인은 바로 인간 내면의 욕망이다. 이를 탐욕이라고 말할 수 있다. 인간 내면의 욕망, 즉 마음속의 욕망은 갈애(渴愛)와 집착(執着)으로 표출된다. 갈애는 탐내어 그칠 줄 모르는 애욕으로서 목이 말라 애타게 물을 찾듯이 무엇인가를 몹시 탐내는 것이다. 집착은 이러한 갈애에서 벗어나지 못하는 것이다. 이 두 가지는 인간을 고통에 빠뜨린다. 내 것이라 할 수 없는 것을 갈애하고 집착하기 때문이다.

붓다는 고통의 직접적인 원인이 되는 인간의 욕망에는 근본적인 원인이 있다고 주장한다. 그러니까 인간 내면의 욕망은 우리가 정신적인 고통을 경험하게 하는 표면적 원인이고, 좀 더 근원을 살펴보면 이면적 원인이 있다는 것이다. 붓다는 그것을 무지(無知)라고 하였다. 무지란 이치를 모르거나 잘못 아는 것을 말한다. 인간이 세상과 자신을 모르기 때문에 욕망하게 되고, 갈애와 집착이 생긴다고 한 것이다.

그렇다면 인간이 알아야 하는 것은 무엇인가? 붓다가 가르친 우리가 무지를 벗어나기 위해 알아야 할 사실들은 다음과 같이 정리될 수 있다.

1) 죽음은 자연의 이치다.
2) 죽음은 모든 것의 끝이다. 죽음과 함께 육체적인 고통이나 정신적인 고통은 모두 저절로 사라진다.
3) 그러므로 죽고 난 후에 새로운 세상이나 사후 세계는 없다. 즉 윤회는 허구다.
4) 결과적으로 이 세상에는 신도 없고, 윤회의 주체가 되는 인간의 영혼도 없다.
5) 궁극적으로 인생은 무상한 것이다.

이러한 우주와 자연의 원리, 혹은 인생의 비밀을 알지 못하기 때문에 사람들은 무엇인가를 소유하려는 욕망, 쾌락을 누리려고 하는 욕망, 죽고 나서도 더 좋은 곳에서 다시 태어나거나 아니면 영원히 극락에서 살고 싶은 욕망 등에 사로잡혀 산다는 것이다. 붓다는 인간의 욕망을 단순 본능이라 보지 않고, 인간의 내면과 원인을 분석하여 욕망은 갈애와 집착을 낳으며 그 근본 원인을 무지라고 진단하였다.

이러한 붓다의 입장을 통해 우리는 붓다가 자연 과학자요, 과학적이고 합리적인 사고를 하는 철학자요, 신의 존재나 사후 세계를 믿지 않는 무신론적 철학자라는 사실을 확인하게 된다.

멸제(滅諦)

멸제는 고통의 문제를 해결한 열반을 가리킨다. 즉 정신적인 고통으로부터 자유로워진 상태를 말한다. 고통의 원인이 인간의 내면에 잠재해 있는 욕망이기에 만일 내면의 욕망을 제거한다면 정신적인 고통은 저절로 사라진다는 것이다.[21] 그러므로 니르바나(nirvāna), 즉 열반은 우리 마음속에 내재하는 욕망의 불길이 완전히 사라진 상태를 말한다. 이러한 정신적인 고통으로부터의 자유, 즉 해탈(解脫)과 열반은 우리가 생전에 성취할 수 있는 것이라 말한다. 이러한 생

---

21 붓다가 말하는 구원은 정신적인 고통에서의 해방이다. 정신적인 고통은 인간의 욕망에서 비롯되기 때문에 인간 스스로 자신의 욕망을 제어할 수 있다면, 고통의 문제는 해결될 수 있다. 이런 면에서 붓다가 말하는 구원은 매우 현세적이고 정신적인 것이다. 이를 자력적 구원 내지는 자기 초월성이라고 말할 수 있다. 반면 기독교가 말하는 구원은 죄로부터의 구원이다. 여기서 말하는 죄는 하나님이라는 초월적인 존재와의 관계를 전제로 한다. 더 나아가 인간이 초월적인 존재의 피조물이라는 사실도 전제로 한다. 사실 욕망의 문제와 죄의 문제는 차원이 다르다고 볼 수 있다. 기독교적으로 해석하자면, 욕망의 문제는 죄의 결과로 본다. 결국 창조주 하나님과의 관계가 어긋난 인간이 방향을 잃고 방황하면서 경험하게 되는 것이 하나님과의 관계 단절로 인한 영적인 사망과 육적인 사망, 그리고 살아가면서 경험하게 되는 정신적인 고통(불안과 두려움)이라는 것이다. 이런 면에서 기독교적 구원은 하나님과의 관계를 회복하는 것이다.

전에 경험하는 열반은 한 가지 문제가 있는데, 그것은 비록 우리가 정신적인 고통으로부터 자유로워질 수는 있지만, 육체적인 고통에서는 벗어날 수 없다는 것이다. 결국 육체적인 고통을 포함하는 궁극적인 열반은 사후에나 이뤄질 수 있다는 것이다.

일반적으로 열반이라고 하면 영적이거나 초월적인 경험으로 생각하기 쉽다. 그러나 붓다가 말하는 열반은 영적이거나 초월적인 경험이 전혀 아니다. 열반은 사후 세계에 들어간다거나 사후 세계에 들어가서 경험하는 황홀경의 경험이 아니라는 것이다. 그렇다면 붓다가 말하는 열반은 무엇일까? 열반은 우주와 자연의 이치, 즉 연기론을 깨달아서 연기론의 결론인 무아론을 마음속으로 받아들일 때 나타나는 평정심이다. 결국 열반은 만물은 실체가 없다는 무아론을 마음속으로 받아들이면서 인생무상(人生無常)을 인정하는 초탈한 마음 상태를 가리킨다.

도제(道諦)

도제는 열반에 이르는 구체적인 방법을 가르친다. 열반은 우리가 정신적인 고통에서 해방되는 마음의 평안함이기 때문에, 우리에게 정신적인 고통을 안겨다 주는 두 가지 원인을 제거하면 열반에 이를 수 있다.

앞서 집제에서 인간이 경험하는 정신적인 고통의 직접적인 원인은 바로 인간 내면에 잠재하는 욕망이라고 하였다. 그러므로 만일 욕망을 제거한다면 열반에 이를 수 있다. 또한 이러한 인간 내면의 욕망이라는 고통의 근본 원인은 무지라고 하였다. 만일 우리가 무지를 깨트리고 명지(明知), 곧 궁극적인 지혜를 깨우치면 우리 내면의 욕망을 잠재울 수 있다는 것이다.[22]

붓다가 말하는 명지는 바로 자연의 이치, 곧 연기론을 이해하는 것이다. 더 나아가 연기론의 핵심인 무아론을 깨우치는 것이다. 그리고 연기론과 무아론의 최종 종착지인 인생무상을 인정하는 것이 바로 도제다. 이러한 연기론과 무아론 그리고 인생무상을 깨우치기 위한 구체적인 과정이나 방법들이 바로 팔정도(八正道)다.

---

22 힌두교 또한 인간 내면에 숨어 있는 욕망이 고통의 원인이라고 말한다. 더 나아가 이러한 욕망의 근원적인 원인은 무지라고 말한다. 무지하기 때문에 사물에 집착한다는 것이다. 여기까지 보면 힌두교와 불교는 삶의 문제로서의 고통과 고통의 원인에 대한 견해가 유사해 보인다. 그런데 무지의 개념에서 서로 나뉜다. 힌두교가 말하는 무지는 우리가 사물을 브라만과 구별되어 따로 존재하는 하나의 개체로 인식하는 것을 가리킨다. 즉 이 세상의 모든 것은 우주적 영이며 궁극적 실재인 브라만의 일부 혹은 브라만과 동일한 것인데, 우리 자신이 마치 브라만과 구별되어 따로 독립적으로 존재하는 존재들인 것처럼 착각한다는 것이다. 쉽게 말해서 범아일여 사상이 진리인데, 이것을 깨닫지 못하는 것이 무지다. 만물이 신적이고, 특별히 인간의 영혼이 우주적 영, 브라만과 동일한 본질인데도 이것을 깨우치지 못하는 것이 무지다. 안점식, 《복음과 세계종교》, 죠이북스, 2020, 98-99쪽.

팔정도란 무엇인가?

팔정도는 열반에 도달하기 위한 여덟 가지의 올바른 길이란 의미다. 사성제의 마지막 단계인 도제에 해당한다. 그러므로 사성제는 붓다가 말하는 우주와 인생의 원리를 말하는 것이고, 팔정도는 이러한 원리를 실천하는 방법이다. 원리와 실천이라는 면에서 사성제와 팔정도는 하나의 묶음이다.

팔정도를 분석하여 보면, 수행을 위한 세 가지 측면으로 나누어 제시할 수 있다. 수행을 위해서 붓다의 세계관을 이해하는 측면, 이를 위해 삶으로 실천하는 측면, 마지막으로 명상을 통해 붓다가 생각하는 열반에 이를 수 있는 특별한 지식, 즉 명지를 깨우치는 측면이다. 이에 팔정도를 세 부분으로 나누어 살펴볼 필요가 있다.

올바른 견해와 올바른 사유

붓다가 말한 수행의 궁극적인 목적은 명지를 얻는 것이다. 명지를 얻기 위해서는 올바른 견해와 올바른 사유가 있어야 한다. 바로 보고(올바른 견해), 바르게 생각(올바른 사유)하는 이 수행은 붓다가 생각하는 세계관(올바른 견해)을 이해하고 이에 동의하는 것이다. 다시 말해, 초기 불교의 믿음은 붓다가 깨달은 세계관을 이성적으로 이해하고 마음으로 받아들이는 것이다.

그렇다면 붓다의 세계관, 곧 그가 주장하는 올바른 견해란 무엇인가? 그것은 연기론에 바탕을 둔 무아론이다. 이는 만물은 인연에 의하여 생성되었다가 사라지므로 이를 통제하는 신의 존재나 그 안에 변하지 않는 영원한 자아(영혼)가 존재할 수 없다는 것이다. 결국 붓다의 세계관은 무신론, 무아론 그리고 사후 세계를 인정하지 않는 무신론적 내세관이다. 더 나아가 붓다의 입장에서는 그의 무신론적 세계관만이 올바른 견해인 것이다.

올바른 언어, 올바른 행위 그리고 올바른 생활

올바로 보고 올바로 생각한다고 해도 그것이 바르게 드러나지 않는다면, 미완성의 수행이 될 것이다. 생각한 바를 바르게 표현하고 실천하여야 내면과 외형이 상보적 관계에서 온전한 수행에 이를 수 있다. 이것을 붓다는 언어와 행위 그리고 생활로 설명하고 있다. 언행과 이를 바탕으로 한 생활이 온전한 조화를 이룰 때, 명지를 깨우치기 위한 올바른 수행의 준비 단계가 된다.

올바른 정진, 올바른 새김 그리고 올바른 집중

첫째, 올바른 정진(精進)은 명지를 깨닫기 위한 명상 수행의 예비 과정으로 마음을 깨끗이 하는 것이다. 여기서 정진에 관한 새로운 이해가 필요하다. 붓다가 말하는 올바른 정진은 마음을 깨끗이 하라는 도덕적이고 윤리적인 계율이 아니다. 즉 거룩한 생각과 깨끗한 마음을 품는 것이 명지를 깨우치기 위한 가장 주된 방법이 아니라는 사실이다.

붓다가 생각하는 올바른 정진이란 마음과 정신을 올바르게 정립하여야 한다는 것이다. 이는 단순하게 마음을 깨끗이 하는 것보다는 마음이나 정신을 올바르게 하는 것이 더 중요하다는 뜻이다. 쉽게 말해, 올바른 정진이란 붓다의 세계관, 곧 연기론, 무아론 그리고 인생무상론을 받아들일 수 있는 정신 자세를 갖추는 것이다. 이를 위해서 주관적인 생각이나 감정, 혹은 편견이나 왜곡된 세계관을 버리라는 것이다. 이는 우리의 정신 상태를 백지화시키는 것을 의미한다.

정신을 백지화한다는 의미는 붓다 당시의 상황 속에서 보면 좀 더 이해하기 쉽다. 당시 브라만교 교도들은 운명은 그들이 믿는 신과 그들이 과거에 행한 업보(業報)에 달렸다고 믿으면서 현실에서 경험하는 모든 고통과 불합리한 삶을 단순히 업보로 이해하고 순응하였다. 더 나아가 내세에는 더 나은 삶을 꿈꾸기에 신에게 동물 희생 제사를 드리면서 좋은 업보를 쌓기 위해 금욕과 고행의 삶을 마다하지 않았다. 붓다는 이러한 브라만교의 세계관을 인정할 수 없었다. 붓다는 당시의 인도 사람들에게 브라만교가 가르치는 신관, 인간관 그리고 내세관이 틀렸다고 지적하고 싶었던 것이다. 이를 위해 그는 올바른 정진, 곧 올바른 정신 상태를 요구했다. 브라만교가 가르치는 세계관을 모두 지워 버리라는 것이다.

이제 정신을 백지화하고 깨달음으로 나아가려면 올바른 견해가 필요하다. 그동안 그들이 브라만교로부터 배워 온 모든 신관이나 인생관, 내세관을 버리고, 붓다가 생각하는 세계관, 즉 연기론, 무아론 그리고 인생무상론을 받아들이라는 것이다. 그러므로 올바른 정진은 그 당시 인도 사람들이 지녀 온 브라만교적 세계관을 완전히 백지화할 것을 요구하는 것이다.

둘째, 올바른 새김은 올바른 정진에서 이어진다. 이는 올바른 정진을 하고 나서야 올바른 새김이 가능하다는 뜻이다. 그렇다면 올바른 새김은 무엇인가? 올바른 새김은 쉽게 말해 세상을 과학적이고 합리적인 시각으로 바라보는 것이다. 이는 자신의 마음조차도 객관적 삼자로서 관찰할 수 있는 것을 말한다. 다시 말해, 그동안 지녀 왔던 브라만교적 세계관에서 벗어나서 이제는 과학적이고 합리적인 세계관으로 세상을 바라보는 것이다.

셋째, 올바른 집중(集中)은 명상하는 사물과 명상하는 수행자 자신이 하나가 되는 과정이다. 올바른 집중을 통해 정신 통일이 이루어진다. 그렇다면 여기서 말하는 정신 통일은 무엇일까? 이는 곧 새김을 통한 정신 통일을 가리킨다. 다시 말해, 과학적이고 합리적인 사고를 통한 정신 통일이 곧 올바른 집중인 것이다.

그렇다면 올바른 집중을 통한 정신 통일은 어떻게 가능한 것일까? 이는 명상하는 대상(예를 들어, 사과나 배)과 명상하는 수행자가 하나가 되는 것이다. 그렇다면 무엇으로 하나가 될까? 바로 무아론으로 하나가 된다. 명상하는 대상이나 명상하는 수행자가 서로 아무런 실체가 없는 무아로서 하나로 통일되는 것이다. 수행자가 과학적이고 합리적인 사고로 명상하면, 수행자 자신이 실체가 없다는 것과 명상하는 사물도 실체가 없다는 사실을 깨우치게 된다. 즉 올바른 집중을 통해 붓다가 깨우치고자 하는 것은 명상하는 대상인 사물과 수행자 자신이 무아라는 공통적인 사실을 통해 일치감을 느끼는 것이다. 수행자가 이렇게 사물과 하나가 되는 것을 적멸(寂滅)이라고 하는데, 이는 수행자가 마음으로 느끼는 내적 평안을 말한다. 결국 올바른 집중을 통해 연기론, 무아론을 이해하고 깨우치는 가운데 인생무상을 받아들이는 것이다. 수행자가 인생무상을 마음으로 인정하는 가운데 생기는 생의 집착에 대한 포기나 체념, 그리고 죽음조차도 초월하는 용기를 얻는 것이다. 만물이 변한다는 연기론에서 시작하여 나를 포함한 모든 만물은 실체가 없다는 무아론으로 귀결되어 인생무상을 깨우치는 것이 올바른 집중이다.

인간의 삶이 무상함을 마음으로 받아들이고, 죽음을 피할 수 없는 자연의 이치로 받아들이는 것이 올바른 집중이며 이것은 신처럼 세상을 초월하는 것이다. 즉 붓다는 우리가 정신적으로 세상을 초월하여 신과 같이 되길 원했던 것이다. 이런 면에서 붓다는 신이 된 인간이라 말할 수 있다. 이처럼 붓다의 세계관을 이해하고 동의하는 모든 사람은 신처럼 자유롭게 세상을 초월하여 정신적인 고통에서 자유로운 이생의 삶을 누릴 수 있다는 것이다.[23]

이것은 마치 인간이 신이 된 것처럼 세상을 초월하여 자유롭게 살 수 있다는 것을 말한다. 물론 이는 인간이 신체적으로나 실체적으로 세상을 초월하는 것을 말하는 것이 아니라 단지 정신적으로 초월하는 것을 말한다. 이러한 정신적인 초월은 우리로 하여금 세상

---

23 이에 반해 기독교는 인간이 누릴 수 있는 자유와 해방은 하나님과의 관계 회복을 통해서만 가능하다고 주장한다. 하나님과의 관계 회복은 하나님만이 해결할 수 있는데, 이러한 구원이 바로 예수 그리스도를 통해서 이루어졌다고 말한다. 예수 그리스도를 통한 속죄가 하나님과 인간의 막힌 담을 허물었다는 것이다. 이러한 사실에 동의하고 믿는 자들은 죄 사함을 받고, 하나님과의 관계가 회복되는 은혜를 입는다. 이런 면에서 기독교가 말하는 자유나 해방은 하나님과의 관계 회복을 말한다. 이에 관해 로마서는 다음과 같이 진술한다. "내가 행하는 것을 내가 알지 못하노니 곧 내가 원하는 것은 행하지 아니하고 도리어 미워하는 것을 행함이라 … 내가 원하는 바 선은 행하지 아니하고 도리어 원하지 아니하는 바 악을 행하는도다 만일 내가 원하지 아니하는 그것을 하면 이를 행하는 자는 내가 아니요 내 속에 거하는 죄니라 … 내 지체 속에서 한 다른 법이 내 마음의 법과 싸워 내 지체 속에 있는 죄의 법으로 나를 사로잡는 것을 보는도다 오호라 나는 곤고한 사람이로다 이 사망의 몸에서 누가 나를 건져내랴 … 그러므로 이제 그리스도 예수 안에 있는 자에게는 결코 정죄함이 없나니 이는 그리스도 예수 안에 있는 생명의 성령의 법이 죄와 사망의 법에서 너를 해방하였음이라"(롬 7:15, 19-20, 23-24; 8:1-2).

에서 경험하는 고통을 이겨 내고 자유로운 이생의 삶을 누리게 한다. 이러한 붓다의 사상은 초월적인 신의 존재를 없애고 인간이 스스로 신의 자리에 앉은 것이라고 말할 수 있다. 바로 18세기 유럽의 계몽주의 사상, 즉 인본주의 사상을 2500여 년 전에 붓다가 이미 외쳤던 것이다.[24]

결과적으로 붓다는 자연신들을 포함한 영적인 존재들과 초월적인 신의 존재를 부정한 무신론 철학자이고, 더 나아가서 이렇게 부정된 신의 자리에 인간의 정신을 올려놓은 인본주의의 원조다. 이에 관하여는 제 7장 "붓다는 현대 철학의 시조인가?"에서 좀 더 다루고자 한다.

---

24 붓다는 인간의 불안한 마음은 자신의 생명과 삶에 집착할 때에 생겨나는 것이기 때문에, 만일 자신을 부정하면 스스로 불안을 극복할 수 있다고 말했다. 자신의 과거를 부정하고 미래에 대한 기대도 버리며 태어남과 삶에서 경험하는 모든 감정에 연연하지 않는다면 불안에서 벗어날 수 있다고 하였다. 이는 생·사·화·복에 대한 정신적인 초월의 경지를 말하는 것이다. 이런 면에서 본다면, 붓다를 신이 된 인간으로 표현하는 것이 이해된다고 할 수 있다. 붓다는 모든 사람을 이러한 신적인 경지에 초청하고 있는 것이다. 붓다의 가르침과 일맥상통한 것이 18세기 유럽에서 피어난 계몽주의 사상이다. 계몽주의는 인간의 힘과 지혜 그리고 과학 기술은 무한하기에 인류는 끝없이 발전할 것이라 믿었다. 이러한 계몽주의의 낙관적이며 진보적인 세계관은 인간의 힘으로 불안을 극복할 수 있다고 믿는 붓다의 생각과 교집합을 이룬다. 인간을 세상과 우주의 중심으로 본 것과 인간 스스로 모든 실존적인 문제를 해결할 수 있는 무한한 능력이 있다고 주장한 것이 그것이다.

과학적이고 합리적인 무신론적 도덕 철학

붓다가 주장하는 궁극적인 깨달음은 무아론이다. 만물은 끊임없이 변하며 그 가운데 있는 자아 역시 변한다. 그래서 붓다는 영원히 변하지 않는 자아란 없다고 말했다. 변화의 끝은 죽음인데, 붓다는 자연의 이치로서 죽음을 받아들이라고 권했다. 죽음을 부정하려고 애써 신을 만들고 영혼의 존재를 주장하면서 영원한 세계를 추구하지 말라는 것이다. 이러한 것들은 인간이 생각으로 만들어 낸 허상으로 인간에게 고통만을 안겨 준다. 그러므로 자연의 순리요 이치인 죽음을 인정하고 마음의 평안을 찾으라고 말한다. 이렇게 세상을 초월하는 마음이 열반이요 해탈이다. 이런 면에서 자신을 초월하려는 종교가 바로 초기 불교다.

이는 인간이 자신의 운명을 신에게 맡기지 않고, 스스로 주인이 되려는 인간중심주의, 즉 인본주의 종교인 것이다.

초기 불교는 자기완성, 곧 자기 초월을 하려는 마음의 종교다. 어쩌면 마인드 컨트롤(Mind Control)이 붓다가 지향하는 종교라 볼 수 있다. 그런데 붓다는 왜 과학적이고 합리적인 무신론적 철학자로서 거룩한 생활, 곧 도덕 철학을 주장하는 것일까?

눈에 보이는 현상만을 인정하고 이것을 과학적 사고로 분석하는 무신론적 철학자에게는 인생과 삼라만상(森羅萬象)이 찰나(刹那)에 불과하므로 굳이 어려운 삶을 살 필요가 없을 것이다. 오히려 순간을 즐기려는 쾌락주의나 모든 것이 사라져 버린다는 허무주의를 강조하는 것이 더 어울릴지도 모른다. 그럼에도 불구하고 붓다가 도덕 철학을 강조한 것은 거룩한 생활만이 욕망에서 자아를 벗어나게 할수 있다고 생각하기 때문이다. 이처럼 붓다가 원하는 이상적인 세상은 내면의 욕망으로부터 발생하는 정신적인 고통에서 자유롭게살아가는 세상이기에 도덕적으로 청정한 삶, 즉 도덕 철학이 요구된다는 것이다.

결론적으로 붓다의 세계관은 연기론, 무아론 그리고 인생무상의 세계다. 자신의 의사와 상관이 없이 우연히 태어난 고통스러운 세상에서 어떻게 하면 가장 정신적으로 고통을 당하지 않으면서 살 수있을까를 고민한 사람이 바로 붓다다.

만일 당신이 붓다의 세계관을 깨우칠 수 있다면, 열반을 성취하기 위한 팔정도의 모든 과정을 밟지 않아도 될지 모른다.[25] 왜냐하면

---

25 백창우에 따르면, 올바른 사유, 올바른 생활, 올바른 정진, 올바른 새김 그리고 올바른 집중 등의 최종 목표가 바로 올바른 견해이기 때문에 만일 당신이 올바른 견해를 깨달

팔정도는 붓다의 세계관을 깨닫기 위한 절대적인 과정이라기보다
는 하나의 수단이기 때문이다.

을 수만 있다면, 굳이 그 어려운 수행의 모든 덕목을 실천할 필요가 없다는 것이다. - 백
창우, 《연기맵이면 누구나 깨닫는다》, 김영사, 2016, 77-78쪽. 옥스퍼드대학교 불교
학센터 설립자이며 연구소장인 리처드 곰브리치(Richard Gombrich)도 이러한 급진
적인 해석에 동의한다. - Richard Gombrich, *What the Buddha Thought*, Equinox
Publishing, 2009. p. 126-27.

힌두교의 명상을 부정한 붓다의 명상

초기 불교의 명상은 명상의 대상을 바라보면서 이성적으로 깨우치는 과정을 밟는 것이었다. 명상하는 수행자가 명상하는 대상과 무아론적 입장에서 하나가 되는 것이다. 자신의 마음이나 육체는 잠시 왔다가 사라지는 실체가 없는 존재라는 사실과 명상의 대상인 사물 또한 실체가 없다는 사실이 겹치면서 아주 깊은 이성적인 깨달음에 도달하게 되는데, 바로 무아론과 인생무상이다. 그러므로 붓다의 명상은 무아론에 이르기 위한 과학적이고 합리적인 깨달음의 과정이다.

이와는 달리 전통 힌두교의 명상은 우리 안에 있다고 믿는 영혼과 우주의 영, 즉 창조의 신 브라만과 동일 본질이라는 믿음에서 출발한다. 바로 범아일여(梵我一如) 사상이다. 영적인 존재로서의 신과 인간의 영혼이 동일하다는 것이다. 그러므로 힌두교적 명상, 즉 요가는 인간의 내면세계를 여행하는 것으로 인간 안에 내재하는 아트만(ātman)이라 불리는 영혼을 만나는 것이 곧 신을 만나는 것이다. 이러한 경험은 수행자로 하여금 황홀경의 경지에 이르게 한다. 곧 기쁨과 환희의 신비한 체험을 하게 되는 것이다.

그런데 붓다는 이러한 신비한 체험을 중시하는 힌두교적 명상을 거부하였다. 그는 브라만과 같은 우주적 영이 존재하지 않을 뿐만 아니라 인간 내면에 있다고 믿는 영혼조차도 존재하지 않는다고 생각했기 때문이다. 그러니까 힌두교적 명상은 인간의 내면에 존재한다고 믿는 영혼과 우주적 영인 브라만이 동일 본질이라고 믿기 때문에 인간이 신처럼 되는 것이 아니라 그 자신이 신이라는 사실을 발견하게 되는 것이다. 사실 이러한 힌두교의 신비적 명상은 붓다의 입장에서는 어처구니없는 생각이었을 것이다. 바로 연기론과 무아론 그리고 그의 인간론인 오온(五蘊)²⁶ 사상에 의해 이 세상에 영원히 존재한다고 믿어지는 신이나 영혼의 존재는 자연스럽게 거부되기 때문이다.

---

26 인간을 구성하는 요소를 오온(五蘊)이라 하는데 그것은 색이라는 육체적인 요소에 수(受/느낌이나 감정), 상(想/생각이나 표상작용), 행(行/의지), 식(識/인식, 판단)이라는 네 가지 정신 요소가 더해진 복합체를 지칭한다. 호진, 《무아, 윤회 문제의 연구》, 불광출판사, 2015, 117쪽. 인간은 이러한 다섯 가지 요소의 복합체이기 때문에 영원불변의 존재가 아니라고 보았다. 복합체란 때가 되면 모였다가 흩어지는 것이기 때문에 인간에게는 고정된 정체성, 곧 자아임을 나타낼 수 있는 영혼이 존재하지 않는다는 것이다. 카루나다사(Y. Karunadasa)에 따르면, 오온은 인간뿐만 아니라 감각적 세계의 구성 요소이기도 하다. 인간이 경험하는 감각적인 경험의 총체가 오온이다. 오온은 그 어떤 원인과 조건에 의해 발생하기에 그 실체가 없다. 즉 무아적인 것이다. Y. Karunadasa, *Early Buddhist Teachings*, Wisdom Publications, 2018, p. 39.

제3장

붓다는 왜
무신론자인가?

불교는 신의 존재를 믿지 않는 종교다. 이에 대해 많은 학자가 동의하고 있다. 토머스 하트먼(Thomas Hartman)과 마크 젤먼(Marc Gellman)은 다음과 같이 말한다.

불교는 이 세상에 신이 존재하지 않는다고 가르친다. … 불교 도들은 우선 어떤 것도 실제로 존재하지 않는다는 것을 이해 해야 한다고 가르친다. … 불교는 신과 교감하지 않고도 올바 르게 사는 법을 깨달을 수 있다고 가르친다. … 불교는 모든 종교의 목적지로 가는 데에 반드시 신이 필요한 것은 아니라 는 사실을 상기시켜 준다.[27]

《God Is Not One》(신은 하나가 아니다)의 저자 스티븐 프로테로 (Stephen Prothero)는 "초기 불교는 신의 존재에 관하여 언급하지 않을 뿐만 아니라 초자연적인 존재도 전혀 강조하지 않는다"라고 말한다. 만일 종교가 영적이고 초자연적인 존재들을 향한 믿음을 말하는 것 이라면 불교는 이런 유신론적 종교들과는 하등의 관계가 없다는 것

---

27 토머스 하트먼·마크 젤먼, 《세계 종교 산책》, 김용기 역, 가톨릭출판사, 2006, 30-31쪽.

이다.[28] 이처럼 학자들은 붓다를 무신론자로, 그리고 불교를 무신론의 종교로 이해하고 있다.

이와 같이 많은 학자가 불교를 가리켜 신이 존재하지 않는 종교라고 말한다. 이에 대한 근거는 붓다에게서 찾아야 할 것이다. 이제부터 붓다를 무신론자로 바라보는 구체적인 근거를 살펴보고자 한다.

---

28 Stephen Prothero, *God Is Not One: The Eight Rival Religions That Run the World*, HarperOne; Reprint edition, 2011. p.186.

붓다의 무신론은 연기론에 근거한다

후기 불교에서부터 현대 불교에 이르기까지 불자들은 붓다를 신적인 존재로 생각하는 경향이 있다. 그래서 보통의 경우 붓다를 무신론적 철학자라 말하면 정서적 반감을 갖거나 이해하지 못한다. 그러나 붓다의 생각을 면밀히 살펴보면 현대 무신론적 철학자들과 그 맥을 같이하고 있다. 신을 거부한다는 차원에서 프리드리히 니체(Friedrich Nietzsche), 모든 것은 영혼이 아닌 물질에 의해 이루어진다는 카를 마르크스(Karl Marx), 그리고 신의 존재를 부정할 뿐만 아니라 인간의 피와 살과 같은 육체가 곧 신이라고 외친 루드비히 포이어바흐(Ludwig Feuerbach) 등 현대 철학자들의 사상과 별반 다르지 않다. 어쩌면 붓다를 현대 철학의 시조라고 불러도 무방할 것이다.

초기 경전에서 붓다가 직접 "신은 존재하지 않는다" 또는 "신은 죽었다"라고 외치지는 않았지만, 많은 학자가 붓다를 무신론적 철학자로 규정한다. 이렇게 붓다를 무신론자로 규정짓는 가장 근본적인 근거는 붓다의 연기론에 있다.

유신론적인 입장에서 만물을 보면, 만물은 신의 의도대로 창조된 것이다. 이와 반대로 무신론적 입장에서 만물을 보면, 만물은 우연히 혹은 아무런 이유 없이 저절로 형성된 것이다. 붓다의 연기론은 무신론적 입장에서 만물의 이치를 파악한 것이다. 그 이치란 만물은 변하고, 변하지 않는 사물은 없다는 것이다. 만일 변하지 않는 것이 있다면, 그것은 만물이 변한다는 원리라고 말한다. 이처럼 붓다는 과학적이고 합리적인 시각으로 우주와 자연을 관찰하여 변화의 법칙과 상호 의존성의 법칙을 발견했다. 즉 만물은 서로 원인과 원인이 되어서 어떠한 결과를 불러오고, 이러한 결과가 또 다른 원인이 되어 새로운 결과를 낳는 영원한 과정 속에 있다는 것이다. 그러므로 연기론은 이 세상에 변하지 않는 존재나 사물은 없으며 만물은 서로가 의존적인 관계에 있음을 말한다.

예를 들어, 연기론을 설명하면 다음과 같다. 2020년 초에 전 세계에 코로나로 인한 팬데믹 상황이 불어닥쳤다. 그로 인해 많은 직장인이 일을 할 수 없게 되었다. 이로 인해 가계마다 돈이 부족하게 되니 국가가 나서서 돈을 풀었다. 이를 '양적 완화'라고 부른다. 2년여에 걸쳐 실직자들에게 실업 수당을 지급하고, 가계마다 보조금을 지급했다. 천문학적인 돈이 시장에 풀리게 된 것이다. 그러다 보니 자연스럽게 인플레이션이 다가왔다. 그러자 공산품과 생필품들의 가격이 급등하게 되었고, 이제는 필사적으로 인플레이션을 막아야 할 차례가 된 것이다. 그래서 나라마다 금리를 인상하게 된다. 금리를 인상해야만 인플레이션을 막을 수 있기 때문이다. 문제는 금리 인상이 경기 침체라는 또 다른 부작용을 낳는다는 것이다.

이렇듯 세상의 모든 현상은 원인과 결과로 맞물리면서 끊임없이 변화한다. 이런 상황을 연기론 입장에서 상호 의존성의 법칙이라 하였다. 그리고 이러한 의존성은 이 세상에 고정불변하고 독립적으로 존재하는 사물이나 존재는 없다는 사실을 보여 준다.[29]

---

29 호진, 《무아·윤회 문제의 연구》, 불광출판사, 2015, 109쪽.

연기론은 영원불변한 절대자로서의 신을 부정한다

이제 연기론의 최종 결론은 다음과 같이 정리될 수 있다.

첫째, 이 세상에 독립적인 존재는 전혀 없다. 모든 사물이나 사건은 서로 연결되어 있기 때문이다.

둘째, 불변적인 것도 없다. 모든 존재는 여러 원인이나 조건에 의해 생겨나며, 그 원인과 조건이 변할 때 존재 역시 변하거나 사라지기 때문이다.

셋째, 이 세상에 절대적으로 실재하는 것은 없다. 이 세상의 모든 것은 실체가 없는 환영과 같은 존재이기 때문이다.

위와 같이 정리할 수 있는 연기론은 결국 무신론으로 이어진다. 연기론은 우주 만물이 실체가 없으며 변화하는 것이라고 말하고 있기 때문이다. 연기론은 독립적이고 불변적이며 절대적인 실재를 부정하기에 이는 곧 신의 존재를 부정하는 것이나 다름없다. 혹여 신의 존재를 인정한다고 하더라도 그 신은 인간처럼 유한하고 우연적인 존재에 불과한 것이다. 이러한 불교적 존재론은 당연히 절대적인 것, 영원한 것, 무조건적인 것을 용납할 수가 없다. 결과적으로 연기론의 최종 결론은 무신론과 무아론(無我論)이다. 즉 만물은 실체가 없다고 보는데, 그 이유는 이 세상에 영원히 존재하는 생명이나 사물이 없다고 보기 때문이다.

결론적으로 연기론으로 세상을 보면, 세상에는 독립적이거나 절대적이고 불변하는 것은 존재할 수 없다. 물론 인간 내면에 존재한다고 믿는 영원한 자아(영혼, 아트만)도 있을 수 없다. 다시 말하면 연기론으로 세상을 파악하면 자아란 존재하지 않으며(무아론), 초월적 존재로 세상을 통제하는 영원불멸의 신도 존재하지 않는다(무신론). 붓다에게 만물은 실체가 없는 것이며 이에 따라 영원히 존재하는 생명이나 사물이란 있을 수 없다. 따라서 초월적인 신의 존재는 없거나 있더라도 변화 안에 있는 유한한 존재에 불과하다. 따라서 붓다에게는 기독교에서 말하는 영원불변하는 절대적인 신은 존재하지 않으며, 힌두교가 주장하는 자연신들이나 브라만과 같은 창조의 신도 없는 것이다. 붓다에게 신이란 인간이 상상하여 만들어 낸 결과물일 뿐 절대로 실재하는 존재들이 될 수는 없다.

악의 문제는 신의 존재를 의심케 한다

인간 세계에서 가장 고통스러운 것이 악과 고난의 문제다. 이 고통이 사람들로 하여금 신의 존재를 의심하게 한다. 신을 부정하는 사람들은 신이 자비롭고 전능하다면, 신은 인간이 당하고 있는 고난을 불쌍히 여기고 고난에서 인간을 구원하여 주어야 한다고 생각한다. 그것이 아니라면 세상을 만들 때부터 악과 고난을 만들지 말았어야 한다고 주장한다. 붓다의 무신론적 입장도 여기에서부터 시작한다. 무질서하고 불공평한 세상에 대하여 붓다는 다음과 같이 탄식한다.

이 세상 어느 곳도 견고하지는 않다. 어느 곳이나 모두 흔들리고 있다. 나는 내가 의지해야 할 곳을 찾았지만, 이미 죽음과 고통에 사로잡히지 않은 곳은 없었다(Stn. 937).

붓다는 이 세상은 안전한 곳이 한 군데도 없다고 탄식하고 있다. 이 세상은 안전하지 않아서 언제나 어디서나 흔들리고 있으며 폭력으로 점철되어 있다는 것이다. 이러한 붓다의 탄식은 부정하기 어렵다. 이 세상은 자연재해나 전쟁과 같은 것들로 고통당하고 있으며, 비록 평화로워 보인다고 하더라도 잠재적인 위협이 존재하고 있기 때문이다. 이러한 세상에 살면서 경험하는 수많은 고통은 인격적인 신에 대한 의심을 불러일으키게 한다.

붓다는 신이 관여하여 악과 고난의 문제를 해결하거나 악이 선과 마찬가지로 세상에 필요하다고 보지 않는다. 붓다의 시선은 고통은 고통이고, 부조리한 현실은 부조리한 현실 그대로 바라보는 것이다. 붓다는 현상 그대로를 인정한다. 즉 악과 고난을 신의 존재와 연관시키지 않고 그 자체로 바라보려고 하였다. 사실 유신론적 종교의 입장에서 본다면, 악과 고난의 의미를 하나님과 영원의 관점에서 설명해야 한다. 더 나아가 악과 고난을 극복할 수 있는 신비한 길조차도 제시해야 할 의무를 느끼는 것이 당연하다. 하지만 붓다는 이러한 종교적 의무나 당위성을 거절한다. 파니카(Raimundo Panikkar)에 따르면, "붓다는 악과 고통 문제에 대한 책임에서 신을 자유롭게 하려고 신의 존재를 부정했다"는 것이다.[30]

한마디로 붓다는 악과 고통의 문제를 신과 완전히 분리했다는 것

30 Raimundo Panikkar, *The Silence of God: The Answer of the Buddha*, Orbis, 1990, p. 23.

이다. 즉 악과 고통은 신에서 비롯된 것이 아니라는 것이다. 그렇다면 그 신은 이 세계를 주관하는 것이 아니다. 만일 신이 세계를 주관하지 않는다면 신의 존재 이유가 없을 것이다. 그러므로 신은 존재하지 않는 것이다. 붓다는 악과 고통을 신에게 묻지 않음으로써 신을 부정했다.

다른 측면에서 본다면, 붓다는 세상 속의 악의 기원이나 실재를 이해할 수 없었기에 신의 존재를 포기하고 철학적이고 합리적인 방안을 찾는 것을 선택했다고 보아야 한다. 이는 현실의 참혹함으로 인해 "신의 죽음"을 선포했던 니체의 무신론적 철학과도 유사하다. 이런 면에서 붓다는 현대 무신론 철학의 선구자라고 할 수 있을 것이다. 폴 니터(Paul F. Knitter)는 이를 다음과 같이 설명한다.

붓다는 하나님의 존재에 관하여 말하기를 꺼렸을 뿐만 아니라 악에 관하여도 분명하게 말하기를 꺼렸다. … 지진이나 태풍과 같은 자연재해는 자연의 변덕스러움에 의한 것인가? 이에 대한 불자들의 답변은 기독교인들을 아주 놀라게 할 것인데, 바로 '우연히' 아니면 '단지' 발생한 것이라는 것이다. 자연재해는 단지 바람의 움직임이나 지질층의 변화 아니면 온도의 변화에 따라 자연스럽게 발생한 것일 뿐이다. … 이는 그 어떠한 신적인 의지가 작용했음을 부인하는 것이다. 자연 재앙이나 유전적 결함은 그냥 우연히 발생한 것이기에 우리는 그냥 맞서야만 한다. 여기서 불자들이 강조하는 것은 우리가 그러한 고통들에 맞설 수 있다는 것이다.[31]

폴 니터는 악과 고난에 관한 붓다의 견해를 설명하고 있다. 그에 따르면, 붓다는 신이나 악에 관한 언급을 회피하였다. 그리고 자연재해 역시 신과 연관하여 생각하지 않고, 자연 속에서 우연히 일어나는 현상의 하나로 받아들였다. 붓다는 만일 재난이 일어났다면 존재 의의나 발생 이유를 생각하지 말고 그냥 맞서야 한다고 했다. 그는 악과 고난이란 아무런 이유 없이 일어나는 현상이므로 그저 겪어야 할 대상으로 본 것이다.

31 Paul Knitter, *Without Budda, I could not be a Christian*, Oneworld Publications, p. 39-40.

불교는 무신론적 사상 체계다

하버드대학교 심리학과의 창설자이자 철학과 교수였던 윌리엄 제임스(William James)는 불교를 무신론적 사상 체계로 정의한다.

> 세상 사람들이 적극적으로 하나의 '신'을 가정하고 있지는 않지만, 흔히 종교적이라고 부르는 사상 체계들이 있다. 불교가 그런 경우이다. 물론 대중적으로 붓다 자신은 신의 위치에 서 있다. 그러나 엄격히 말해서 불교 체계는 무신론적이다. … 신을 추상적 관념성 안으로 증발시키는 것처럼 보인다.[32]

데이비드 벤틀리-테일러(David Bently-Taylor)에 따르면, 붓다는 그의 생전에 단 한 번도 객관적이며 인격적인 의미로서 신에 관해 언

---

32 윌리엄 제임스, 《종교적 경험의 다양성》, 김재영 역, 한길사, 2000, 90쪽.

급한 적이 없다고 한다. 붓다 자신이 의도적으로 신성에 관한 모든 주장을 회피하였다는 것이다. 이런 면에서 볼 때 신이란 존재는 애초부터 불교 사상 체계와는 전혀 어울리지 않는다고 볼 수 있다.[33]

붓다는 영혼이나 사후 세계와 같은 비가시적인 것들에 관심을 가질 필요가 없다고 하였다. 그것들은 인생의 고통을 극복하는 데에서 중요하지 않다는 것이다. 또한 인생의 고통을 유발하는 대상이나 원인에 대해서도 깊이 생각하지 말라고 하였다. 재난이나 고통이 닥치면 닥친 대로 그것을 수용하고 극복하기를 권하였다. 이러한 태도를 견지한 것은 붓다가 비가시적인 세계나 악과 고난을 주관하는 신에 관해서 무게 중심을 두지 않았기 때문이다. 인도가 낳은 세계적인 종교학자 레이몬드 파니카(Raimundo Panikkar)는 이러한 붓다의 생각을 다음과 같이 설명하였다.

만일 우리가 유신론자로서 신에 관한 이미지나 개념에 집착하여 그것 없이는 살 수 없다고 한다면 붓다는 그렇게 하라고 말할 것이지만, 역시 최고의 종교는 다신론을 거부하는 것뿐만 아니라 신의 존재 자체를 부정하는 무신론이라고 주장할 것이다.[34]

33 데이비드 벤틀리-테일러와 클라크 오프너, 〈불교〉 in 노만 앤더슨, 《세계의 종교들》, 민태운 역, 생명의 말씀사, 1985, 262쪽
34 Raimundo Panikkar, *The Silence of God: the Answer of the Buddha*, Faith Meets Faith Series, p. 23.

파니카는 붓다의 입장에 서서 그의 생각을 대변하는데, 만약 붓다가 지금 살아있다면 신을 인정하고 따르려는 사람들에게 '그렇게 하라'고 말할 것이라고 한다. 그러나 붓다의 본뜻은 다신론을 거부할 뿐만 아니라 신 자체를 거부하는 무신론이라고 주장한다. 붓다가 무신론자라고 주장한 사람은 또 있다. 홍콩대학교 불교연구소 소장 카루나다사(Y. Karunadasa)는 다음과 같은 말로 붓다가 무신론자임을 주장하였다.

> 인격적인 창조의 신은 붓다의 가르침이나 그 이후의 불교 학파들에서 전혀 찾아볼 수 없다. 사실 무아론이나 연기론과 같은 불교의 근본적인 가르침들은 인격적인 신들에 관한 개념들을 아예 배제하고 있다.[35]

카루나다사는 붓다의 연기론과 무아론을 보면 인격적인 신의 존재를 인정하지 않으며, 그 이후의 불교 학파에서도 창조의 신을 찾아볼 수 없다고 말한다. 즉 붓다 당시에나 그 이후에도 창조의 신이든 인격적인 신이든 신의 개념이 없기에 붓다는 무신론의 입장에 서 있다는 것이다. 이러한 무신론적 입장은 붓다 이후 불교로 체계화된 이후에도 변하지 않았다. 소승 불교에서는 신의 존재를 증명하려

---

35 Y. Karunadasa, *Early Buddhist Teachings*, Wisdom Publications, 2018, p.161.

는 그 어떤 시도도 하지 않는다. 인도 마가드대학교(Magadh University)
에서 철학과 교수를 역임한 마시(Y. Masih)는 이를 다음과 같이 명확
히 정리한다.

> 불교에서는 악이나 고통의 원인을 신에게 돌리지 않는다. 더
> 나아가 고통이나 악의 최초의 원인이 무엇인지도 알기를 원치
> 않는다. 이는 붓다가 신 존재의 유무에 관해 전혀 관심이 없는
> 것과도 같은 원리다. 만일 누군가 악의 최초의 원인이나 신의
> 존재의 유무를 자꾸 밝히려는 자가 있다면, 그는 형이상학적
> 이단자로 취급된다는 것이다.[36]

마시는 불교에서는 붓다가 무신론의 입장인 것과 마찬가지로 신
의 유무에 관심을 두지 않는다고 하였다. 그뿐만이 아니라 불교 내
에서 신의 존재에 관심을 가지려 한다면, 그를 이단자로 생각한다
는 것이다. 즉 불교에서는 신의 개념 자체를 불교의 본류가 아니라
고 보고 있다는 뜻이다. 불교가 무신론적 입장이라는 주장에서 더
나아가 신의 존재를 배제하고 인간이 주체가 되어 인간 스스로가 자
신을 구원하려는 시도가 불교의 본질이라는 것이다.

---

36 Y. Masih, *A Comparative Study of Religions*, Shri Jainedra Press, 1990, p. 215.

신 없는 종교를 꿈꾸다

일반적으로 종교라 하면 신의 존재를 인정하고, 신을 숭배하면서 신을 중심으로 삶의 형태를 만들어 가는 것이라 할 수 있다. 신은 초인간적·초자연적 위력을 가지고 우주 만물을 창조한 주체라고 말할 수 있기 때문이다. 신의 존재를 받아들인다면 우주 만물은 상호 작용으로 이루어진 것이 아니라 신의 계획과 의도에 의해 설계되어 만들어진 하나의 실체다.

불교에서는 이 실체에 대해 강한 의구심을 나타낸다. 본래 실체란 늘 변하지 아니하고 일정하게 지속하면서 사물의 근원을 이루는 것을 말한다. 그런데 불교에서는 변화하지 않는 실체 자체를 부정한다. 백창우는 이것을 다음과 같이 표현하였다.

나를 포함한 삼라만상은 본래부터 존재하는 것이 아니다. 원인과 조건들에 의해서 생겨났다가 사라졌다가 하는 환영 같은 존재이다. 원인과 조건들도 또 다른 원인과 조건들로 생겨나 기에, 끊임없이 변하는 환영 같은 존재이다. … 존재하는 것이 지만 사실은 존재한다고 할 것이 없는 환영 같은 존재이다![37]

우주 만물은 존재하는 실체가 아니라 환영 혹은 꿈과 같은 것이라고 말한다. 그 이유는 존재하는 모든 것은 실체가 아니라 원인과 조건에 의해 생성된 일시적인 것이기 때문이다. 불교에서 실체에 관한 부정은 곧 신의 부정으로 이어진다. 붓다의 연기론과 무아론을 통해 볼 때, 인격적인 신은 결단코 존재하지 않는다.[38]

붓다는 연기법을 통하여 만물은 서로 의지하며, 상호 작용을 한다고 말하였다. 그리고 이를 통하여 끊임없이 변화하고 있다고 하면서 창조의 주체를 부정하였다. 창조의 주체를 부정한다는 것은 세상을 만든 주체, 곧 신을 부정한다는 의미이기도 하다.

만일 신이 없다면 인간은 삶의 중심을 어디에 두어야 하는가에 관한 의문이 남는다. 이에 대해 붓다는 "자기의 마음을 스승으로 하고 남을 좇아 스승으로 삼지 말라. 자기를 스승으로 하는 사람은 참으로 지혜로운 사람을 얻은 것이다"[39]라고 대답한다. 붓다가 생각하

37 백창우, 《연기맵이면 누구나 깨닫는다》, 김영사, 2016, 45, 62쪽.
38 Donald S. Lopez Jr., *The Norton Anthology of World Religions: Buddhism*, W. W. Norton & Company, Inc., 2015. p.63.
39 법구경(法句經) 제12장 기신품(己身品) 160절(自己心爲師 不隨他爲師 自己爲師者 獲 眞智人法).

는 올바른 길은 신을 의지하여 신께 죄의 용서나 은총을 간구하는 나약한 인간의 길이 아니다. 그것은 인간 스스로 자신에게 필요한 궁극적인 평안을 찾아내는 매우 진취적인 길이다. 이러한 붓다의 진취적인 입장은 어쩌면 신 없는 종교를 지향하는 듯 보일 수 있다. 만약 신이 존재하더라도 그 신 또한 하나의 상상의 산물이거나 하나의 우상에 불과한 것으로 취급된다.[40]

결과적으로 불교에서 신의 존재란 하나의 관념에 불과하다. 붓다는 신의 존재를 단순히 부정하는 것에서 멈추지 않고 더 나아가 인간이 신처럼 되기를 원했다. 아이러니하게도 붓다는 신의 존재를 부정하였지만, 인간들이 신처럼 세상을 초월하는 자유로운 존재가 되길 원했던 것이다.

붓다에게는 신의 존재를 증명하거나 아니면 악의 최초의 원인이 무엇인지로 논쟁하는 것은 아무런 쓸데없는 짓이었다. 신의 존재나 선과 악 같은 형이상학적 논쟁은 우리의 실제적인 삶과는 전혀 상관이 없다고 보았기 때문이다. 붓다는 인간의 고통스러운 삶을 해결해 줄 수 있는 현실적이고 실제적인 철학이나 사상이 아니라면 말장난에 불과하다고 보았다. 그러므로 불교는 신의 존재를 부정하는 무신론의 입장이며 인간이 자기 삶이나 운명의 주인이 되어 스스로 궁극적인 평안을 찾는 인본주의적 사상 체계로 보아야 할 것이다.

---

40 정진홍, 《기독교와 타종교와의 대화》, 전망사, 1980, 69-70쪽.

제4장

붓다는 왜 사후 세계를
부정했을까?

인간의 영혼은 존재하는가?

　영혼이란 말을 들어보지 않은 사람은 거의 없을 것이다. 그러나 영혼을 보았다거나 영혼의 실체를 알고 있다고 자신 있게 말하는 사람은 극히 드물다. 영혼이란 육체에 깃들어 마음의 작용을 맡고 생명을 부여한다고 여겨지는 비물질적 실체다. 비록 영혼은 비물질적 실체로서 그 존재 여부를 확인할 수 없더라도 신앙인들은 실제로 존재한다고 믿는다. 대표적으로 힌두교와 기독교를 들 수 있다.

　이와 반대로 과학적인 사고를 하는 비종교인들은 이러한 신앙인들의 일방적인 입장을 거부한다. 왜냐하면 영혼이 실제로 존재하는지를 증명할 길이 없기 때문이다. 비물질적 실체로서의 영혼은 과학적으로 증명하기가 불가능하기에 거부된다. 대표적으로 현대 과학과 현대 철학, 그리고 붓다의 사상이 그렇다.

　힌두교는 영혼은 육체와 분리된 것으로 사후에도 독립적으로 존

재한다고 보는 반면에 불교는 오직 마음의 작용만을 인정하고 그 실
체는 없다고 본다.[41] 이러한 논의는 각 종교에서 유아론(有我論)과 무
아론으로 중요한 축을 이루게 된다. 특별히 불교의 무아론은 불교
교리 전반에 토대가 되는 것으로 체계적으로 이해할 필요가 있다.

힌두교의 유아론

힌두교에서는 영혼을 아트만이라고 부르는데, 그 뜻은 '생기, 호
흡, 숨' 등이다. 영혼을 호흡과 같은 의미로 사용하는 것은 영혼이 사
람의 생명력을 의미하기 때문이다. 힌두교의 이론과 사상의 토대
가 된 《우파니샤드》(Upaniṣad)는 아트만에 관해 다음과 같이 구체
적으로 묘사한다.

기본적으로 아트만은 작고 미묘한 하나의 실체다. 카타(Katha) 우
파니샤드에 따르면, 아트만은 엄지손가락만 한 크기다. 찬도기야
(Chandogya) 우파니샤드는 아트만은 너무나 작아서 좁쌀의 눈보다
도 작다고 말한다.[42] 다른 우파니샤드에 따르면, 아트만의 크기가 얼
마나 작은지 "머리카락 한 올 끝을 100등분으로 나누고, 다시 (그가
운데 하나를) 100등분으로 나눈 것"만 한 크기다.[43] 이는 아트만이 얼

41 Y. Karunadasa, *Early Buddhist Teachings*, Wisdom Publications, 2018, p. 21.
42 호진, 《무아·윤회 문제의 연구》, 불광출판사, 2015, 71쪽.
43 Ibid에서 재인용.

마나 섬세한 존재인지를 보여 주는 것이다. 비록 아트만의 크기가 작더라도 하나의 실체이기에 그것이 들어가서 거할 장소가 필요한데, 대부분의 우파니샤드에서는 사람의 심장이 바로 아트만이 거할 곳이라고 말한다.[44] 아트만이 육체를 떠날 때는 사람이 숨을 거두려는 순간이고, 사람의 눈이나 머리 혹은 신체의 다른 부분을 통해서 나간다고 한다. 왜냐하면 아트만은 크기를 지닌 하나의 실체이기에 그렇다.

아트만은 매우 작지만, 각 개인을 어떠한 궁극적인 방향으로 인도하는 참된 자아다. 그리고 사람이 죽어도 사라지지 않고, 육체와 분리된 후에도 독립적으로 존재한다. 육체의 생사와 상관없이 존재하는 영혼은 각 개인에게 본질과 정체성을 부여한다. 그래서 힌두교에서는 영혼을 나(我), 개별적인 나(個我), 진짜 나(眞我)로 번역한다.[45] 우파니샤드는 아트만, 즉 영혼은 내부에 있으면서 그것을 살도록 하는 존재라고 말한다.[46] 이는 육체란 영혼을 담고 영혼에 의해 움직이는 것일 뿐 실제로 개인의 정체성을 드러내는 것은 영혼이라는 것이다.

아트만은 영원히 변하지 않는 진정한 자아로서[47] 인간의 심신을 주관하는 내적 본질로 풀이할 수 있는데, 이것은 개인의 외형이 어

44 Ibid, 71-73쪽.
45 Ibid, 71쪽.
46 Ibid.
47 Y. Karunadasa, *Early Buddhist Teachings*, Wisdom Publications, 2018, p. 20-21.

떠하든 상관없이 존재한다. 즉 외형이 사람이든 동물이든 상관없이 존재하며, 육신 안에 존재하여 살아있든 죽어서 허공에 떠돌든 상관없이 존재한다. 아트만은 영원한 존재이기 때문에 여러 번의 삶을 거치는 윤회를 겪기도 하며 윤회를 통하여 신과 합일되어 온전함을 얻어 목샤(Moksha)[48]에 이르기도 한다.[49]

붓다의 무아론

무아(無我)란 자아가 없다는 말로 힌두교에서 말하는 아트만, 즉 영혼이 없다는 주장이다. 좀 더 상세하게 이야기하자면, 아트만이 없다는 것은 '인간의 심신을 총체적으로 통괄하는 본질적 자아가 없다'는 말이다. 붓다는 영혼을 영원히 사라지지 않을 하나의 실체로 생각하는 것은 바보 같은 짓으로 보았다.

붓다는 비구(比丘)들과의 대화를 통하여 이를 구체적으로 설명하였다.

붓다: 비구들이여, 색은 영원한 것인가, 덧없는 것인가?
비구들: 덧없는 것입니다.
붓다: 만일 덧없는 것이라면 그것은 괴로운 것인가?

---

48 이는 힌두교적 해탈로서 윤회의 사슬에서 벗어남을 의미한다.
49 토머스 하트먼·마크 겔먼, 《세계 종교 산책》, 김용기 역, 가톨릭출판사, 2006, 53쪽.

비구들: 그것은 괴로운 것입니다.

붓다: 만일 덧없고 괴로운 것이라면, 그것은 변하고 바뀌는 법
이다. 그런데도… 이것은 바로 나다, 나와 다르다, 나와
함께 있다고 보겠는가?

비구들: 아닙니다.

붓다: 느낌, 생각, 결합, 식별에 대해서도 그러하다. 그러므로
비구들이여, 만일 모든 색에 대하여 과거나 미래나 현
재나, 안이나 밖이나, 거칠거나 미세하거나, 아름답거
나 추하거나, 멀거나 가깝거나, 그 일체는 나도 아니고
나의 것도 아니라고 보면, 그것은 바른 견해다. 느낌, 생
각, 결합, 식별에 대해서도 그러하다.[50]

붓다는 비구들과의 대화를 통하여 가시적인 세계는 덧없는 것임
을 확인하였다. 즉 가시적인 세계는 변하는 것이고, 그렇기 때문에
그 안에 있는 것을 영원한 존재라고 말할 수 없다는 것이다. 그래서
인간의 존재 역시 '나도 아니고 나의 것도 아닌 것'으로 말한다. 현재
인간의 느낌이나 생각 그리고 판단력 역시 내 것이 아니라 '나'이면
서도 '내 것이 아닌 것'이라고 말한다.

인간의 영혼, 곧 아트만이 인간의 본질이 아니라면, 인간의 존재

---

50 《잡아함경》 제10권 58경.

는 무엇인가? 붓다는 인간의 심신 작용은 아트만을 통해 이루어지는 것이 아니라 심신 각각의 고유한 기능의 상호 관계, 곧 연기를 통해 이루어지는 것[51]이라고 말한다. 다시 말하면, 인간의 존재는 영혼이란 불멸의 본질에 의한 것이 아니라 당시의 여러 환경과 요소가 인연에 따라 모여서 형성된 자아를 말한다. 따라서 현세의 삶이 지나고 나면 '나'를 구성하고 있는 요소들은 흩어져서 '나이면서 내가 아닌 존재'가 된다는 것이다.

붓다는 사람이 죽어 이 세상에서 저세상으로 넘어가는 교량 역할을 하는 영혼의 존재를 부정하였을 뿐만 아니라 이를 둘러싼 다양한 가르침들을 부정하였다.[52] 그는 "모든 법은 무아다" 또는 "모든 법은 실체가 없다"[53]라고 말함으로써 무아론이 단지 '내가 아닌 나'의 상태를 의미하는 것으로 한정 짓지 않았다.

불교에서는 우리의 영혼을 포함하여 실제로 존재하는 것은 아무것도 없으며, 이것을 깨우침으로써 니르바나에 이른다고 말한다.[54] 이처럼 무아론을 인정하고 이것을 마음으로 깨달을 때, 열반에 들어갈 수 있다는 붓다의 주장은 힌두교에 커다란 충격을 주고, 거센 논란을 불러일으켰다. 붓다 당시에는 거의 대부분의 인도 사람들이 아트만의 존재를 굳게 믿고 있었기 때문이다. 일반적으로 종교인들은

---

51 이태승, 《인도철학산책》, 정우서적, 2007, 91-93쪽.
52 Rhys Davids, *Early Buddhism*, Elibron Classics, 2007, p. 76.
53 법구경 제20장 도행품(道行品) 279절
54 토머스 하트먼·마크 젤먼, 《세계 종교 산책》, 김용기 역, 가톨릭출판사, 2006, 53쪽.

인간의 본질적 자아, 즉 영혼이 없다는 말을 쉽게 수용하지 못한다.

결과적으로, 힌두교와 불교는 문화와 종교적 기반을 공유하고 있음에도 불구하고 영혼에 관하여 상반된 입장이다. 오랜 논쟁을 불러온 무아론은 붓다가 주창한 독창적인 사상인 동시에 불교의 가장 독특한 교리라고 말할 수 있다. 붓다의 가르침을 다른 종교들과 구별할 수 있는 결정적 깨달음이기 때문이다. 그러므로 무아론은 "불교를 가장 불교답게 하는 핵심 교리"[55]라고 할 수 있다.

오온(五蘊)

붓다는 이 세계를 고정된 실체가 아니라 꿈과 같은 하나의 환영에 불과한 것으로 보았다. 그리고 이 세계 안에 있는 인간 역시 고정불변한 존재가 아니라 여러 요소가 잠시 모였다가 흩어지는 존재로 보았다. 인간을 구성하는 요소를 다섯 가지로 보는데, 그것은 육체라는 요소에 느낌(감정), 생각, 의지, 인식(판단)의 네 가지 정신적인 요소를 더한 것이다.[56]

인간이 생존해 있는 동안 오온은 유기체가 되어 움직인다. 육체는 정신과 생각에 따라 움직이고, 육체가 생로병사를 겪는 동안 감정과 생각 그리고 의지와 인식은 인간이 경험하는 감각적인 경험의

55 Y. Karunadasa, *Early Buddhist Teachings*, Wisdom Publications, 2018, p. 49.
56 호진, 《무아·윤회 문제의 연구》, 불광출판사, 2015, 117쪽.

총체가 된다. 그러나 뼈와 살로 인해 단단하면서도 유연성을 갖춘 육체는 병과 노화로 거품과 같이 약해지고, 오랜 시간 쌓아 온 지식이나 마음속 깊이 다짐한 인간의 의지도 세월이 지나고 상황이 변하면서 약해진다.

인간이 죽음에 이르면 유기체로 움직이던 모든 요소는 흩어진다. 이를 가리켜 붓다는 인간이 오온이라는 요소가 하나로 뭉쳐서 이루어진 정신적이면서도 육체적인 복합체인데, 죽음과 더불어 이 복합체의 요소들이 분해되어 사라진다고 말했다.[57] 사후에 인간 영혼의 존속은 물론이고 영혼의 존재 자체를 부정한 것이다.

붓다의 말에 따르면, 인간은 실체가 없는 것이고 단지 무아적이며 진정한 자아나 영혼이 될 수 없는 존재다. 꿈같은 존재, 즉 텅 빈 존재[58]이기에 자아에 집착할 이유가 없다. 아무리 집착해도 그것은 실체가 될 수 없으며 영원하지도 않기 때문이다. 붓다는 영원한 영혼이란 존재하지 않으며 존재하지도 않는 영혼에 집착하는 것은 잘못된 일이라 하였다. 그러니 '내가 있다'라고 생각하는 고정 관념을 버리라고 권고한다.[59]

붓다가 말하는 오온을 요약하면, 인간의 존재란 육체·감정·생각·의지·인식의 다섯 요소가 인연에 따라 이루어졌다가 인연에 따라

---

57 Y. Masih, *A Comparative Study of Religions*, Shri Jainendra Press, 1990, p. 222.
58 백창우, 《연기맵이면 누구나 깨닫는다》, 김영사, 2016, 84쪽.
59 법구경 제25장 비구품(比丘品) 380절

흩어지는 실체 없는 존재라고 하였다. 그리고 이러한 무아의 존재가 실체가 없는 환상에 집착하여 감각적 쾌락을 추구하는 것은 헛된 일이라 하였다. 헛된 것에 집착하는 대신 인간을 포함하여 삼라만상이 실체가 없는 것임을 깨닫고 욕망에서 벗어나 평안으로 들어가야 한다는 것이다.[60]

> '이것이 내 것이다' 또는 '이것은 남의 것이다' 하는 생각이 없는 사람, 그는 내 것이라는 관념이 없으므로, 내게 없다고 해서 슬퍼하지 않는다(Stn. 951).

이는 우리가 자아 혹은 정신조차도 잠시 있다가 사라지는 유한한 물질과 다를 바 없는 무아적인 존재라는 사실을 깨달으면 감각적 쾌락을 추구하려는 모든 욕망이 저절로 사라지고 비로소 평정심을 찾게 된다는 것이다.

---

60 호진, 《무아·윤회 문제의 연구》, 불광출판사, 2015, 20-21쪽.

윤회(輪廻)란 무엇인가?

윤회란 인간이 죽으면 그 업(業)에 따라 육도(六道)의 세상에서 태어나고 죽기를 반복한다는 교리다. 육도란 여섯 가지 세상을 말하는데, 지옥에서 육체적 고통을 받는 것이 그 첫째며 굶주림의 고통을 받는 것이 둘째이고, 동물로 태어나는 것이 셋째요 노여움에 가득 찬 세상에 태어나는 것이 넷째요 인간으로 태어나는 것이 다섯째이고, 행복한 하늘에서 태어나는 것이 여섯째다. 사람이 죽은 다음에는 이 육도 중의 하나에서 태어나고, 여기에서 업을 쌓아 다음 세상에 태어나기를 반복한다는 것이 윤회다.

윤회는 힌두교와 불교 두 종교 모두에 중요한 교리다. 그런데 힌두교와 불교는 윤회라는 같은 기반을 두고 있으면서도 그 목적은 다르며 목적에 도달하는 과정 또한 다르다. 힌두교에서는 신과 합일하는 상태가 최고의 경지이지만, 불교에서는 무지를 깨뜨리고 욕망을 제거하여 모든 정신적인 고통에서 해방되는 열반이야말로 최고의 경지다. 윤회를 바로 알기 위해서는 두 종교에서 말하는 윤회를 정확히 이해하여야 한다.

유아론(有我論)적 윤회

앞서 말했듯이 힌두교에서는 세상 모든 생명체 안에는 아트만이 존재한다고 믿는다. 아트만은 동물일 수도 있고, 사람일 수도 있다. 생명체의 영적 수준에 따라 그 외형이나 삶의 조건이 달라지기는 하지만, 그 안에는 고유한 개별적 영혼이 있다고 하였다. 그런데 이 영혼은 한자리에 고착된 것이 아니라 여러 번의 삶을 거친다고 한다. 이러한 여러 번의 삶을 윤회라고 부른다.

윤회는 불완전한 자아가 그 불완전함이 원인이 되어 거듭 태어나는 것을 말한다. 불완전한 존재 안에 있는 아트만은 윤회를 통하여 계속 선업(善業)을 쌓아야 하고, 이를 통해 깨달음을 얻을 때 비로소 윤회에서 벗어날 수 있다.[61]

윤회를 거듭하며 지향하는 곳은 목샤다. 이는 수행자가 명상을 통해 자신의 영혼이 궁극적인 실재이며 창조의 신인 브라만과 하나(동일 본질)라는 사실을 깨달을 때 도달하는 경지다. 힌두교는 이러한 신과의 합일이 인간의 궁극적인 목적이라고 말한다.

---

61 Ibid, 61-63쪽.

유아론적 윤회는 모든 생명체 안에 내재한 아트만이 윤회를 통하여 우주적 근본 영혼인 브라만과 하나 됨이라고 정의할 수 있는데, 이것을 좀 더 심도 있게 이해하기 위해서는 몇 가지 특징을 알아야 한다.

첫째, 인간 영혼의 존재와 그 영원성이다. 힌두교는 신은 물론 아트만인 인간의 영혼도 존재하며 영원하다고 믿는다. 따라서 아트만은 죽음과 더불어 소멸하는 것이 아니라 윤회의 주체가 되어 죽음 이후 새로운 세상에서 또 다른 삶을 살게 된다는 것이다.

둘째, 업(業) 사상이다. 윤회의 토대이자 짝을 이루는 것이 업 사상이다. 현생의 모든 것, 즉 사회적 신분이나 계급 그리고 물질적인 축복이나 고통은 과거의 삶 속에서 행해진 행위(업보)에 기초한다는 것이다.[62] 과거의 업보가 현생의 모든 지위와 행복을 결정짓는 유일한 조건이요 요소다. 그리고 현생에서 짓는 업보도 과거의 업보에 따라 결정된다.

셋째, 숙명론적 이해다. 힌두교의 윤회설은 전생이 현생을, 그리고 현생이 내생의 인간 운명을 정한다는 운명 결정론과 다름이 없다. 이것이 업으로 표현되었지만, 이것을 받아들이는 개인은 업을 숙명으로 받아들인다. 모든 삶의 조건은 자기 행위의 결과이므로 현생에서 경험하는 모든 부조리나 불공평에 대해 불평할 수가 없다.

---

62 Rhys Davids, *Early Buddhism*, Elibron Classics, 2007, p.75-76.

넷째, 신분의 절대 수용이다. 현재 삶의 환경이 과거 자기 행위의 결과이고, 이 결과가 자신의 숙명이 되었다고 믿는다. 즉 현세의 부귀를 전생의 보상으로, 그리고 현세의 고난을 내세의 보상을 받기 위한 기회로 여긴다. 따라서 각자의 신분에 만족하며 법에 따라 선한 행위를 쌓아야 한다고 믿는다.

다섯째, 짐승으로의 환생이다. 전생을 통해 현생이 결정된다고 믿는데, 전생의 삶이 인간의 도리에 미치지 못하면 짐승으로도 환생할 수 있다고 생각한다. 인간과 마찬가지로 짐승도 아트만이 존재하며 이는 서로 연결되어 있는 것으로 본다. 짐승으로의 환생에 관한 믿음은 최소 3,000년 전부터 있어 온 아주 오래된 관념으로 원시적·미신적 민간 신앙과 뒤엉켜 있다고 본다.

힌두교의 유아론적 윤회는 참된 자아인 아트만에서 시작한다. 아트만이 정체성을 유지하며 윤회하기 때문에 자아가 업을 쌓을 수 있다. 만일 자아가 없다면, 선업(善業)을 쌓든 악업(惡業)을 쌓든 아무런 효용이 없을 것이다. 모든 업은 자아가 존재한 후에 가능하다. 자아가 있으므로 다음 생에 전생의 결과를 수용할 수 있다. 이것이 유아론적 윤회의 핵심이라 할 수 있다.

무아론(無我論)적 윤회

앞에서 힌두교의 유아론과 붓다의 무아론을 살펴보았다. 유아론과 무아론은 인간의 내적 자아를 인정하는가 혹은 부정하는가의 문제로 힌두교와 불교가 갈라지는 분기점이 된다. 그런데 윤회는 양쪽 모두가 인정한다. 표면적으로 보면, 힌두교의 윤회설이 더 설득력이 있어 보인다. 자아가 존재해야만 다음 세상으로 넘어가는 주체가 있을 수 있기 때문이다. 반대로 자아가 존재하지 않으면, 다음 세상으로 넘어가는 주체가 있을 수 없다. 그래서 무아론의 입장에서 윤회를 주장하는 것은 논리상 어긋나는 것처럼 보인다.

그럼에도 불구하고 붓다는 무아론적 윤회를 주장하였다. 비록 그가 당시 힌두교의 윤회론에 회의적이었지만, 윤회 자체를 부정하지는 않았다. 초월적인 신과 영혼의 존재가 없더라도 윤회는 가능하다고 본 것이다. 어쩌면 붓다의 무아론적 윤회는 붓다가 당시 무지한 민중의 상황을 이해하고 자신이 깨달은 지혜를 거리낌 없이 전달하려고 했던 숨은 노력으로 보아야 할 것이다.

이제 붓다가 본 시대적 모순과 억압 그리고 이를 극복하려 했던 그의 종교적 논리를 살펴볼 필요가 있다. 다음은 힌두교의 교리와 이를 극복하고자 한 붓다의 논리를 정리한 것이다.

첫째, 업보 사상이다.[63] 힌두교의 윤회설의 토대가 되는 것은 업 사상이다. 업 사상에 따르면, 사람은 현생에서 무엇이든 결정할 수 있는 자유가 없다. 왜냐하면 그의 운명은 과거 자신의 업보로 정해

---

63 업보는 선악을 행한 것에 따른 결과, 곧 과보(果報)를 의미하는데, 이는 자신이 베푼 선행에 대한 보상과 자신이 저지른 악행에 대한 징벌을 말한다.

지기 때문이다.[64] 붓다는 힌두교의 업보를 부정하였다. 붓다의 시각에서는 인간의 존재란 영원불변한 것이 아니라 일시적인 현상에 불과하다. 그러므로 인간이 죽으면, 그가 일시적으로 쌓아 놓은 업마저 사라진다는 것이다. 업이 지속되는 것이 아니라면 업을 바탕으로 하여 세워진 윤회설 역시 성립하지 않는다. 힌두교의 업보 개념을 부정한 붓다는 업보 개념 위에 세워진 윤회설 역시 받아들일 수 없었다.

붓다가 업 개념에 토대를 둔 힌두교의 숙명론적인 윤회설을 거부한 또 다른 이유는 인간의 자유의지에 대한 그의 절대적인 신뢰라고 할 수 있다. 인간의 운명은 과거 조건이나 환경에 귀속된 것이 아니라 현재 조건과 환경을 넘어서는 개인의 의지를 통해 달라진다는 것이다.

"날 때부터 천한 사람이 되는 것은 아니오.

날 때부터 바라문이 되는 것도 아니오.

오로지 그 행위에 의해서 천한 사람도 되고 바라문도 되는 것이오"(Stn. 142).

그러므로 현재 삶을 무조건 숙명적으로 받아들여 감수할 게 아니

---

64 Charles Prebish and Damien Keown, *Introducing Buddhism*, Routledge, 2010, p. 20.
Y. Karunadasa, *Early Buddhist Teachings*, Wisdom Publications, 2018, p. 88-89.

라 의지로써 자기 운명을 스스로 결정하라는 것이다.[65]

둘째, 윤회설이 만든 부조리한 신분제의 정당화다. 힌두교의 윤회설은 천한 신분은 전생에 악업을 쌓은 결과이고, 높은 신분은 전생에 선한 업을 쌓은 결과이므로 현재 신분의 높고 낮음은 자신이 만든 것일 뿐이라고 말한다. 이러한 사고는 인도의 신분 제도를 정당화하고 고착화하는 주요 토대였다. 그렇지만 인간의 평등과 존엄에 관한 인식이 있었던 붓다는 불평등한 신분 제도를 부정하였고, 계급 제도와 사회 질서를 유지하는 수단으로 악용되던 힌두교의 윤회설을 거부하였다.

셋째, 영혼의 존재 여부의 문제다. 힌두교의 윤회설은 영원한 영혼의 존재를 인정함에서 비롯되었다. 붓다는 영혼이란 존재하지 않으며, 인간은 하나의 일시적인 현상일 뿐이라고 하였다. 이것이 붓다가 힌두교의 윤회설을 거부한 근본적인 이유다. 붓다의 무아론은 한마디로 윤회의 주체가 없다는 것이다. 영원히 존속할 수 있는 영혼의 실체가 없다면, 그 영혼이 다시 태어나는 것 역시 불가능하다. 따라서 무아론은 힌두교의 윤회설에 대한 붓다의 논리적 반론이었다.[66]

이처럼 붓다는 영원불변의 영혼이 진아(眞我), 곧 진정한 자아를 가지고 윤회한다는 유아론적 윤회설을 부정하였다. 그러나 윤회 사

---

65 법륜, 《인간 붓다: 그 위대한 삶과 사상》, 정토출판, 2010, 34쪽.
66 정세근, 《윤회와 반윤회》(수정 증보판), 충북대학교출판부, 2013, 49, 181쪽.

상 자체를 부정하지는 않았다. 붓다가 이렇게 힌두교의 유아론을 부정하면서도 윤회 사상을 인정한 이유는 무엇일까? 그 이유는 만일 윤회설을 부정한다면 불교 세계관에 심각한 문제가 일어날 수 있었기 때문일 것이다.

만일 붓다가 윤회 사상을 포기했다면, 어떤 문제들이 발생했을까? 윤회가 불교 교리의 근간이 되므로 이에 관해 구체적으로 고찰하지 않을 수 없다. 예상되는 중요한 문제들을 정리하면 다음과 같다.

첫째, 불교 교리의 붕괴다. 붓다의 모든 깨달음과 가르침은 윤회에 대한 고심에서 나왔다. 윤회의 저주를 어떻게 끊을 수 있는가에 관한 고심이었다. 윤회에서 벗어나서 해탈에 이르는 것이 바로 불교의 궁극적인 목적이다.[67] 이렇듯 윤회설이 불교의 사상적 토대인 것이 분명하다.

그러나 붓다가 말하는 윤회에서 벗어나 해탈에 이르는 길은 바로 연기론에 근거한 무아론이다. 바로 여기서 피할 수 없는 논리의 모순이 표출된다. 힌두교의 유아론적 윤회설과 붓다의 무아론이 양립할 수 없다는 것이다. 이 말은 붓다가 자신의 무아론을 주장하려면 결국 힌두교의 유아론적 윤회설을 부정해야 하는데, 만일 유아론적 윤회설을 부정한다면 해탈이 더 이상 필요 없게 된다는 것을 의미

---

67 호진, 《무아·윤회 문제의 연구》, 불광출판사, 2015, 136쪽.

한다. 더 나아가 해탈이 필요 없다면, 불교의 궁극적인 목적이 저절로 사라지게 된다.

따라서 불교 교리의 토대가 되는 윤회설을 부정하면, 그 위에 세워진 불교 교리 역시 무너지게 된다. 이렇듯 무아론과 윤회설은 서로 양립할 수 없는데도 불교는 그중 어느 것 하나도 포기할 수가 없다. 이것이 바로 불교가 처한 논리적 모순이다.[68]

무아론은 불교의 정체성을 세우고, 윤회설은 불교 교리의 근간을 이룬다. 둘 중 하나라도 부정하면, 불교 교리 자체가 붕괴할 위험이 있다. 이러한 사실은 "무아와 업보의 문제는 줄곧 불교의 골칫거리로 등장한다"[69]라고 말한 정세근 교수의 진술을 통해서도 확인할 수 있다.

둘째, 불교의 존재 이유의 상실이다. 불교의 모든 수행이나 업보를 쌓지 않으려는 노력은 윤회에서 벗어나기 위함이다. 그런데 윤회의 주체가 되는 인간 영혼이 존재하지 않을 뿐만 아니라 윤회 자체가 실재하지 않는다면, 불교 교리는 그 전제 조건부터 성립하지 않는다. 수행하는 주체(영혼)가 존재하지 않기에 육체로 아무리 고된 수행과 노력을 하더라도 아무런 쓸모가 없게 된다. 따라서 윤회의 부정은 불교의 존립 자체를 위협하게 된다.

윤회설과 무아론은 양립할 수 없는 상호 모순적 관계에 있기 때

68 Ibid, 1-22쪽.
69 정세근, 《윤회와 반윤회》(수정 증보판), 충북대학교출판부, 2013, 218쪽.

문에 둘 중 하나만을 선택해야 한다. 그러나 불교가 무아론을 포기하고 윤회설만을 주장한다면, 그 정체성을 잃고 힌두교와 다를 바 없게 된다. 반면에 윤회설을 부정하고 단지 무아론만 주장한다면, 종교의 영역을 벗어난 무신론 철학이 되고 만다. 불교가 이러한 딜레마에 처하게 된 것은 윤회설이 붓다가 발견한 진리가 아니라 인도의 민간 신앙에서 기원한 관념이란 데서 그 근본 원인을 찾을 수 있을 것이다.

불교 교리의 존재 이유는 윤회설을 인정하는 데서부터 출발한다. 그렇다면 윤회의 주체가 되는 자아나 영혼이 존재하지 않는다는 무아론을 주장하면서도 윤회설을 인정하는 게 어떻게 가능한가? 힌두교의 유아론적 윤회설을 수용할 수 없었던 붓다는 어떻게 이러한 논리적 모순을 극복했을까? 바로 윤회설을 하나의 실체로 이해하기보다는 어떠한 상징으로 받아들이면서 무아론을 주장함으로써 가능했다. 이것이 무아론적 윤회설이다. 그러므로 무아론적 윤회설은 무아론과 상징적 윤회설을 혼합한 것이라고 할 수 있다. 이는 윤회 사상 자체를 포기할 수 없었던 붓다가 자신의 필요에 따라 새롭게 변형한 윤회설인 것이다.

붓다가 주장하는 무아론적 윤회설은 다음과 같다.

첫째, 인간을 심리적이고 신체적인 복합체로서의 개체로 파악한다. 붓다에 따르면, 인간 영혼은 존재하지 않지만, 하나의 심리적이고 신체적인 복합체인 개체(individuality)로서 윤회가 가능하다는 것이다. 출생을 거듭할 때마다 개체는 계속 이어진다. 이것은 전생의 것과 전적으로 동일한 것도 아니고, 전적으로 다른 것도 아니다. 출생을 거듭하는 과정을 통해 전생과 같은 요소를 유지하면서도 또한 새로운 요소를 포함할 수도 있기 때문이다. 그러나 그 개체가 지닌 책임성은 피할 수 없다.[70]

둘째, 상징적 윤회설을 주장한다. 붓다의 무아론적 윤회설은 일종의 타협의 산물이다. 그는 애초에 신의 존재와 영혼의 존재를 부정할 뿐만 아니라 윤회설 자체도 부정하려고 하였지만, 힌두교의 유신론과 유아론적 윤회설에 정면으로 맞설 수 없는 현실적 상황이 있었다. 힌두교의 교리를 전적으로 부정하거나 비판하는 것은 곧 큰 반작용을 자초하는 일이기 때문이다. 따라서 신의 존재에 관해서는 침묵을 지키면서도 영혼의 존재를 부정하는 길을 선택했다. 비록 윤회의 주체가 되는 자아나 영혼의 존재를 부정하였지만, 윤회 자체는 부정하지 않았던 것이다. 또한 윤회설은 신분 제도인 카스트(caste)와 연결된 것이어서 함부로 부정할 수도 없었다. 윤회 자체가 없다고 하면, 천민들이 일어나 신분 제도를 무너뜨리려 폭동을 일으킬 수도 있고, 도덕적 타락 및 해이 현상이 일어날 수도 있었다. 따라서 붓다는 업 개념이나 영혼의 존재와 같은 윤회설의 실질적인 내용은 부정하면서도 윤회 자체는 부정하지 않고, 그 외형은 상징적으로 유

---

70 휴스턴 스미드, 《세계의 종교들》 이상호 외 4인 역, 연세대학교 출판부, 1973, 86-87쪽.

지하면서 그것을 선한 삶을 독려하고 악한 삶을 멀리하라는 윤리적 자극이나 경고의 수단으로 활용한 것이다.[71]

셋째, 인본주의적 윤회설이다. 정통 힌두교의 윤회설이 업 개념에 토대를 둔 수동적이고 신 중심적인 견해라면, 붓다의 윤회설은 인간의 자유의지에 토대를 둔 능동적이고 인간 중심적인 견해다. 붓다에 따르면, 신의 의지가 모든 것을 결정한다면, 인간의 의지로 한 것이 아니기 때문에 인간에게 책임을 물을 수 없을 뿐만 아니라 그것으로 인한 과보(果報)를 받을 수도 없다는 것이다.[72] 즉 붓다가 힌두교적 윤회설에 비판적 입장을 취한 것은 만일 그것을 따른다면 인간에게 자유의지란 존재할 수 없기 때문이다.

결과적으로, 붓다는 힌두교의 업보에 토대를 둔 수동적이고 숙명론적인 윤회설을 받아들이지 않았고, 인간 스스로 운명의 주체가 되어 자신의 운명을 스스로 결정하라고 가르쳤다. 더 나아가 수행과 진리에 대한 자각을 통해 모든 고통과 속박에서 벗어나는 해탈을 스스로 성취하라고 역설했다.[73]

넷째, 탈(脫)윤회설이다. 여기서 탈윤회의 핵심은 윤회가 허구라는 사실을 깨닫는 것이다. 윤회가 허구라는 것을 안 순간부터 윤회로 인해 발생하는 모든 고통에서 자유롭게 된다는 것이다. 탈윤회

71 정세근, 《윤회와 반윤회》(수정 증보판), 충북대학교출판부, 2013, 45쪽.
72 Ibid, 60쪽.
73 법륜, 《인간 붓다: 그 위대한 삶과 사상》, 정토출판, 2010, 34쪽.

는 불교의 궁극적인 목표다. 붓다는 탈윤회를 통해 해탈에 이를 수 있다고 가르쳤다.[74] 이렇듯 윤회에서 벗어나는 지름길이자 유일한 길은 윤회가 허구라는 사실을 깨닫는 것이다. 결국 붓다는 사람들로 하여금 윤회가 허구라는 사실을 깨달을 수 있도록 그의 일생을 바친 셈이다. 그러므로 그의 가르침의 핵심이며 초점은 바로 무아론이다.

힌두교의 유아론적 윤회설을 수용할 수 없었던 붓다는 그것을 절충하고 변형하여 무아론적 윤회설을 주창했다. 이런 과정에서 서로 조화를 이루기 어려운 유아론적 윤회설과 무아론이 지닌 딜레마, 즉 윤회의 주체가 되는 영혼이 없다고 하면서도 윤회 사상 자체를 부정할 수는 없는 딜레마를 비록 인위적이고 어색한 방법이긴 하지만 무아론적 윤회설을 통해 일단 봉합한 것으로 보인다.[75]

그러나 무아론적 윤회설이 무아론과 윤회설을 양립시키는 최선의 설명일 수는 있지만, 완벽한 설명이라고는 볼 수 없다. 더 나아가 붓다가 제시한 무아론적 윤회설을 뛰어넘는 새로운 논리가 필요하다고도 말할 수 있다. 하지만 만일 지금 시대에 붓다가 환생한다면, 이런 식의 새로운 논리적 설명은 필요 없다고 할 것이다. 새로운 논

---

74 정세근, 《윤회와 반윤회》(수정 증보판), 충북대학교출판부, 2013, 60-61쪽. 정세근에 따르면, 반윤회는 윤회의 개념을 부정하는 대안적 개념이다. 즉 유아론적 윤회와 무아론은 서로 모순되고 상반되기에 함께 갈 수 없다는 것이다. 유아론적 윤회설은 숙명론으로서 스스로 자신을 구원하라는 붓다의 가르침과 정면으로 부딪친다. 결국 붓다가 선택한 길은 탈윤회라는 것이다.
75 호진, 《무아·윤회 문제의 연구》, 불광출판사, 2015, 7쪽.

리 대신에 윤회설을 아예 포기하고, 무아론만을 주장할 가능성이 크다는 뜻이다. 그 이유는 붓다가 믿는 것은 오로지 무아론뿐이기 때문이다. 또한 그가 믿지도 않는 윤회 사상을 포기한다고 한들 더 이상 힌두교로부터 휘둘릴 이유가 없기 때문이다.[76]

힌두교는 인간 영혼의 존재와 그 영혼이 윤회한다는 것을 인정한다. 인간은 현생의 삶을 살면서 선업을 쌓고 브라만과 결합하여 최고의 경지에 도달하는 것이 목표다. 불교는 인간의 영혼은 인정하지 않지만, 상징적으로는 윤회를 인정한다. 인간과 세계는 허상에 불과하며 윤회 역시 허상이다. 이것을 깨달을 때, 열반에 이를 수 있다는 것이다.

---

76 정세근, 《윤회와 반윤회》(수정 증보판), 충북대학교출판부, 2013, 279-281쪽.

죽음이란 무엇인가?

불교에서는 인생을 '고통의 바다'라고 부른다. 삶이란 끝없는 괴로움의 연속이라는 뜻이다. 그렇다면 끊임없는 고통뿐인 인생은 왜 존재하는 것일까? 붓다는 인생의 목적은 삶의 의미를 깨닫고 진리를 아는 것이라고 하였다. 만약 어떤 사람이 고난의 연속인 인생 속에서 깨달음을 얻고 높은 경지에 이르렀다고 가정하자. 그 사람이 죽으면 어떤 일이 일어나겠는가? 붓다는 인생의 진리를 깨달은 사람이 죽으면 다시 태어나지 않으며 고통을 다시 겪지도 않는다고 말한다.

수행승들이여, 이러한 세계가 있다. 거기에는… 이 세상도 저 세상도 없고, 해도 달도 없다. 나는 바로 오는 것도 없고, 가는 것도 없고, 멈추는 것도 없고, 죽음도 없고, 태어남도 없고, 기반도 없고, 유전도 없고, 대상도 없는 이것이야말로 괴로움의

종식이라 부른다.[77]

여기서 붓다는 "이러한 세계가 있다"라고 말하면서 죽음 이후 맞이하는 무(無)의 세계를 소개하고 있다. 붓다는 이 무의 세계를 구체적으로 설명하였는데, 거기는 해와 달, 움직임, 생사, 운행하는 주체와 상황 등 모든 것이 없다고 하였다. 이것은 "이 세상도 저세상도" 없는, 즉 존재하지 않는 세계다. 존재하지 않으므로 정신적인 고통이나 신체적인 고통이 전혀 없기에 가장 이상적인 세상이라 볼 수 있다. 즉 죽음 후에 맞이하는 '존재하지 않는 세상'은 '괴로움의 종식'인 것이다. 그래서 괴로움의 종식이 있는 무의 세계를 '무여의(無餘依) 열반'이라고 부른다. 이곳은 살아서 열반을 성취한 아라한이 죽어서 가는 곳으로 육체와 분리된 상태이며 다시 태어나지 않는 곳이다.[78]

무여의 열반, 즉 사후에 경험하는 열반은 태어나지 않는 것이고, 생존의 근원이 남아 있지 않은 상태다. 다시 말하면, 태어나지 않기 때문에 생존의 어떠한 기미도 없으며 정신적으로나 육체적으로나 완전히 소멸된 완전한 무(無)의 세계인 것이다. 그래서 죽음은 완전한 열반의 시작점이다. 무여의 열반은 아라한이 죽음을 맞이하는 순간에 다가오기 때문이다. 육체의 구성 요소인 오온이 해체되는 동시

77 월폴라 라홀라, 《붓다의 가르침과 팔정도》, 전재성 역, 한국빠알리성전협회, 2005, 79쪽에서 재인용.
78 윤원철 외 14인, 《불교사상의 이해》, 불교시대사, 2014, 93쪽.

에 완전한 열반이 성취된다. 붓다는 사람이 죽은 후에 정신적인 괴로움이나 고통이 없다고 믿었다. 죽으면 모든 것이 끝난다고 생각했기 때문이다. 죽으면 고통이 없기에 죽음은 즐거운 일이다. 고통을 느낄 감수가 없기 때문이다.[79]

이생에서는 육체적인 고통과 정신적인 고통이 넘쳐나는데, 죽고 나면 그러한 고통이 사라진다는 것이다. 이는 실제적으로 저승의 즐겁고 행복한 상태를 말하는 것이 아니라 고통이나 갈등이 없는 완전한 평온의 상태, 즉 무(無) 상태를 말하는 것이다. 다시 말해, 사후에는 행복한 감정이나 고통을 느낄 수 있는 감각 기관이나 의식이 없기에 행복하다는 것이다.[80] 그러므로 사후 세계는 단지 고통과 불행

---

79 op. cit., 88쪽에서 재인용.
80 붓다에게 있어서, 죽음은 무여의 열반이 이루어지는 시작점이다. 죽음은 정신적인 고통이 사라지는 무의 세계인 것이다. 이러한 무여의 열반의 세계는 윤회나 극락 혹은 천국과 같은 내세 신앙을 부정한다. 이러한 무의 세계는 행복하고 평안한 감정 혹은 기쁨을 누리는 세계는 아니지만, 이생에서 경험하는 정신적인 고통은 더 이상 없는 세계다. 이런 면에서 붓다가 말하는 무여의 열반이나 무의 세계는 죽음에 대한 두려움을 제거하거나 달래 줄 수 있다. 하지만 붓다가 말하는 무의 세계가 지닌 부작용도 있을 수 있다. 첫째는 아라한이나 부처와는 달리 세속적인 사람들은 이생의 삶을 아무렇게나 대충 살아가려는 도덕 불감증에 걸릴 수 있다는 것이다. 사후의 심판을 두려워하지 않기 때문이다. 둘째는 세속적인 사람들은 고통스러운 이생의 삶을 포기하고 아무런 고통이 없는 무의 세계로 들어가고 싶은 자살 충동을 쉽게 느낄 수 있다는 것이다.
이런 면에서 기독교 신앙은 이생에서의 삶을 하나님의 소명을 받아 이 땅에서 경험하는 순례로 규정하고 믿는다. 그러므로 이 땅에서 당하는 고통이나 불행을 하나님의 소명을 이루기 위한 하나의 과정으로 이해한다. 더 나아가 사후 심판을 의식하면서 이 땅에서 거룩한 삶을 살기를 권면한다. "한번 죽는 것은 사람에게 정해진 것이요 그 후에는 심판이 있으리니"(히 9:27). 예수는 사후에 있을 심판에 관하여 다음과 같이 말한다. "인자가 자기 영광으로 모든 천사와 함께 올 때에 자기 영광의 보좌에 앉으리니 모든 민족을 그 앞에 모으고 각각 구분하기를 목자가 양과 염소를 구분하는 것같이 하여 양은 그 오른편에 염소는 왼편에 두리라 그때에 임금이 그 오른편에 있는 자들에게 이르시되 내 아버지께 복 받을 자들이여 나아와 창세로부터 너희를 위하여 예비된 나라를 상속받으라 내가 주릴 때에 너희가 먹을 것을 주었고 목마를 때에 마시게 하였고 나그네 되었을 때에 영접하였고 헐벗었을 때에 옷을 입혔고 병들었을 때에 돌보았고 옥에 갇혔을 때에 와서 보았느니라 … 또 왼편에 있는 자들에게 이르시되 저주를 받은 자들아 나를 떠나 마

이 가득한 이승과 비교할 때 상대적으로 즐겁고 행복한 곳이지 사후 세계 자체가 어떠한 행복하고 즐거운 세계는 전혀 아니라는 뜻이다.

힌두교의 유아론적 윤회론으로 본다면, 붓다가 말하는 무(無)의 세계는 죽음 이후 맞이하는 세계 중 하나일 것이다. 죽은 후에 사람에 따라서 윤회를 다시 시작하기도 하고, 그중에 일부는 현세의 삶보다 더 혹독한 삶으로 태어나기도 한다. 이렇게 죽음 이후 다시 태어날 수 있는 여러 세계 중 하나로서 무(無)의 세계를 볼 수 있다. 하

귀와 그 사자들을 위하여 예비된 영원한 불에 들어가라 내가 주릴 때에 너희가 먹을 것을 주지 아니하였고 목마를 때에 마시게 하지 아니하였고 나그네 되었을 때에 영접하지 아니하였고 헐벗었을 때에 옷 입히지 아니하였고 병들었을 때와 옥에 갇혔을 때에 돌보지 아니하였느니라 하시니"(마 25:31-36, 41-43). 이처럼 기독교는 죽음을 인생의 종착역으로 생각하지 않고, 사후 세계의 출입문으로 생각한다. 그러므로 기독교인들에게 사후에 있을 심판은 실제적인 것이다. "또 내게 말하되 이 두루마리의 예언의 말씀을 인봉하지 말라 때가 가까우니라 불의를 행하는 자는 그대로 불의를 행하고 더러운 자는 그대로 더럽고 의로운 자는 그대로 의를 행하고 거룩한 자는 그대로 거룩하게 하라 보라 내가 속히 오리니 내가 줄 상이 내게 있어 각 사람에게 그가 행한 대로 갚아 주리라"(계 22:10-12). 하지만 예수 그리스도를 통해 구원을 받은 자들은 최후의 심판을 받지 않고 영원한 생명을 누리게 된다. "내가 진실로 진실로 너희에게 이르노니 내 말을 듣고 또 나보내신 이를 믿는 자는 영생을 얻었고 심판에 이르지 아니하나니 사망에서 생명으로 옮겼느니라"(요 5:24). 요한계시록은 예수를 믿는 자들이 상속받을 영원한 생명이 있는 천국에 관하여 다음과 같이 묘사한다. "또 그가 수정같이 맑은 생명수의 강을 내게 보이니 하나님과 및 어린양의 보좌로부터 나와서 길 가운데로 흐르더라 강 좌우에 생명나무가 있어 열두 가지 열매를 맺되 달마다 그 열매를 맺고 그 나무 잎사귀들은 만국을 치료하기 위하여 있더라 다시 저주가 없으며 하나님과 그 어린양의 보좌가 그 가운데에 있으리니 그의 종들이 그를 섬기며 그의 얼굴을 볼 터이요 그의 이름도 그들의 이마에 있으리라 다시 밤이 없겠고 등불과 햇빛이 쓸데없으니 이는 주 하나님이 그들에게 비치심이라 그들이 세세토록 왕 노릇 하리로다"(계 22:1-5).
이런 면에서 붓다가 말하는 무의 세계와 성경이 말하는 천국은 너무나 대조된다. 문제는 누구도 죽음 이후의 세계가 어떠한지를 밝히거나 증명할 길이 없다는 것이다. 그러므로 성경은 믿는 자들에게 다음과 같이 권고한다. "믿음은 바라는 것들의 실상이요 보이지 않는 것들의 증거니 선진들이 이로써 증거를 얻었느니라 믿음으로 모든 세계가 하나님의 말씀으로 지어진 줄을 우리가 아나니 보이는 것은 나타난 것으로 말미암아 된 것이 아니니라 … 믿음이 없이는 하나님을 기쁘시게 하지 못하나니 하나님께 나아가는 자는 반드시 그가 계신 것과 또한 그가 자기를 찾는 자들에게 상 주시는 이심을 믿어야 할지니라"(히 11:1-3, 6). 죽음 이후의 세계는 이성과 과학을 통한 증명의 세계가 아니라 직관과 체험 그리고 믿음의 세계인 것이다.

지만 연기론적으로 본다면, 붓다가 말하는 무의 세계는 죽은 사람 모두가 도착하는 종착역이다. 그러니까 무의 세계는 우리 모두가 죽음 이후에 경험하게 될 존재하지 않는 세상에 대한 상징적 표현이다. 쉽게 말해, 사후에는 그 어떠한 세상도 존재하지 않는다는 것이고, 그러기에 죽고 나면 그 어떠한 고통도 당하지 않는다는 것이다. 죽음과 함께 죽음이나 태어남, 고통이나 행복을 경험할 수 있는 세계는 다시 등장하지 않는다. 한마디로 무의 세계는 윤회가 없다는 것을 암시한다고 볼 수 있다.

제5장

붓다 사상의 근원은
무엇인가?

종교란 인간이 자신의 한계를 넘어선 초월적인 대상을 숭배하는 데서부터 시작한다. 대부분의 경전은 각 종교 창시자의 신비하고 초인간적인 면들을 부각하여 묘사한다. 이런 면에서 붓다를 보면, 사람들을 고통에서 구원하는 존재인 관세음보살(觀世音菩薩)과 지장보살(地藏菩薩), 영험한 능력을 베풀거나 병을 치료하는 존재인 약사여래(藥師如來) 등을 떠올릴 수 있다.

그러나 초기 불교 경전을 살펴보면, 신비하고 초월적인 능력을 지닌 붓다의 모습은 전혀 찾아볼 수 없다. 오히려 과학적이고 합리적인 사고를 하는 무신론적 철학자임을 발견하게 된다. 또한 그의 사상을 분석하여 보면 미신적이고 기복적인 브라만교 신앙을 개혁한 종교 개혁자였음을 알 수 있으며, 더 나아가 정신적인 고통의 원인이 되는 인간 내면의 욕망을 제거하려고 부단히 노력한 도덕주의자라는 사실을 알 수 있다.

초월적이고 신비한 힘을 의지하여 개인의 행복과 농작물의 풍요를 빌던 농경 시대에 붓다는 신에게 운명을 맡기는 신 중심의 세상을 거부하고, 인간의 자유의지와 책임을 강조하며 인간 스스로 운명을 개척하는 인간 중심의 세상을 천명하였다. 이는 18세기에 등장한 근대 계몽주의 사상의 원조로서, 가히 2,000년 이상 시대를 앞선 현대 철학과 현대 교육의 원형이라고 말할 수 있다. 물론 붓다 당시의 사회에도 막대한 영향과 충격을 주었음은 분명하다. 이것이 인도의 종교 및 사상의 흐름과 붓다 사상을 비교·분석하지 않을 수 없는 이유다.

쾌락주의

철학에서 "인간이란 무엇인가"는 가장 기본적인 질문일 것이다. 이에 답하는 여러 이론 중 하나로 인간을 포함한 만물은 물질에 지나지 않으며 정신과 의식마저도 물질에 기초한다는 유물론이 있다.

고대 인도에도 유물론의 관점에서 인간을 설명하는 학파가 있었다. 대표적 인물이 아지타 케사캄발린(Ajita Kesakambalin)이다. 그는 땅(地), 물(水), 불(火), 바람(風)의 네 가지 원소만이 진정한 실재라고 주장하였다. 또한 영혼을 부정하며 인간이란 죽음과 함께 사라지는 존재로 신체는 네 가지 원소로 환원된다고 믿었다. 그는 내세를 인정하지 않았기 때문에 사후에는 선악에 대한 심판이 없으며 현재 누리는 세상이 인생의 전부라 하였다.[81] 물질과 육체의 쾌락을 누리는 것이 인생의 진정한 가치라고 주장하는 쾌락주의자였다.

특히 그는 감각적 유물론을 주장하였는데, 눈으로 보고, 귀로 들

고, 코로 냄새 맡고, 손으로 만져서 확인되는 것 이외에는 아무것도 믿지 않았기 때문이다.[82] 그래서 그는 초월적이고 영적인 세계를 부정하고, 단지 감각 기관을 통해서 이해되고 파악되는 현실 세계만을 긍정하였다.[83]

한편 유물론으로 대표되는 차르바카(Charvaka) 학파는 지각되는 것만이 유일한 실존이며 영혼도 육체에 속하는 것일 뿐 보이지 않는 것은 존재하지 않는다고 주장하였다. '차르바'(Charva)가 '먹다' 혹은 '씹다'라는 뜻의 어근 '카르브'(Carv)에서 유래했듯이, 그들은 육체적인 것이나 생리적인 것을 최우선에 두었다. 먹어야 살 수 있고, 먹어야만 힘을 쓸 수 있고, 먹을 때에 기쁘고 행복한 것으로 여겼다. 그리고 먹는 것 이외의 형이상학적인 사상이나 생각은 모두 헛된 것으로 여겼다. 이는 인도 유물론이 먹는 것을 얼마나 중요하게 여겼는지를 보여 준다.[84]

삶이 너의 것인 동안 즐겁게 살아라. 아무도 죽음의 부리부리한 눈을 피하지 못하네.
그들이 우리의 이 껍데기를 태워 버리기만 하면 어찌 이것이 다시 돌아오리오?[85]

82 Ibid, 160.
83 정세근, 《윤회와 반윤회》(수정 증보판), 충북대학교출판부, 2013, 157쪽.
84 Ibid.
85 Ibid, 161쪽에서 재인용.

이것은 차르바카 사상을 가장 잘 요약한 노래로 인도 유물론자들에게 쾌락이 얼마나 중요한지를 보여 준다. 인생은 죽음을 피하지 못하며, 죽은 이후에 존재는 사라져 다시 돌아오지 못하는 것이므로 살아있는 동안에 즐겁게 살라는 것이다. 따라서 이들에게 현재의 즐거움보다도 더 중요한 것은 없으며, 쾌락이야말로 삶의 궁극적인 목적이었다.[86]

붓다의 사상에서도 이러한 유물론적인 측면을 많이 발견할 수 있다. 그는 영원히 불멸하는 영혼은 없으며, 신의 존재도 없다고 주장하였다. 유물론은 몸과 마음으로 짓는 선악의 소행인 업과 과거에 지은 선악에 대한 보상이나 결과인 과보와 사후 세계의 존재를 전적으로 부정한다. 비록 붓다가 대놓고 신을 부정하거나 윤회 사상 자체를 부정하지는 않았지만, 이러한 유물론의 사상적 흐름에 거의 동의하고 있음을 알 수 있다.

그렇다면 인도 유물론과 붓다의 사상은 무엇이 다를까? 그것은 붓다가 인도 유물론자들의 삶의 자세, 즉 쾌락주의를 거부하였다는 것이다. 그들은 인생은 유한하며 유일한 것이므로 쾌락을 누려야 한다고 주장했다. 또 쾌락을 누리려면 도덕에 매이지 않아도 된다고 주장하였다. 반면에 붓다는 인생은 절제와 도덕이 중심을 이루어야 한다고 주장하였다. 이처럼 붓다는 사상 대부분을 유물론 사상과 공

---

86 Ibid, 157, 160-62쪽.

유하였지만, 삶의 궁극적인 목표에서는 지향점이 전혀 달랐다. 또한 인도 유물론이 대놓고 힌두교의 유신론적 신앙을 적대하였다면, 붓다는 연기론을 통해 간접적으로 신의 존재를 부정하였다. 더 나아가 붓다는 영혼의 실재를 부정하면서도 윤회 사상을 포기하지 않았고, 세상을 선하게 살라는 윤리적인 자극으로서 윤회를 받아들였다.

고행주의: 자이나교와 힌두교

붓다 당시에는 인간과 만물에 대한 종교적 관점이 다양했다. 앞서 살펴본 바와 같이 영혼의 존재를 부정하고 인간을 하나의 물질로서만 이해하려는 유물론이 있는가 하면, 이와 반대로 인간의 눈에 보이는 물질 외에 정신과 영혼이 존재한다고 하면서 인간의 삶은 보이지 않는 세계를 중심으로 이루어져야 한다고 주장하는 종교도 있었다. 이들 중에 대표적인 것이 자이나교(Jainism)와 힌두교다.

앞에서 분석한 바와 같이 붓다의 사상에는 유물론적 측면이 있다. 그러나 아이러니하게도 사상의 다른 축에는 자이나교와 힌두교에서 주장하는 고행주의의 측면도 있다. 이 두 종교를 살펴보면, 붓다가 추구한 새로운 고행주의를 좀 더 구체적으로 이해할 수 있을 것이다.

자이나교

앞에서 봤듯이 인도 유물론은 인간과 만물이 물질만으로 이루어져 있다고 주장하였다. 이와 달리 자이나교는 물질과 영혼을 구별하였다. 그리고 물질을 제거해야 하는 대상으로, 영혼을 유일하게 추구해야 하는 대상으로 삼았다. 자이나교의 교리에 따르면, 물질은 영혼에 달라붙어 영혼을 더럽히고 타락시키며, 이 물질의 작용이 업을 만들어 윤회하게 하는 원인이 된다. 즉 물질에 의해 더럽혀진 영혼은 삶을 반복하면서 고통 속에 있게 된다는 것이다.[87]

자이나교는 인생의 고통에서 벗어나려면 물질이 정신에 유입되는 것을 막고, 영혼을 정화하여 윤회의 사슬에서 벗어나야 한다고 가르친다.[88] 물질을 차단하고 영혼을 지키며 윤회에서 벗어나는 첫 번째 방법은 업을 짓지 않는 것이다. 만약 어떤 생물을 죽이거나 괴롭혀 고통스럽게 하면, 그 생물에게서 미움을 받게 되고 그로 인해 업보가 쌓이게 된다. 이렇게 쌓인 업보는 영혼에 달라붙어서 잘 떨어지지 않으므로 자이나교가 최우선시하는 규율은 불살생(不殺生)이다.

불살생은 단순히 물리적으로 폭력을 행사하지 않는 것만이 아니

---

87 Ibid.
88 정세근에 따르면, "자이나교는 영혼과 육체의 철저한 이원론을 믿는다. 육체에 의해 더럽혀진 영혼은 이 세상을 사는 동안 정화돼야 한다. 따라서 그들에게는 엄격한 규율이 적용된다. 그것을 통해 그들은 업을 씻는다." - Ibid, 164쪽.

라 사람이든 풀이든 벌레든 생명이 있는 모든 존재에 고통을 주는 어떤 행위도 해서는 안 된다는 가르침이다. 이에 따르면, 숨 쉴 때는 수건으로 입을 가려야 하고 물도 걸러 마셔야 하며, 밤에는 다닐 수 없고 육식은커녕 채소를 먹는 것마저 제한을 두어야 하며, 극소량의 음식만 섭취하고 몸을 충분히 씻지도 못하며, 옷도 따뜻하게도 쾌적하게도 입지 못한다.[89]

윤회에서 벗어나는 두 번째 방법은 고행이다. 고행을 통해 남을 힘들게 하고 아프게 했던 업보를 없애려고 노력한다. 고행으로 살생과 악행을 통해 쌓인 나쁜 업보를 없애 영혼을 가볍게 할 수 있다고 믿기 때문이다. 고행의 초점은 인간이 지닌 모든 욕망을 차단하는 것인데, 가장 극단적인 고행은 단식하다가 굶어 죽는 것이다.

자이나교의 창시자, 마하비라(Mahavira) 역시 극단적인 고행을 실천하였다. 군주의 아들이었던 마하비라는 30세에 그가 가진 지위와 재산을 버리고 세속을 떠났다고 한다. 손으로 머리카락을 다 뽑아 버리고 옷을 전혀 입지 않은 나체의 몸으로 떠돌며 수행하는 사람이 되었는데, 벌거벗고 다닐 때 벌레들이 자기 몸을 물어뜯으며 기어다녀도 죽이지 않고 그냥 내버려 두었다고 한다. 그렇게 12년간 지독한 금욕적 고행을 한 후에 최상의 지혜를 깨닫고 해탈하였다. 그 후로 제자들을 가르치며 극단적인 고행과 단식을 수행하다가 결국 72세에 스

89 오강남, 《세계 종교 둘러보기》, 현암사, 2003, 125쪽.

스로 굶어 죽었다고 한다.[90]

자이나교는 비정통 브라만교에서 발생한 출가주의 종교다. 유물론이 인간과 만물이 물질만으로 이루어져 있다고 주장한 바 이들은 물질과 영혼을 구별하면서 물질이 영혼을 더럽히는 것을 막고, 더럽혀진 영혼을 깨끗하게 해야 한다고 가르쳤다. 이는 결과적으로 극단적인 고행을 통해서만 나쁜 업보를 없앨 수 있다는 논리로 이어졌다. 정도의 차이는 있지만, 자이나교는 붓다의 가르침과 비슷한 면이 많다. 우선 종교 창시자인 마하비라가 붓다와 같이 군주의 아들로서 자신의 지위와 모든 소유를 버리고 출가한 점과 인생의 고통을 없애기 위해서는 고행을 해야 한다고 주장한 점이 그것이다.

특히 자이나교의 다섯 가지 서약은 불교와 아주 유사한 행동 강령이다.

첫째, 불살생(不殺生)으로 어떤 생물도 죽이지 않는다.

둘째, 무소유(無所有)로 수행자는 아무것도 가져서는 안 된다.

셋째, 불망어(不妄語)로 어떤 거짓말도 하지 않는다.

넷째, 불탈취(不奪取)로 남의 물건이나 소유에 그 어떤 집착도 하지 않는다.

다섯째, 불음(不淫)으로 어떤 음욕도 품지 않는다.

---

90 니니안 스마트, 《세계의 종교》, 윤원철 역, 예경, 2004, 95쪽.

이것들은 불교의 오계(五戒)를 떠올리게 한다. 생명을 귀하게 여기면서도 인간 생활의 기본이 되는 규범을 제시하는데, 이는 무고한 동물을 희생시키는 제사를 강요하는 브라만교에 대항하여 일어난 종교 개혁 운동일 뿐만 아니라 인간 본연의 삶을 중시하는 새로운 정신적 흐름을 만들어 낸 것이기도 하다.

자이나교와 불교는 도덕적·윤리적 생활 규범을 제시한다는 공통점이 있지만, 극명하게 나뉘는 분기점도 있다. 바로 영혼의 존재에 관한 문제다. 자이나교는 영혼의 존재를 믿는 유아론을 강조한 데 반해 불교는 영혼의 실재를 부정한다. 따라서 자이나교는 업과 윤회, 사후 세계를 인정하고 영혼의 정화를 위한 고행의 실천을 강조하는 데 반해 불교는 윤회와 사후 세계를 인정하지 않고, 영혼도 실재하지 않으므로 영혼을 정화할 이유가 없다고 본다.[91]

힌두교

힌두교 역시 인간의 영혼을 가장 중요하게 여기며, 인생의 최종 목적은 그 영혼이 신적인 존재와 합일하는 것이다. 그런데 신적인 존재와의 합일은 쉽게 이루어지지 않는다. 윤회를 통해서 영혼이 거듭나야 하고, 윤회에서 벗어나려면 고행이 필요하다. 그런데 고

91 정세근, 《윤회와 반윤회》(수정 증보판), 충북대학교출판부, 2013, 178-182쪽.

행이 무조건 이루어지는 것이 아니라 인생의 단계를 밟아 이루어진다고 보았다.

힌두교는 인생을 4단계로 나누어 본다. 첫째는 학습기(學習期)로 태어나서 25세까지 배우는 단계다. 둘째는 가주기(家住期)로 26세부터 50세까지 가정을 꾸리면서 사회 활동을 하는 단계다. 셋째는 임서기(林棲期)로 은퇴 이후 생활하는 단계다. 넷째는 유랑기(流浪期)로 출가하여 유랑하다가 길에서 죽는 단계인데, 이를 삶의 완성으로 보았다.

인생의 네 단계 중에 출가하여 수행하는 마지막 단계 유랑기에는 아내와도 결별하고 속세를 완전히 떠나 걸식하며 고행과 명상에 전념한다.[92] 모든 사회적 유대 관계를 끊고 이생의 삶을 포기하고서 오로지 윤회의 사슬에서 벗어나는 해탈만을 추구한다. 힌두교가 고행을 통해 업보를 제거하면 윤회에서 벗어날 수 있다고 가르치는 이유는 고행을 모든 힘의 원천으로 생각하기 때문이다.

고행의 종류는 단식하기, 잠을 자지 않기, 오랫동안 모래 속에 파묻혀 있기, 물속에서 지내기 등이 있다. 극단적 고행을 할수록 업보가 줄어든다고 믿기 때문이다.[93] 업보가 사라져야 깊은 명상에 이를 수 있으며, 고행으로 자아를 죽이고 해탈에 이르러야 절대자와 신비

---

92 오강남, 《세계 종교 둘러보기》, 현암사, 2003, 42쪽.
93 Ibid.

한 합일에 이를 수 있다고 믿었다.[94]

힌두교는 브라만교가 인도의 민간 신앙과 융합하여 불교의 영향을 받으면서 종파를 재정비하여 이루어진 종교다. 붓다 역시 브라만교의 영향권 안에 있었다. 브라만교가 제시한 인생 4단계대로 출가하였고, 고행을 통해 최고의 경지에 이를 수 있다고 생각하였다. 그리하여 당시 인도의 수행자들이 하던 고행 가운데 가장 어려운 것들만을 골라 수행하였다.

그러나 결국 붓다는 다른 행보를 보였다. 고행의 무용함을 깨닫고는 이를 중단했다.[95] 힌두교의 가르침에 따라 온갖 고행을 마다하지 않았음에도 그것을 통해 해탈에 이를 수 없다는 것을 깨달아 고행의 길을 포기했던 것이다.

94 김은수, 《비교 종교학 개론》, 대한기독교서회, 2006, 279쪽.
95 윤병상, 《종교 간의 대화》, 연세대학교 대학출판문화원, 1999, 140-141쪽.

제3의 길: 붓다의 합리적 선택

인간의 본질이 무엇인가에 따라 인간이 걸어야 할 길이 달라진다. 인간의 본질이 단지 물질이라면, 물질이 존재하는 동안에 누릴 수 있는 것을 최대한 누리는 것이 현명할 것이다. 만일 인간의 본질이 영혼이라면, 물질을 떠나 온전한 정신세계를 따라야 할 것이다. 이러한 세계관의 차이에 따라 붓다 당시 인도의 종교 지도자들은 쾌락주의나 고행주의를 가르쳤다.

하지만 붓다는 두 가지 길 모두 진리가 아니라고 생각하였다. 인간의 삶이 쾌락만으로 이루어질 수 있다면 좋겠지만, 현실에서 그러한 삶은 존재하지 않는다. 또한 고행을 실천함으로써 인생의 괴로움에서 벗어나면 좋겠지만, 실제로는 그렇지 않다고 생각했다. 결국 붓다는 쾌락이나 고행이 아닌 제3의 길을 찾았는데, 바로 중도(中道)적 선택이다.

수행의 길을 걷고 있는 사문(沙門)[96]들아, 이 세상에는 두 가지 극단으로 치우치는 길이 있다. 사문은 그 어느 쪽에도 치우치지 말아야 한다. 두 가지 치우친 길이란 하나는 육체의 요구대로 자신을 내맡기는 쾌락의 길이고, 또 하나는 육체를 너무 지나치게 학대하는 고행의 길이다. 사문은 이 두 극단을 버리고 중도를 배워야 한다. 여래는 바로 이 중도의 이치를 깨달았다. 여래는 그 길을 깨달음으로써 열반에 도달한 것이다. 여래는 육체의 쾌락을 따르는 길과 육체를 괴롭히는 고행의 길을 넘어선 곳에서 가장 올바른 길을 찾아낸 것이다.[97]

붓다는 중도를 양극단으로 치우친 길을 버리는 것이라 하였다. 중도의 이치를 깨닫는다는 것은 곧 올바른 길을 찾는 것이다.[98] 여기에서 강조하고 있는 것은 양극단을 피해야 한다는 것으로 과하지도 부족하지도 않은 상태여야 한다는 것이다. 중도는 수치나 양적으로 중간이 아니라 현실적인 상황에 맞는 최상의 절충점을 말하는 것이며 조화와 균형을 이루는 것이다.[99] 붓다의 중도란 쾌락을 추구하지도 않을 뿐만 아니라 과하거나 극단적인 금욕을 피하는 것인데, 이

---

96 여기서 붓다가 지칭하는 사문은 브라만교 대신 인도 철학에서 갈라져 나온 육사외도(六師外道)로 대표되는 여러 종교를 따르는 수행자들을 의미한다.
97 Ibid, 142-43쪽에서 재인용.
98 월폴라 라훌라, 《붓다의 가르침과 팔정도》, 전재성 역, 한국빠알리성전협회, 2005, 91쪽.
99 법륜, 《인간 붓다: 그 위대한 삶과 사상》, 정토출판, 2010, 278쪽.

는 건강한 금욕을 통해서 자아에서 탈피하는 것을 말한다.

붓다가 가르친 중도는 금욕주의로 이해할 수 있다. 고통스럽고 허무한 인생을 살면서 감각적인 쾌락에 집착하게 되면 고통이 따르기 때문에 감각적인 쾌락에 집착하지 말라고 가르친다. 무엇인가를 소유하고자 하면 머리가 아프고 마음이 고통스럽게 되므로, 그 원인이 되는 모든 소유욕과 감각적인 욕망, 특히 성적인 욕망을 버리라는 것이다.

감각적 쾌락의 욕망을 버리고 거룩하게 살라는 붓다의 가르침은 자이나교나 힌두교와 다를 바 없는 것처럼 보인다. 기본적으로 세 종교 모두가 윤회를 멈추기 위해 고행의 삶을 추구하기 때문이다. 하지만 윤회 외에 좀 더 구체적인 목적이나 이유를 분석해 보면, 상당한 차이를 발견하게 된다. 자이나교는 영혼의 정화를 위해, 그리고 힌두교는 사후 세계의 보상 내지는 더 나은 다음 생을 위해 거룩하게 살아야 한다고 가르쳤지만, 붓다는 이생에서 겪는 정신적인 고통에서 벗어나기 위해 거룩한 삶을 살라고 가르쳤다. 왜냐하면 그는 번뇌의 고통이 내적 욕망에서 비롯된다는 것을 깨달았기 때문이다.[100]

---

100 이에 대하여 붓다는 다음과 같이 말한다.
  "병이나 굶주림, 추위나 더위를 견뎌야 한다. 저 집 없는 사람은 그런 것들이 닥쳐와도 용기를 가지고 굳세게 살아야 한다"(Stn. 966).
  "'나는 무엇을 먹을까?' '나는 어디서 먹을까?' '어젯밤 나는 잠을 편히 자지 못했다.' '오늘밤 나는 어디서 잘 것인가?' 집을 버리고 진리를 배우는 사람은, 이러한 네 가지 걱정을 극복하라"(Stn. 970).

붓다의 중도 사상이 지닌 창의성

삶의 괴로움에서 벗어나 열반(마음의 내적 평안)에 이를 수 있는 길을 끊임없이 모색하고 그것을 가르친 것이 붓다의 일생이다. 붓다가 오랜 수행 끝에 깨달아 터득한 것이 중도의 길이며 이것은 그의 가르침 가운데 핵심적인 것 중 하나다.

중도는 극단을 피하는 것이다. 이것은 쾌락주의와 고행주의의 양극단 사이에서 택한 제3의 길로 금욕주의를 가리킨다. 당시 인도의 유물론이 물질적이고 육체적인 것을 중시하여 쾌락주의로 치우쳤던 반면에 힌두교와 자이나교는 지나치게 영적이며 금욕적이었다. 이런 흐름 속에서 붓다가 양극단의 종교 사상 사이에서 조화와 균형을 찾으려 한 것이 바로 중도 사상이다.

사실 가장 극단적으로 고행을 강조한 종교는 자이나교이고[101], 힌

101 브루스 니콜스, 〈힌두교〉 in 노오만 앤더슨, 《세계의 종교들》, 생명의말씀사, 1995, 231쪽. 오강남에 따르면, 시크교를 제외한 인도 종교는 불살생의 가르침을 따른다. 이 중에서도 불살생의 교리를 가장 철저하게 실천하는 종교는 자이나교라고 한다. - 오강

두고 역시 고행을 강조하였다. 이에 비하여 붓다는 고행을 위한 고행이나 깨달음을 위한 고행을 포기하고서, 단지 정신적인 고통의 원인이 되는 욕망을 제어하기 위한 금욕만을 실천하였다. 이런 면에서 붓다는 육체를 해롭게 하는 고행들을 포기하고, 육체를 어느 정도 보호할 수 있도록 적당한 음식 섭취와 적당한 수면을 가르쳤다. "배를 비우고 음식을 절제하여 욕심을 없애고 탐내지 말라. 욕망을 버리면 욕심이 없어 평안하다"(Stn. 707)라는 붓다의 가르침은 자이나교가 수행자에게 식물을 포함하여 아무 생명도 해치지 않기 위해 스스로 음식을 끊고 단식하다가 죽음을 맞이하라고 가르친 단식사(斷食死)와 대조된다. 과도하게 음식을 먹지 말고, 어느 정도 절제하라는 붓다의 가르침은 "음식이나 옷을 얻더라도 너무 많아서는 안 된다. 또 그런 것을 얻을 수 없다고 해서 걱정해서도 안 된다"(Stn. 924)라는 가르침과도 일맥상통한다. 또한 "잠을 많이 자서는 안 된다. 부지런하고 늘 깨어 있어야 한다. 게으름과 수다와 이성의 사귐과 겉치레를 버리라"(Stn. 926)라는 잠에 관한 가르침도 마찬가지다. 필요한 만큼 잠을 자되 게으르고 나태할 정도로 자지는 말라는 것이다.

그렇다면 왜 붓다는 적당한 음식과 적당한 수면을 권장했을까? 붓다가 생각하는 거룩한 생활은 인간의 이성적이고 합리적인 사고가 가능해야 할 수 있기 때문이다. 적당한 음식 섭취와 수면이 없이

남, 《세계 종교 둘러보기》, 현암사, 2003, 125쪽.

는 깨달음을 위한 이성적인 통찰력을 유지하기가 힘들다. [102] 붓다가 생각하는 거룩한 생활은 영혼을 맑고 가볍게 하기 위한 자이나교의 고행도 아니고, 신과의 신비한 연합, 즉 신과의 합일을 위한 힌두교의 신비주의적 고행도 아니다. 그는 이성적이고 합리적인 사고를 바탕으로 자연의 이치에 관한 깨달음을 얻기 위해 거룩한 삶을 추구했다.

붓다는 마을 처녀 수자타가 준 우유를 마시고서 육신의 힘을 회복하고 나서야 정신을 집중하여 깨달음을 얻었고, 또한 열반에 들기 전에는 금세공업자의 아들인 춘다가 봉양한 돼지고기를 받아먹었다. [103] 또한 아플 때마다 지와카(Jivaka)라는 유명한 의사의 진찰을 받았다. [104] 이렇게 육체를 아끼고 보호하려는 붓다의 모습은 자이나교나 힌두교에서 본다면 쾌락주의에 가깝게 여겨질 수도 있다.

하지만 쾌락주의에서 본다면, 붓다는 고행주의에 훨씬 더 가까울 것이다. 왜냐하면 붓다는 성욕을 극도로 경계하며 감각적 쾌락의 욕망을 제어하라고 가르쳤기 때문이다. 또한 무소유의 삶, 즉 거룩한 떠돌이 삶을 강조하면서 정직하여 거짓말하지 않고, 남의 것을 탐하지 않으며 현재의 삶에 만족하는 법을 가르쳤기 때문이다. 물론 붓다가 말하는 무소유의 삶은 자이나교가 가르치는 무소유의 개념처

102 토머스 하트먼·마크 젤먼, 《세계 종교 산책》, 김용기 역, 가톨릭출판사, 2006, 80쪽.
103 오강남, 《세계 종교 둘러보기》, 현암사, 2003, 90쪽.
104 윤호진, 《무아·윤회 문제의 연구》, 불광출판사, 2015, 181쪽.

럼 극단적이지는 않다. 자이나교의 출가한 수행자들은 한 벌의 옷도 소유하지 않고 나체 수행을 했지만, 붓다는 최소한으로 필요한 옷들을 용인하였다(Stn. 924).

사실 붓다는 다양한 종교의 극단적인 교리 속에서 단순히 중간적인 입장을 택한 것이 아니었다. 그는 인도 유물론의 핵심 사상인 무신론, 무아론, 사후 세계의 부재 등을 거의 수용하였지만, 이들 삶의 지향점인 쾌락주의는 거부하였다. 그 대신 힌두교와 자이나교의 도덕적이고 거룩한 삶을 수용하였다. 문제는 붓다가 힌두교의 유신론, 유아론, 윤회와 같은 내세 신앙이나 자이나교의 유아론, 업 사상, 내세 신앙 등은 거부하였다는 것이다. 그가 거룩한 생활을 하려는 목적은 자이나교나 힌두교와는 전혀 다르다. 앞서 밝혔듯이, 붓다가 금욕적이고 거룩한 생활을 하려는 이유는 번뇌의 고통, 즉 정신적인 고통을 피하려는 것에 목적이 있다. 감각적인 쾌락의 추구나 세상 물질에 대한 소유욕과 집착이 우리로 하여금 정신적인 고통을 겪게 하는 직접적인 원인이 되기 때문이다.

결론적으로 붓다는 인도 사상이나 종교의 문제점을 자신만의 주체적이면서도 창의적인 사고로 뜯어고치고 새롭게 정립하였다. 그것은 과학적이고 합리적인 사고를 하는 무신론 철학자로서 인도 유물론의 핵심 사상을 그대로 수용하면서도 인도 유물론의 삶의 지향점인 쾌락주의는 배척하는 것이었다. 더 나아가 힌두교의 유신론, 유아론 그리고 내세 신앙을 배척하면서 그들 삶의 방식인 거룩한 생활을 수용하는 것이었다.

옥스퍼드대학교 불교학센터(Oxford Centre for Buddhist Studies)의 설립자 리처드 곰브리치(Richard Gombrich)와 영국의 불교학자 에드워드 J. 토머스(Edward J. Thomas)에 따르면, 불교의 창시자 붓다가 종교적인 천재라는 사실은 의심할 수 없다.[105] 붓다도 시대적 상황에 영향받지 않을 수 없었지만, 종교적 천재로서 극단적인 고행을 추구하는 신비 종교와 감각적 쾌락을 추구하는 유물론적 철학 사상을 합리적이고 실용적으로 융합하여 자신이 생각하는 이상적인 세계관을 구축하였다. 즉 아무도 흉내를 낼 수 없는 붓다 자신만의 새롭고 독창적인 사상을 펼쳤다는 것이다.

---

105 Richard Gombrich, *What the Buddha Thought*, Equinox Publishing, 2009, p.3, 17. Edward J. Thomas, *The History of Buddhist Thought*, Dover Publications, Inc., 2002, p.1-2. 조셉 디 노이아(Joseph Di Noia)에 따르면, 우주적 진리, 곧 법을 깨닫고 발견하는 데에 있어서 역사적 붓다인 석가모니 붓다의 역할은 거의 유일무이하다. 물론 석가모니 붓다 이전에도 수많은 붓다가 있었고, 그들 또한 우주적 진리를 깨닫고 중생들을 가르쳤던 것은 사실이다. 그렇다면 석가모니 붓다가 발견한 진리는 그보다 앞선 붓다들에 비해 무엇이 다를까? 석가모니 붓다가 깨달은 진리가 가장 완벽한 발견이었다는 점에서 유일무이하다는 것이다. 완벽하다는 것은 발견한 진리의 정확성과 명료성을 말하는 것이다. 이는 원칙상으로 인간 누구나 우주적 진리를 발견하고 깨달을 수 있지만, 석가모니 붓다가 깨달은 진리는 일반인들이나 앞선 붓다들에 비해 너무나 희귀하다는 주장이다. 이런 면에서 우주적 진리를 가장 완벽하게 깨달은 석가모니 붓다의 역할은 그 역사적 의미가 독보적이라고 할 수 있다. - Joseph Di Noia, "Pluralist Theology of Religions: Pluralistic or Non-Pluralistic?" in Christian Uniqueness Reconsidered, ed. Gavin D'Costa, Maryknoll: Orbis Books, 1990, p.119-120.

제6장

후기 불교는
왜 붓다의 가르침을
수용할 수 없었을까?

붓다가 꿈꾼 세상은 어떤 세상인가?

붓다는 수년간 브라만교적인 수행을 한 후에 신비를 추구하는 명상(신과의 합일)이나 자신의 몸을 학대하는 극단적인 고행이 아무런 쓸모가 없음을 깨달았다. 그 후 합리적이고 이성적인 판단력과 건전한 자기 통제를 바탕으로 하는 관상(觀想) 수행, 즉 사물을 마음에 떠오르게 하여 관찰하는 일을 통해 자연의 이치와 인생의 무상함을 깨우쳤다. 그리고 나서야 세상에 속한 모든 정신적인 고통에서 비로소 자유(해탈)를 얻었다고 선언하였다.

붓다가 경험한 정신적인 자유는 자연의 이치를 인정하는 가운데 얻을 수 있는 마음의 해탈을 말한다. 바로 무아론과 인생무상을 깨닫고, 그것을 인정하는 가운데 세상 물질에 대한 소유욕과 감각적 쾌락을 추구하려는 욕망이 사라진 상태를 말하는 것이다. 이는 세상 물질에 대한 소유욕과 감각적인 쾌락을 추구하려는 욕망이 모든 정신적인 고통의 원인임을 깨우쳐서 자신의 욕망을 통제하는 것을 삶의 우선순위로 삼은 결과다. 그러므로 붓다가 추구한 고행은 신과의 합일을 이루기 위한 거룩한 삶이나 물질과 육체의 더러움에서 영혼을 맑고 깨끗하게 만들기 위한 거룩한 삶이 아니다. 붓다가 추구한 고행은 정신적인 고통의 원인이 되는 인간의 내적인 욕망을 통제하고 다스려서 세상 물질이나 사후 세계에 대한 집착에서 자유를 얻으려는 것이다. 이런 면에서 그가 추구한 고행은 고행을 위한 고행이 아니라 자기 마음의 평화를 누리기 위한 절제와 금욕인 것이다.

이런 면에서 붓다의 중도 사상은 그가 꿈꾸었을 이상향의 모습을 짐작하게 한다. 그는 극단적인 고행으로 사람이 무용한 고통에 함몰되기를 원하지 않았으며, 무모한 쾌락에 몸을 던져 삶을 어지럽히는 것도 원하지 않았다. 이를 사회적 시선으로 확대하면, 사람들이 세상 물질이나 쾌락에 집착하지 않음으로써 정신적인 고통에서 자유로운 행복하고 건강한 사회를 꿈꾼 것이다.

흔히 붓다를 세속에서 벗어나 산속이나 광야에서 홀로 수행하는 사람으로 생각해 왔기 때문에, 그의 가르침을 통해 인간 세상에서 이루어질 이상적 사회를 상상하기는 쉽지 않다. 그러나 붓다의 가르침을 바탕으로 분석하여 보면, 그가 꿈꾸었을 이상향을 가시화하는 것은 그리 어렵지 않을 것이다. 이것을 다섯 가지로 분류하여 설명하면 다음과 같다.

첫째, 모든 사람이 깨달음을 얻은 세상이다. 현실 세상의 모든 존재는 고통 속에서 살아간다. 이 고통에서 벗어나려면 모든 사람이 고통의 원인을 알고, 고통에서 벗어나는 방법을 깨달아야 한다. 붓다는 고통의 원인을 욕망이라 하였으며, 욕망에서 벗어나기 위해서는 태어나지 않든지 혹은 욕망의 대상인 소와 양, 집과 땅 등 모든 소유를 버리고 떠돌이로 사는 것이 좋다고 하였다. 이런 극단적인 삶이 아니더라도 인생의 허무함을 깨닫고 욕망을 절제하는 삶을 살아야 한다고 하였다.

둘째, 신이 아니라 인간이 주체가 되는 세상이다. 기원전 5세기 붓다 당시의 사회는 풍년과 흉년의 원인을 신에게 돌렸다. 그래서 풍요로운 삶을 살기 위해서는 신에게 제사로 기원해야 했으므로, 인간은 신에게 종속되어 존엄성을 상실하였다. 인간의 삶보다는 신에게 매달리는 삶을 살았고, 자신의 인생을 개척하는 것이 아니라 모든 상황을 숙명으로 받아들여 자유의지가 제한되는 삶을 살았던 것이다. 그러나 붓다는 신의 존재를 부정하고, 신이나 전생에 종속되어 살아가야만 하는 인간의 운명을 거부하였다. 그는 인간이 자신의 운명을 신에게 맡기지 않고, 주체적으로 자기 운명을 스스로 만들어 가는 세상을 꿈꾸었다. 그것은 신과 운명을 앞세우는 타성적 삶이 아니라 인간의 자유의지와 책임을 앞세운 인간 중심의 주체적 삶이었다. 이러한 붓다의 사상은 현대 교육학과 심리학의 주된 내용이다.[106]

---

106 Richard Gombrich, *What the Buddha Thought*, Equinox Publishing, 2009, p. 13-14.

셋째, 신분이나 계급의 차별이 없는 세상이다. 신분이나 계급이란 단어에는 사람이 사람의 가치를 정하고, 그 안에서 누릴 수 있는 모든 재물과 권리와 의무를 각 사람의 가치에 따라 나눈다는 의미가 들어 있다. 따라서 신분이나 계급이 존재한다는 것은 그에 따른 권리나 재화가 불평등하게 나누어진다는 것을 의미한다. 불평등을 정당화하려면 그에 상응하는 이유가 존재하여야 한다. 인도의 신분 제도는 윤회 사상을 근거로 하여 제사장 브라만 계급이 만들어 놓은 사회 질서다. 브라만교 교리는 이러한 불평등한 사회는 윤회를 통해 결정된 것으로 반드시 따라야 하는 숙명이라고 가르쳤다. 붓다는 윤회 자체에 회의적이었을 뿐만 아니라 그것에 기초한 신분 제도 역시 인정할 수 없었다. 만인은 평등하다고 믿었던 그는 인간의 인간에 대한 가치 평가나 부당한 분배에 찬성할 수 없었다.

넷째, 사회의 모든 구성원이 정신적 고통에서 해방되는 세상이다. 사회의 혼란은 개인이 자신의 욕망을 충족하고자 하는데, 이것이 다른 개인의 욕망과 상충할 때 일어난다. 만일 개개인의 욕망을 제한하거나 절제할 수 있다면, 사회의 혼란과 사회적 아픔은 사라질 것이다.

붓다에게 이상적인 세계란 구성원들이 고통에서 해방되는 평화로운 사회다. 그래서 붓다는 정신적 고통의 근원을 파헤치려 하였다. 그에 따르면, 영혼과 같은 영적인 세계는 전혀 존재하지 않고, 오직 물질만이 존재한다. 그 물질도 영원히 존재하는 것이 아니라 현상 세계에 잠시 나타났다가 사라지는 허무하고 무상한 것이다. 따라서 인생무상을 받아들이면, 각 개인이 정신적인 고통에서 자유롭게 되며 사회적 혼란도 저절로 사라진다고 생각했다.

다섯째, 도덕적으로 완벽한 세상이다. 붓다의 사상에서 이 세상은 오직 물질로만 이루어져 있으며 곧 사라질 세계다. 그런데 이 허무한 세상에 더하여 사회가 부조리하게 되는 것은 사람이 세상의 본질을 깨닫지 못하고 악행을 자행하기 때문이다. 붓다는 악행을 하여 얻는 것은 아무것도 없으며 그저 허무하게 사라질 뿐임을 깨달았다. 그래서 악행 없이 엄격한 자기 통제로 이루어진 도덕적으로 완벽한 세상을 꿈꾸었다. 사람들이 정직하여 남의 것을 도둑질하지 않고, 사람뿐 아니라 무고한 생물을 살생하지 않기를 바라고, 거짓말, 이간질, 험하거나 쓸모없는 말을 하지 않기를 바랐다. 더 나아가 사람을 타락시키는 음주나 도박 그리고 간음이 없는 도덕적으로 청정한 사회를 꿈꾸었다.

사실 붓다가 꿈꾼 사회는 사람들이 서로 아끼고 사랑할 때 실현 가능하다. 이러한 험하고 고통스러운 세상 속에서 우리가 서로 아끼고 사랑해야 할 이유가 무엇일까? 붓다에 따르면, 우리가 아무런 실체 없이 왔다가 사라질 허무한 운명(무아론)을 공유하는 존재들이라는 사실을 깨달을 때 서로를 불쌍히 여기고 사랑하는 연민의 마음이 생긴다고 한다.

실현 가능한 세상인가?

　인간은 본래 한계를 지닌 연약한 존재다. 운명적으로 생로병사의 고통을 피할 수 없다. 인간 운명의 최후 종착점은 결국 죽음이다. 이것만으로도 인간은 비극적 존재다. 그런데 여기에 인간의 본능적 욕망과 지배욕 그리고 물질적 욕심이 작용하여 빈부의 차이를 만들며, 개인의 이기적 생각과 욕망이 서로 충돌하여 사회적 혼란과 비극을 만들어 낸다.

　비극적인 세상에서 붓다가 꿈꾼 세상은 감각적인 쾌락을 포기하고 무소유의 거룩한 삶을 사는 세상, 신분이나 계급의 차별이 없는 세상, 정신적인 고통에서 자유롭고 도덕적으로도 완벽한 세상이다. 더 나아가 이러한 이상적인 세상을 신에게 의존하는 것이 아니라 인간 스스로 주체가 되어 만들자는 것이다. 그러나 문제는 현실에서의 실현 여부다. 붓다가 꿈꾼 것은 중도 사상에 기반을 둔 이상향일 뿐 현실적으로 가능한 것처럼 보이지는 않는다.

붓다의 중도 사상은 높은 기준의 삶을 요구한다. 육체적 쾌락, 신의 존재, 사후 세계의 심판과 보상을 부정하면서도 이 땅에서의 착하고 거룩한 삶을 살라고 한다. 그렇지만 사람은 연약하여 본능적으로 죽음을 두려워하고 권능이 있는 신적 존재에 의지하려고 한다. 또한 감각적 쾌락을 즐기려는 것은 인간 본능에 속한다. 사후 세계의 보상이 없는 데도 현실 세계에서 선한 삶을 살 수 있는 사람은 극소수에 불과하다. 이렇듯 붓다가 꿈꾼 세상의 기반이 되는 중도 사상은 지나치게 금욕적이어서 비현실적인 것으로 보인다. 이러한 문제점을 붓다 스스로도 인식하고 있었다고 본다.

> 부끄러움이 없이 철면피하고 무례하고 대담하고 죄악에 오염된 사람의 생활은 쉽다. 부끄러움이 있고, 항상 청정을 구하고 방일함이 없이 겸손하여 청정한 생활을 영위하는 식견 있는 사람의 생활은 어렵다.[107]

소승 불교는 붓다의 가르침을 실현 가능한 것으로 믿고 이를 구현하려 했다. 이것은 자력으로 깨달음에 이를 수 있다고 주장한 붓다의 무신론적 사상의 맥을 계승한 것이다. 반면, 대승 불교는 붓다의 이상적인 가르침이 과연 실현 가능한가에 회의적이었던 듯하다.

---

107 월폴라 라훌라, 《붓다의 가르침과 팔정도》, 전재성 역, 한국빠알리성전협회, 2005, 108쪽에서 재인용.

그래서 힌두교의 유신론적 신앙으로 되돌아가려는 경향을 보이기
도 했다. 붓다의 가르침을 비현실적인 것으로 간주하고, 일반 대중
의 눈높이에 맞추어 전하고자 한 시도였다고 말할 수 있다. 어쩌면
불교가 소승과 대승으로 나뉘게 된 시점이 바로 여기서부터일 것
이다.[108]

---

108 정진홍에 따르면, 소승 불교의 이상은 이원론적 실재론을 바탕으로 금욕적인 수도사가
되는 것이다. 이원론적 실재론은 선과 악은 두 개의 실재이며, 생사와 열반, 이승과 저
승 또한 이원론적 실재로 설정된다. 소승은 부정적인 금계, 망념의 포기 그리고 무아의
깨달음이라는 이른바 삼학(三學)을 그 행동 강령으로 하여 독자적인 깨달음을 통하여
스스로 해탈의 길을 찾는다. 어쩌면 소승 불교는 붓다의 가르침을 상징적으로 해석하
기보다는 좀 더 문자적으로 해석하고 그대로 실천한 사람들이 아닌가 생각한다. 반면
에 대승 불교는 소승 불교의 이원론적 실재론의 문제점을 중도 사상을 통하여 극복하
려는 시도로서 보살승으로 표현되는 실천적인 구도자가 되는 것이 그 이상이다. 대승
은 온전한 덕을 행동 강령으로 하여 만인을 위한 선의 실천을 통해 완전해진다고 적극
적으로 가르친다. 이들은 나보다 남을 구하지 않고는 못 견딘다는 생각으로 대승적인
실천 윤리를 강조하는데, 이는 인간의 윤리는 금계(禁戒)의 준수만으로 실천되는 것이
아니므로 마음속 깊이 배어 있는 이기주의를 벗어 버리고 만인을 위한 용기 있는 희생
을 통해 보다 적극적으로 실천되어야 한다는 것이다. 이러한 대승 불교의 가르침은 기
원전 200년경에 대승인 용수(龍樹)가 집대성한 반야(般若) 사상을 통해 세워진다. 반
야 사상은 색즉시공(色卽是空) 내지는 공즉시색(空卽是色)으로 표현될 수 있다. 이는
눈에 보이는 현상 세계가 곧 진리의 세계라는 것이다. 이로써 대승은 현상 세계와 진리
의 세계를 하나로 통합함으로써 이 세상에서 희생정신을 가지고 만인을 위한 선을 실
천하는 보살이 되는 것이야말로 진정한 붓다의 가르침을 따르는 것이라고 가르친다.
이에 반해 소승 불교는 색(色)과 공(空)을 구분하여 현상 세계와 진리의 세계를 하나로
통합할 수 없기에 현상 세계에 대한 지나친 관여나 참여를 금기시하여 소극적일 수밖
에 없다. - 정진홍, 《기독교와 타종교와의 대화》, 전망사, 1980, 85-88쪽.

고매한 인격자들을 위한 가르침

본래 붓다의 가르침은 자연의 이치를 따라 자신의 운명에 순응하라는 것이다. 그리할 때 이 땅에서 무소유의 거룩한 떠돌이 삶에 만족할 수 있게 된다고 하였다. 이는 부귀영화나 감각적 쾌락을 추구하려는 욕망을 버리고, 사후 세계에서의 영원한 삶도 포기하는 것이다. 개개인이 자신의 운명에 순응하면서 각자의 욕망을 버릴 때, 비로소 모든 사람이 고결한 도덕성으로 다툼 없이 평안하게 살게 된다고 한다.

붓다의 고차원적이고 아름다운 이상 세계에 대한 비전은 고매한 인격을 추구하는 사람들에게는 매력적일 수 있다. 인간의 고귀한 삶이나 인격 그 자체에 가치를 둔 사람들에게 있어서, 신의 도움을 구하지 않고 인간 스스로 자신을 구원하려는 의지, 사후 세계의 보상에 대한 기대 없이 행하는 선행, 성적인 욕망의 통제와 더불어 육체적인 쾌락의 절제는 너무나 소중하고 가치 있는 삶의 자세인 것이다. 이들도 붓다처럼 인격적으로 완벽한 인간을 꿈꾸기 때문이다.

　지난 2,500년 동안 붓다는 고상함을 추구하는 사람들에게는 최고의 멘토였을 것이다. 고통을 당하고 있는 사람에게는 인생무상을 깨닫고 마음을 비우라 하고, 인생의 고상함을 추구하는 사람에게는 감각적 쾌락을 추구하려는 욕망을 절제함으로써 완전한 인간이 되라는 그의 가르침은 고매한 인격자들에게 위로와 이상적 지침이 되었을 것이기 때문이다.

후대 불교와 붓다의 거리

붓다의 가르침을 수용할 수 없었던 민중

붓다의 가르침을 그대로 따르며 모두가 행복한 이상적인 세상을 만들기 위해서는 높은 도덕적 기준을 따라야만 한다. 그러나 이 높은 기준을 충족할 사람은 극소수에 불과하다. 붓다가 제시한 중도 사상은 신보다는 인간 쪽으로, 인간의 영혼보다는 인간의 몸이나 자연 쪽으로, 쾌락주의보다는 고행주의 쪽으로 기울어져 있다. 이는 현실에 파묻혀 사는 일반 대중에게는 도달하기 어려운 기준이다.

붓다의 엄격한 이상적 세계관은 일반 대중에게 마음의 위로와 평안을 줄 수 없었다. 역시 일반 대중이 원하는 것은 권능 있는 신적인 존재가 자신들을 지키고 보살펴 줄 뿐만 아니라 축복해 주는 것이었기 때문이다. 다른 한편으로 붓다의 도덕주의는 세속에서 살아야 하는 민중에게는 큰 부담이었을 것이다. 신의 보상과 사후 세계는 부정하면서 보상도 없는 도덕적이고 거룩한 삶을 제시하는 그의 가르침은 그들에게 높은 장벽으로 다가왔을 것이다. 현세적인 부귀 영화와 사후 세계의 보장을 염원하는 것이 인간 본성과 본능에 속하는 것임에도, 이를 역행하는 붓다의 가르침은 그들이 수용하기 어려운 것이었다.

고매한 인격자들을 제외한 평범한 사람들에게 붓다가 제시하는 이상적 세상은 도달하기 어려운 세상이었을 뿐만 아니라 그들이 원하는 바도 아니었다. 이들에게는 자신들이 도달할 수 있는 또 다른 차원의 가르침이 필요했고, 현실적인 종교 지도자들은 일반인들이 수용하고 따를 수 있는 새로운 가르침을 마련해야만 했다. 그것은 힌두교의 유신론적 종교로 다시 돌아가는 것이었다.

대승(大乘) 불교의 출현

이처럼 평범한 사람들이 붓다의 가르침에 도달할 수 없게 되자 현실적인 불교 지도자들은 붓다의 본래 가르침에서 방향 전환을 시도하였고, 새로운 교리들이 생겨났다. 이처럼 초기 불교와 대승 불교의 교리적 차이가 있으므로 대승 불교의 특징을 정리할 필요가 있다.

첫째, 붓다의 신격화다. 정세근은 대승 불교의 발단이 되는 붓다의 신격화 현상을 다음과 같이 설명한다.

모두를 깨우친다는, 현실적으로 불가능해 보이는 사업을 완수하기 위해서는 권능의 존재가 필요하다. 수레가 너무 컸다. 사람이 끌기에는 너무 컸다. 끌지 못할 수레이기에 사람을 뛰어넘는 신격화된 절대 존재가 필요했다.[109]

윤병상 또한 대승 불교의 두드러진 특색 가운데 하나가 붓다를 구원자로 신격화하는 유신론적 경향이라고 주장한다.[110]

둘째, 자력 신앙에서 타력 신앙으로의 전환이다. 붓다는 "단지 너자신만을 피난처로 삼으라"라고 말하여 인간 스스로 자신을 구원하라는 인간중심주의를 가르쳤다. 그러나 대부분의 사람들은 그들을 고통에서 구해 주고, 앞길을 이끌어 줄 구원자가 필요했다. 그들은 신앙의 대상에게 기도로 간구하며 경배하기를 원했다. 이러한 필요 때문에 인간 스스로 자신을 구원하라는 붓다의 가르침을 따르기보다는 붓다를 하나의 신으로 삼아서 그를 의지하려는 타력 신앙으로 돌아선 것으로 보인다.

셋째, 힌두교의 재현이다. 붓다가 죽은 후 100년이 지나면서 점차 붓다의 이상적인 가르침을 따르기보다는 힌두교의 유신론적 종교로 되돌아가려는 운동이 벌어졌다. 불교 안에 붓다를 하나의 신으로 숭배하려는 움직임과 더불어 여러 붓다와 보살들도 숭배의 대상

109 정세근, 《윤회와 반윤회》(수정 증보판), 충북대학교출판부, 2013, 88쪽.
110 윤병상, 《종교 간의 대화》, 연세대학교 대학출판문화원, 1999, 155쪽.

으로 삼으려는 움직임이 자리를 잡아 가게 되었다. 더 나아가 힌두
교의 미신적인 신앙, 범아일여 사상, 숙명론적인 업 사상, 윤회론 등
을 점차로 수용하게 된 것으로 보인다. 따라서 8세기경의 불교는 힌
두교와의 구별이 모호해졌다고 한다. 7세기 후반에 신라의 혜초나
당나라의 현장 법사가 직접 가서 경험한 인도의 불교는 이미 힌두교
화가 진행된 불교였다는 것이다. 그 당시 붓다는 이미 힌두교의 신,
비슈누의 화신으로 추앙받기 시작하였다.[111]

방편 개념의 등장

붓다의 도덕적인 무소유의 삶은 고매한 인격자들에게서 환영받
을 만한 것들이었다. 아무런 보상을 바라지 않으면서 자신의 삶을
스스로 통제하는 것은 평범한 사람으로서는 실행하기 어려운 경지
였다. 평범한 사람들이 느끼는 좌절을 완화하기 위해서는 그들을 위
로하고 이끄는 존재들이 필요했을 것이다. 대승 불교에서 출현시킨
수많은 부처와 보살들의 존재 이유가 여기에 있을 것이다.[112] 숭배
하는 대상들이 많아지면서 다양한 종교 형식과 내용이 만들어졌다.
한마디로 힌두교의 다양한 자연신들이 대승 불교를 통해 세련되고
정화된 신들로 승화된 것이다.

---

111 정세근, 《윤회와 반윤회》(수정 증보판), 충북대학교출판부, 2013, 32쪽.
112 Ibid, 156쪽.

이에 대해 연세대 명예교수인 윤병상은 다음과 같이 설명한다.

대승 불교의 두드러진 특색은 유신론적 경향이다. 그것은 정
토 신앙과 약사여래 신앙과 관음 신앙 등과 같은 기복적인 타
력 신앙과 밀교 등이다. 정토 신앙은 아미타불의 극락세계에
대한 믿음과 그곳에 왕생하기를 바라는 신앙이다. … 정토 신
앙의 대상이 되는 아미타불은 한량없는 목숨을 지닌 분이라는
뜻이다. 그는 과거에 법장이라는 보살이었는데, 최고의 깨달
음을 얻어 중생을 구원하려는 큰 소원을 세우고 오랫동안 수
행한 끝에 마침내 소원을 성취하여 현재는 극락에 머물고 있
는 부처님이다. … 여기서 중요한 것은 정토 신앙은 원시 불교
나 부파 불교에서의 부처에 관한 이해와는 현저한 차이가 있
다는 점이다. 소승 불교에서는 역사적으로 존재했던 석가모
니 부처 이외에는 다른 어느 것도 현재적인 부처로서 인정하
려고 하지 않았다.[113]

윤병상은 대승 불교의 가르침이 초기 불교와는 현저한 차이가 있
다고 말하면서, 부처와 보살들을 언급하고 있다. 붓다의 존재는 물
론 변할 수 없는 불교의 중심이지만, 초기 불교를 따르는 소승 불교

113 윤병상, 《종교 간의 대화》, 연세대학교 대학출판문화원, 1999, 155쪽.

의 입장에서 붓다의 신격화를 인정할 수 없었다는 것이다. 더 나아가 붓다 외에 수많은 부처와 보살들의 출현과 더불어 이들의 신격화는 더더욱 수용할 수 없는 것이었다.

그러나 대승 불교에서는 부처는 영원한 것이다. 누구나 지극한 깨달음에 도달한 사람은 누구이건 부처라고 불릴 수 있다는 것이다. 이러한 대승 불교의 입장에서 볼 때, 많은 보살이 깨달음을 향해 노력하고 있고 많은 부처님이 다른 세계에 출현할 수 있다는 것이다. 아미타불은 극락세계에 머문다. 극락세계란 안락한 곳이고 정화된 곳이며 절대 안온의 곳이다. 그곳은 시간과 공간을 초월한 세계이며 깨달음의 세계이다. 이러한 극락정토에 태어나고자 원하는 것은 곧 깨달음을 얻어 부처님이 되고자 원하는 것과 일치하는 것이다. 이러한 내세 중심적이며 타력적인 신앙은 비단 정토 신앙뿐만 아니라 약사 여래 신앙, 미륵 신앙, 관음 신앙 등에도 일관된 것이다. 이것은 일반 대중에게 불교가 타력적인 종교로서 뿌리를 내릴 수 있도록 하였다.[114]

소승 불교가 무신론적이며 현세 중심적인 도덕 철학(명상 수행)을

---

114 Ibid, 156쪽.

추구하였다면, 대승 불교는 힌두교의 민간 신앙을 따라 유신론적이
며 내세적인 신앙을 추구하였다고 볼 수 있다. 결국 대승 불교는 도
덕 철학에서 타력적인 종교로서 방향 전환을 시도하였고, 이로 인
한 차이와 갈등 그리고 분열을 극복하기 위해서 무신론적 성향의 소
승 불교도 포용해야 할 필요가 있었을 뿐만 아니라 대승 불교 안의
다양한 스펙트럼도 포용해야 했을 것이다. 이런 상황에서 방향성만
맞는다면, 상대의 가르침을 서로 인정하고 배우려는 자세를 갖자는
방편(方便) 개념의 출현은 필연적인 것으로 보인다. 불교학자요 심
리학자인 아사프 페더만(Asaf Federman)에 따르면, 대승 불교 이전의
경전에서는 방편 개념을 거의 찾아볼 수 없다고 한다. 반면, 대승 불
교 경전에서는 매우 광범위하게 사용되고 있다는 것이다. 이런 면
에서 방편 개념은 대승 불교에 의해서 "급진적 해석학적 장치"[115]로
발전되었다는 주장이 설득력이 있다고 본다. 다시 말해, 페더만은
방편 개념을 대승 불교가 이전의 초기 불교 체계로부터 벗어나기 위
해 새롭게 만들어 낸 해석학적 도구로 보는 것이다.[116] 그에 따르면
다음과 같다.

　방편은 초기 〈대승 경전〉에 소개된 특별한 전문 용어다. 〈대

---

115 최태영, 〈불교의 방편 개념의 이해와 기독교적 적용〉,《한국조직신학논총》제26집,
　　한국조직신학회, 2010년 6월, 86쪽에서 간접 인용.
116 Ibid.

승 경전〉에서 방편이란 용어는 대승 이전의 불교에는 실제로
없었던 새로운 인식을 가리킨다.[117]

오강남도 이러한 페더만의 입장에 동의한다. 오강남은 방편을
대승 불교가 제시한 아주 독창적인 개념이라고 주장한다. 즉 방편
은 일반인들이 불교의 모든 가르침을 이해할 수 있도록 하는 일종
의 수단이라는 것이다.[118] 《Skilful Means: A Concept in Mahayana
Buddhism》(숙련된 수단: 대승 불교의 개념)이란 책을 저술한 마이클 파이
(Michael Pye)[119]에 따르면, 방편 개념은 법화경 등에서 처음으로 광범
위하게 쓰인 대승 불교의 가장 중요한 개념 중 하나다. 대승 불교에
따르면, 불교의 다양한 형태의 가르침과 실천은 일시적 방편이나 수
단이기에 방편 개념은 진정한 깨달음에 도달하지 못한 불자들을 이
해시키기 위하여 붓다가 고안한 것이라고 한다.[120]

결과적으로 이러한 방편 개념의 발전 과정은 초기 경전에 나오는
붓다의 가르침과 대승 경전 사이의 차이가 생겨나게 한다. 불교 초

117 Asaf Federman, "Literal means and hidden meanings: a new analysis of skillful
means", Philosophy East & West, vol. 59, Number 2, April 2009, University of
Hawaii Press, 2009, p.126. 최태영, 〈불교의 방편 개념의 이해와 기독교적 적용〉,
《한국조직신학논총》 제26집, 한국조직신학회, 2010년 6월, 86쪽에서 재인용.
118 오강남, 《불교, 이웃 종교로 읽다》, 현암사, 2006, 139쪽.
119 마이클 파이는 법화경과 유마경을 토대로 방편 개념을 제대로 연구한 사실상 최초의
서양학자라 할 수 있다.
120 Michael Pye, Skilful Means: A concept in Mahayana Buddhism, Duckworth, 1978,
p.1.

기 경전에 나오는 붓다의 가르침이 이제는 새롭게 해석되게 된다.[121] 이러한 새로운 해석을 가능케 하는 방편 교리는 대승 불교 경전의 하나인 법화경에 잘 나타나 있다.[122] 법화경에 따르면, 방편은 상대편에 따라 설법하는 것이다. 즉 상대방의 눈높이에 맞추어서 설명하고 가르치는 것이 방편이다. 예를 들면, 초기 경전에 붓다는 자신이 다른 사람들처럼 분명히 죽는다고 진술했지만, 대승 불교에서는 붓다는 죽음을 초월한 존재라고 말한다. 이렇게 서로 다른 입장을 보인 이유는 붓다가 중생들의 눈높이에 맞춰서 말하므로 그들이 쉽게 진리를 깨달을 수 있도록 한 것이라고 한다.[123] 법화경은 "문자적으로 거짓말이라 할 수 있으나 내용상으로는 전혀 그렇지 않고, 오히려 구원에 이르게 하는 방법이라는 대답을 제시한다"는 것이다.[124] 결과적으로 방편 교리를 통해 붓다의 가르침을 문자 그대로 수용한 것이 아니라 상징적 의미로 해석하여 민중에게 쉽게 이해시키려 했다는 것이 대승 불교의 입장이다. 하지만 이 과정에서 자력 신앙에서 타력 신앙으로 발전하는 과정은 어쩔 수 없는 현상이었다고 볼 수 있다.

---

121 최태영, 〈불교의 방편 개념의 이해와 기독교적 적용〉, 《한국조직신학논총》 제26집, 한국조직신학회, 2010년 6월, 89쪽.
122 최태영에 따르면, 초기 대승 불교 경전인 법화경에 방편 교리가 가장 잘 나타나 있다고 한다. 최태영은 다음과 같이 말한다. "《법화경》의 메시지는 매우 도전적이다. 그것은 말하기를 붓다는 제자들이 숨겨져 있던 목적에 이르도록 하기 위해 제자들을 실제로 의도적으로 속였다고 하였다. 붓다의 말뿐 아니라 그의 행동 및 전기(biography)도 단지 목적에 이르는 수단일 뿐이다. 《법화경》은 그것들을 실제로 교육적 허구의 한 형태로 취급한다. 방편(Upaya)의 이런 의미는 《법화경》의 메시지의 주요 부분으로서 초기 불교 경전에는 나타나지 않는다." Ibid.
123 Ibid, 78-79쪽.
124 Ibid, 77쪽.

대승 불교가 제시하는 구원은 열반 경험이다. 그런데 열반을 경험하는 것은 다양한 방법을 통해 이루어진다고 전해진다. 이는 열반에 이르는 방법 자체가 유일무이한 진리가 아니라 하나의 수단에 불과하다는 것을 의미한다. 수단이라면 잠정적이고 일시적이라 말할 수 있다.[125] 이 단계를 비약하여 논의한다면, 붓다가 가르친 열반에 이르는 길은 유일한 길이 아니라 가변성을 가진 하나의 방법에 불과할 수 있다는 것이다. 존 힉(John Hick)에 따르면, 이러한 방편주의의 유용성은 문제가 있다고 한다. 왜냐하면 필요에 따라 철학적 개념이나 종교의 신념이 바뀔 수 있다면, 종교의 목적이나 구원의 의미들은 방향을 잃어버리게 될 뿐만 아니라 서로 모순이 되는 혼란한 상황에 이르게 될 것이기 때문이다.

여기서 힉은 중요한 질문을 제기한다. 그것은 고(苦)와 열반 같은 기본 개념들을 포함하는 사성제, 무상, 무아, 공(空) 등의 불교에서 결정적으로 중요한 개념들이 절대적인 것이 아니라 잠정적인 것이고, 단지 방편에 불과하다면… 우리는 수단 이외에 아무것도 없이 남겨질 것이고, 그 수단이라는 것도 어떤 무엇에 이르는 수단이 아닐 것이며, 그러면 모든 체계는 모순 속

---

125 최태영, 〈불교의 방편 개념의 이해와 기독교적 적용〉, 《한국조직신학논총》 제26집, 한국조직신학회, 2010년 6월, 86쪽.

으로 와해된다.[126]

초기불교의 석가모니 붓다의 위대한 깨우침, 즉 열반에 이르는 길 자체가 유일한 진리가 아니며, 이 길은 열반이 이루어진 후에 모두 폐기될 수단일 뿐이라는 것을 서로 인정한다면, 붓다의 가르침도 다른 시각에서 해석되어야 할 것이다. 이 다른 시각의 해석이 붓다의 연기론과 무아론을 무력하게 만드는 결과를 가져왔을 것으로 여겨진다. 이러한 새로운 해석을 위해 방편이라는 새로운 개념이 도입된 것이다. 이를 통해 대승 불교는 붓다의 무신론과 무아론뿐 아니라 유신론과 유아론도 인정하고, 사후 세계로서 극락도 인정할 수 있게 되었다. 하지만 만일 붓다의 가르침이 방편성의 정도에 따라 구분된다면, 과연 무엇이 진정한 붓다의 가르침인지 혼란이 초래될 수 있다.

붓다의 가르침을 수정한 후대 불교

앞서 언급했던 것처럼, 대승 불교의 가르침은 초기 불교와는 입장 차이가 있다. 붓다의 연기론은 당시로서는 파격적이고 창의적인 사상이었다. 그리고 연기론을 바탕으로 한 무아론은 그의 핵심 사

---

126 Ibid, 83쪽.

상이라고 할 수 있다. 무아론은 사후 세계를 포기하고 인생무상을 겸허히 받아들이게 하는 아주 급진적인 철학 사상이다. 바로 무아론이 석가모니를 붓다로 만든 깨달음의 결정체인 것이다.[127] 그래서 초기 불교를 따르는 소승 불교는 붓다의 신격화를 인정하지 않았다. 무신론적 입장에서 우주와 자연을 바라보고, 합리적이고 이성적인 관찰 수행을 통해 무아론을 깨우치고 인생무상을 인정하며, 더 나아가 인간 스스로 자신의 운명을 수용하고 책임짐으로써 신처럼 자유로운 존재가 되는 것이 소승 불교의 입장이다. 그러므로 소승 불교에서는 붓다와 보살들의 신격화는 수용할 수 없는 것이었다.[128]

반면, 대승 불교는 붓다의 가르침과는 방향을 달리하여 유신론적 입장에 서게 되었다. 이는 붓다의 가르침이 일반 대중의 수준과 차이가 있어 비현실적이라고 판단한 것에서 연유한 것으로 보인다. 당시 힌두교의 영향 아래에 있던 민중에게 붓다를 힌두교의 신, 비슈누의 화신으로 설명하는 것이 설득력 있어 보일 수 있었을 것이다. 이러한 방향은 붓다의 신격화와 타력 신앙으로 발전하였다.[129]

127 정세근, 《윤회와 반윤회》(수정 증보판), 충북대학교출판부, 2013, 186-87쪽.
128 Ibid, 156쪽.
129 페리 슈미트-레우켈(Perry Schmidt-Leukel)은 역사적 붓다, 즉 석가모니 붓다가 인류를 구원하기 위해 성육신한 초월적 존재라고 주장한다. Perry Schmidt-Leukel, "Buddha and Christ as Mediators of the Transcendent: A Christian Perspective" in Buddhism and Christianity in Dialogue, SCM Press, 2004, p. 153. 그에 따르면, 석가모니 붓다의 성육신 이론은 후기 대승 불교의 교리, 석가모니 붓다의 세 가지 몸(Trikaya)에서 완성된다. 이는 석가모니 붓다가 신적인 존재로서 세 가지 유형의 존재를 가진다는 것이다. 첫째는 본질적인 몸으로서 자신을 계시하거나 구현하지 않은 상태다. 이는 절대적인 지식을 최고의 상태로 보유한 붓다의 유형으로 절대적인 붓다 내지는 본질적인 붓다라고 한다. 둘째로 변형된 몸으로서 본질적인 붓다가 성육신하여

그리고 이에 따라 힌두교의 범아일여 사상이나 숙명적 윤회론이 함께 들어오게 되었다.

전통 힌두교 신앙이 '정(正)'이라면, 붓다의 종교 개혁은 '반(反)'이라 할 수 있고, 대승 불교는 '합(合)'의 자리에 서게 된다. 대승 불교는 붓다의 사상을 계승하였으나 힌두교의 유신론적인 특성을 접목하여 대중의 이해를 도왔다고 볼 수 있다. 하지만 붓다의 본래 가르침과는 성격이 달라지는 국면을 맞이하였다.

붓다는 브라만교의 허구성과 부당성에 반기를 들면서 종교적 개혁을 추구하였지만, 대승 불교는 다시 브라만교의 신앙과 교리에 접목을 추구하였다. 무아론 그 자리에 '불성(佛性)'이라는 이름으로 유아론의 아트만(영혼의 개념)을 대체한 것이다.[130] 이것은 힌두교의

실존적인 몸을 가진 형태다. 이는 초월적 존재인 붓다가 자기 자신을 이 땅에 드러낸 것이다. 인간을 구원할 지식을 전달하고자 말이다. 바로 역사적인 석가모니 붓다를 말한다. 셋째는 영광의 몸, 내지는 향유의 몸으로서의 붓다의 유형이다. 이는 본질적인 석가모니 붓다가 자신을 초월적인 영으로서 드러내는 것이다. 이는 영적인 몸으로서의 석가모니 붓다가 육신을 지닌 붓다들로 성육신하는 것이다. 이는 또한 석가모니 붓다를 포함한 수많은 붓다가 지상에서의 힘들었던 사역을 마치고 천상으로 돌아와 유유자적히 즐기는 형태의 몸을 말한다. 이는 마치 기독교교가 말하는 삼위일체 하나님과 비슷하게 보인다. 그러니까 상상할 수 없고 설명할 수도 없는 궁극적 실재 내지는 법신(法身), 곧 절대적 붓다 혹은 본질적 붓다는 자신을 다른 두 가지의 형태로 드러내므로 사람들이 자신을 이해하고 자신에게 접근할 수 있는 길을 열어 주었다는 것이다. 하나는 이 땅에 성육신한 인간 붓다의 몸으로 그리고 다른 하나는 절대적 붓다의 신성이 너무 넘쳐서 영적인 몸으로 구체화된 형태다. 이 둘의 관계는 서로 다르지만 뗄 수 없고, 서로 하나이지만 똑같지 않다는 것이다. Ibid, p.160-61.

130 정세근에 따르면, 불성은 의식의 가장 깊은 곳, 즉 제8번째 심층 속에 간직되어 있는 더럽혀지지 않은 정신의 실재다. Ibid, 59쪽. 여기서 등장하는 것이 바로 여래장(如來藏) 사상인데, 이는 누구나 내면에 불성이 있기에 누구든지 붓다가 될 수 있다는 주장이다. 이는 곧 힌두교의 범아일여 사상의 불교화로서 각 개인의 존엄성은 극대화되고, 더 나아가 그 불성들의 총체로서 절대적인 붓다는 신격화되는 것이다. Ibid, 83쪽. 결과적으로 혼자서 수행을 하는 자력 종교로서의 불교가 이제는 신적인 존재들이 도와주는 타력 종교로 전환되는 것이다. 이런 식으로 불교가 힌두화되면서 붓다의 본래 가르침은 소멸된다는 것이다. Ibid, 65쪽.

아트만과 유사하다고 할 수 있다. 인간 영혼의 실재를 인정한다면, 그 영혼과 연결된 신 역시 존재해야 한다. 바로 그 신이 법신(法身)이다. [131] 법신은 힌두교의 최고 신, 브라만과 같은 자리에 서 있다. [132] 이는 전지전능한 신이지만, 자신의 정체를 인간들에게 보여 주지는 않는 보편적인 신을 말한다. 이러한 측면에서 대승 불교를 바라보면, 역사적 석가모니 붓다의 핵심적 가르침인 연기론과 무아론 그리고 인생무상론을 유신론(법신), 유아론(불성), 내세 신앙(극락정토) 등으로 대체하였다고도 볼 수 있다.

---

131 신으로서의 붓다는 세 가지 형태의 몸을 취한다는 것이 삼신불(三身佛) 사상이다. 삼신불이란 법신불(法身佛), 보신불(報身佛) 그리고 화신불(化身佛)을 의미한다. 법신불은 붓다의 참된 몸이며 모든 붓다에게 존재하는 불성 그 자체다. 그렇기 때문에 법신은 모든 존재의 궁극적 본성이다. 이런 면에서 만물은 근원적으로 하나다. 결국 힌두교의 범신론적 신비주의와 동일하다고 볼 수 있다. 이는 만물은 실체가 없다고 주장하는 소승 불교와의 결별을 의미한다. 중생에게는 불성이 있으므로 깨닫기만 하면 법신불과 동화한다고 믿는다. 보신불은 법신이 형태를 취하여 나타난 몸으로서 진리 자체의 모든 순수하고 참되며 아름다운 속성이 그대로 드러난 몸이다. 아미타불이 대표적인 보신불이다. 마지막으로 화신불은 현실 세계의 고통에서 중생을 구하기 위해 인간의 몸을 입고 세상에 출현한 역사적 붓다를 말한다. 화신불은 현재, 과거, 미래에 모두 존재한다. 이를테면 석가모니 붓다는 현재의 화신불이고, 미륵불은 미래에 등장할 화신불이다. 불교에서는 과거에 최소한 여섯 명의 화신불이 있었다고 믿는다. 대승 불교는 성불(成佛)을 목표로 한다. 성불은 궁극적 실재인 붓다가 되는 것에 초점을 두는 것이다. 자신 안에 불성이 있다는 사실을 깨닫기만 하면 누구나 붓다가 된다는 것이다. 바로 여래장 사상이다.

132 브라만은 초월적인 존재로서 우주나 자연과 구별되고, 또한 인간과도 구별되는 궁극적인 실재다. 이는 신의 초월성을 말한다. 하지만 초월적인 존재인 브라만은 만물 안에 신성으로 깃들어 있을 뿐만 아니라 각 개인의 영혼으로 표출되어 있다. 이는 신의 내재성을 말한다. 즉 개인의 영혼은 브라만의 분신이기도 하고, 동시에 브라만 그 자체이기도 하다. 종교학자 페리 슈미트-라우켈과 불교학자 마사오 아베(Masao Abe)에 따르면, 힌두교가 주장하는 창조의 신 브라만(우주의 근원이 되는 실재 또는 원리)과 대승 불교의 신, 즉 법신은 동일하고, 그로부터 모든 개인적인 신들이 표출되며, 그 신들은 각 종교의 창시자들을 통해 브라만 내지는 본질적인 붓다의 속성을 드러낸 것이다. 이들의 주장대로라면, 결국 대승 불교가 석가모니 붓다의 무신론을 벗어나 석가모니 붓다가 그렇게도 개혁하길 원했던 힌두교의 유신론으로 복귀하였음을 보여 준다.

제7장

붓다는
현대 철학의 시조인가?

붓다의 가르침과 일맥상통한 것이 17-18세기 유럽에서 피어난 계몽주의 사상이다. 계몽주의는 인간의 힘과 지혜뿐 아니라 무한한 과학 기술로 인류는 끝없이 발전할 것을 믿었다. 이러한 계몽주의의 낙관적인 세계관은 인간의 힘으로 고통을 이겨 내며 불안을 극복할 수 있다고 믿는 붓다의 생각과 거의 일치한다. 인간을 세상과 우주의 중심으로 본 것과 인간 스스로 모든 실존적인 문제를 해결할 무한한 능력이 있다고 주장한 것이 그것이다.

계몽주의를 통해 인류는 끝없는 지상 낙원의 길을 걸을 것으로 기대하였다. 그러나 근대 이후 인류가 부딪힌 현실은 기대와 달랐다. 인간의 죄악성을 간과한 이러한 유토피아 사상은 제1차 세계대전(1914-1918)과 함께 무너졌다. 제1차 세계대전의 총성은 17세기 이후로 300년 이상을 이어 온 계몽주의 사상을 여지없이 붕괴시켜 버렸다. 전쟁으로 인해 정신세계의 혼란과 과학 문명 뒤에 숨어 있던 불확실성이 드러나면서 인류는 불안과 절망에 휩싸이게 되었다. [133]

---

133 이때 등장한 실존주의 철학은 불안이란 우리가 죽을 때까지 결코 떼어 낼 수 없는 삶의 일부분이며 인간의 노력으로 그것을 제거하거나 극복할 수 없는 것으로 보았다. - Paul Tillich, *Systematic Theology*, Volume 1, University of Chicago Press, 1951, p.191-92. Also Paul Tillich, *The Courage to Be*, Yale University Press, 1952, p.38-39.

근대 철학은 어떻게 시작되었는가?

중세 철학과 근대 철학(modern philosophy)의 분기점은 신 중심적 사고에서 인간 중심적 사고로의 전환에 있다고 말할 수 있다.[134] 근대 철학은 중세 철학에 대한 반동으로 하나님보다 인간의 이성을

---

134 중세 철학은 기원후 5세기 말에 서로마가 멸망한 이후부터 자본주의가 태동하던 15-16세기까지 약 1,000년간의 서양 철학을 말한다. 이 시기는 교회가 유럽을 종교적으로뿐만 아니라 정치적으로도 지배한 시기로서 당시의 서양 철학은 기독교 신학이라고 해도 과언이 아니다. 서양 근대 철학은 17세기 프랑스 철학자 르네 데카르트(René Descartes)로 시작하여 20세기까지 거의 4세기에 달하는 기간의 철학을 말한다. 근대 철학 이전을 중세 철학이라 하고, 근대 철학 이후를 포스트모던 철학이라고 할 수 있다. 포스트모던 철학은 근대 철학의 마지막 시기인 19세기 중반부터 최근까지의 철학 사조를 말한다. 현대 철학(contemporary philosophy)은 서양 철학의 정점인 독일의 철학자 헤겔(Hegel)의 이상주의 철학, 즉 관념론에 대한 반동에서 태동하였다. 헤겔은 이성적인 것만이 현실적이라고 생각하고, 절대자를 이성적인 존재로 보았다. 결국 인간의 이성적인 사고와 절대자가 하나라는 동일성을 주장하였던 것이다. 더 나아가 세상을 절대자가 자기 자신을 실현하는 장소로 생각하는 범신론을 주장하였다. 이러한 헤겔의 이상주의 철학은 기독교적 유신론을 범신론으로 탈바꿈한 것으로 비판받았고, 그 후로 좌파와 우파로 나뉘어 발전되었다. 바로 공산주의 이론의 근거인 변증법적 유물론(포이어바흐, 마르크스)과 실존주의(키르케고르, 니체)가 그것이다. 바로 이 시기가 현대 철학이 근대 철학으로부터 나뉘는 시기라 할 수 있다. 그리고 1930년대에 이르러 현대 철학의 주요 사상가들이 등장한다. 바로 마르틴 하이데거(Martin Heidegger), 카를 야스퍼스(Karl Jaspers), 버트런드 러셀(Bertrand Russell), 알프레드 화이트헤드(Alfred Whitehead), 존 듀이, 에드문트 후설(Edmund Husserl), 앙리 베르그송(Henri Bergson) 등이다.

중시하고, 인간의 자율성을 최대한으로 보장하려는 인본주의 철학이다.

존 듀이(John Dewey)는 자신의 저서, 《철학의 재건》에서 근대 이후 나타난 네 가지 변화를 다음과 같이 밝힌다.

첫째, 근대는 초자연적인 것에 더 이상 관심을 두지 않는다.

둘째, 교회의 권위에 복종을 강조하던 중세와는 달리 개인의 정신적인 능력에 대한 믿음을 앞세운다.

셋째, 진보에 대한 신념이 있다. 즉 인간은 무엇이든 할 수 있는 존재라는 믿음으로 자신의 운명을 개척할 수 있다고 생각한다.

넷째, 이 세계의 진보, 즉 유토피아 건설은 근면함과 자연에 대한 실험을 통해 연구하고, 자연을 통제하고, 사회가 활용할 수 있는 발명품을 만드는 노력으로 가능하다고 믿는다.[135]

18세기에 전성기를 이룬 계몽주의 사상은 과학적인 사고로 인간과 세계를 이해하려고 시도했다. 400년에 걸친 근대 철학의 형성 과

---

135 리차드 미들턴·브라이언 왈시, 《포스트모던 시대의 기독교 세계관》, 김기현·신광은 역, 살림출판사, 2007, 26쪽에서 재인용.

정에서 계몽주의는 인간의 이성, 즉 합리적이고 과학적인 사고를 중시하기에 신의 존재를 부정하였다. 왜냐하면 신의 존재는 인간의 눈으로 확인할 수 없고, 과학적으로도 증명하기가 불가능했기 때문이다. 더 나아가 계몽주의자들은 성경의 진리나 권위를 부정하고, 그 자리를 자연법칙으로 대체하였다. 왜냐하면 과학적인 사고를 하는 그들은 성경에 나오는 모든 기적과 신비를 도저히 인정할 수 없었기 때문이었다. 과학과 이성의 역할을 중시하던 근대 서구인들은 급기야 기독교에 반기를 들고 중세 전반을 지배하였던 기독교 신앙을 버리게 되었다.[136] 이런 식으로 계몽주의는 신 중심에서 인간 중심의 반기독교적 사상으로 형성되어 갔던 것이다.

근대 철학을 성립하게 한 근본 토대는 과학이다. 과학은 서구 세계관의 발전에 있어 결정적이고 중요한 역할을 했다. 사실 과학 자체가 비성서적이고 반기독교적인 것은 아니다. 과학은 중립적인 도구이기 때문이다.

계몽주의 시대에 과학적인 혁명을 주도한 과학자들은 대부분 독실한 기독교인들이었다. 대표적인 인물로 폴란드의 천문학자 니콜라스 코페르니쿠스(Nicolaus Copernicus), 독일의 천문학자 요하네스 케플러(Johannes Kepler), 영국의 물리학자 아이작 뉴턴(Isaac Newton) 등이 있다. 이들에게 과학은 기독교를 부정하기 위한 것이 아니라 세상을

---

136 마이클 고힌·크레이그 바르톨로뮤, 《세계관은 이야기다》, 윤종석 역, IVP, 2011, 195-226쪽 참조.

바라보는 중립적인 도구였다. 이처럼 근대 과학은 기독교인들에 의하여 시작되었지만, 이들이 내어놓은 새로운 과학적 지식을 바탕으로 전개된 근대 철학은 중세 교회와 신학으로부터 독립하면서 점차 인본주의적이고 반기독교적 경향을 보이기 시작하였다.

그렇다면 기독교인이 주도했던 과학이 왜 인본주의자의 반기독교적 도구로 전락했을까? 여러 가지 이유 중에 교회의 잘못도 큰 비중을 차지하고 있다고 본다. 그 이유를 정리하면 다음과 같다.

첫째, 교회가 새로운 과학적 발견이나 지식에 너무 부정적으로 반응했다. 대표적인 사례로 지동설에 대한 반발을 들 수 있다. 중세 교회는 고대 그리스의 천문학자 프톨레마이오스(Ptolemaeos)가 주장한 천동설을 의심 없이 받아들였다. 이와 달리 코페르니쿠스, 케플러, 갈릴레이(Galileo Galilei), 뉴턴 등 당대 최고의 과학자들은 과학적인 자료에 근거하여 지구가 우주의 중심이 아니라는 지동설을 주장했다. 교회는 너무나 당혹스러웠던 나머지 이를 강력하게 부정했다. 개신교 역시 지동설과 같은 새로운 과학적인 주장에 강하게 반박하였다.[137] "오직 성경"을 주장하는 종교 개혁의 결과로 세워진 개신교는 지동설이 성경 말씀[138]에 위배된다고 보았다. 마르틴 루터는 여

---

137 Ibid, 199-200쪽.
138 "땅에 기초를 놓으사 영원히 흔들리지 아니하게 하셨나이다"(시 104:5), "한 세대는 가고 한 세대는 오되 땅은 영원히 있도다 해는 뜨고 해는 지되 그 떴던 곳으로 빨리 돌아가고"(전 1:4-5).

호수아서 10장[139]을 근거로 코페르니쿠스를 다음과 같이 비웃었다.

"나는 성경을 믿네. 여호수아는 지구가 아니라 태양에 정지 명령을 내렸거든."[140]

과학적인 사실들에 대한 교회의 강한 부정은 기독교 신앙과 교회의 고립을 초래하였다. 종교와 과학이 대립할 필요가 없는 관계임에도 불구하고, 교회가 과학을 강압적으로 굴복시켰던 것이다. 1633년 4월 12일, 갈릴레오가 종교 재판소에서 이단 행위로 유죄 판결을 받고 가택 연금에 들어갔다. 그 결과, 교회는 결국 패배를 자초하게 되고, 오히려 과학이 승리하게 되었다.[141]

둘째, 16세기 초부터 시작된 종교 개혁이 결과적으로 교회의 분열을 촉진했다. 교회가 여러 교파로 나뉘고, 구교와 신교의 갈등이 전쟁으로 비화되고, 이단 논쟁 및 갈등으로 인해 유럽은 기독교인

---

139 "여호와께서 그들을 이스라엘 앞에서 패하게 하시므로 여호수아가 그들을 기브온에서 크게 살륙하고 벤호론에 올라가는 비탈에서 추격하여 아세가와 막게다까지 이르니라 그들이 이스라엘 앞에서 도망하여 벤호론의 비탈에서 내려갈 때에 여호와께서 하늘에서 큰 우박 덩이를 아세가에 이르기까지 내리시매 그들이 죽었으니 이스라엘 자손의 칼에 죽은 자보다 우박에 죽은 자가 더 많았더라 여호와께서 아모리 사람을 이스라엘 자손에게 넘겨주시던 날에 여호수아가 여호와께 아뢰어 이스라엘의 목전에서 이르되 태양아 너는 기브온 위에 머무르라 달아 너도 아얄론 골짜기에서 그리할지어다 하매 태양이 머물고 달이 멈추기를 백성이 그 대적에게 원수를 갚기까지 하였느니라 야살의 책에 태양이 중천에 머물러서 거의 종일토록 속히 내려가지 아니하였다고 기록되지 아니하였느냐"(수 10:10-13).

140 op. cit. 200쪽에서 재인용.

141 Ibid, 200-201쪽.

들의 피로 물들게 되었다. 그 결과, 믿음의 절대성이 무너지게 되었다. 여기에 더하여 마르틴 루터의 독일어 성경 번역이나 윌리엄 틴데일(William Tyndale)의 영어 성경 번역이 계몽주의 사고에 새로운 국면을 가져다주었다. 즉 과학적이고 합리적인 사고를 하게 된 근대인들에게 기적과 신비로 가득한 성경은 이제 도마 위의 생선처럼 철저한 비판과 검증의 대상이 되어 버린 것이다. 성경 속의 기적들이나 역사적 사실들이 과학적인 실험으로 증명되지 않고, 이성적이고 합리적인 사고로 이해되지 않는다는 이유로 부정되기 시작했다. 이제 성경 속의 수많은 초자연적인 사건이나 역사를 신화나 민간 신앙 내지는 인간의 종교성이 만들어 낸 허구로 보게 된 것이다.

결국, 18세기의 유럽은 기독교 신앙에 등을 돌리고 과학적 인본주의를 새로운 신앙으로 받아들이게 되었다.[142]

---

142 Ibid, 201-202쪽.

근대 철학의 핵심은 무엇인가?

근대 철학의 토대가 된 것은 인본주의(인간 중심주의)라 할 수 있다. 이는 1,000년 동안 이어 온 중세의 신 중심적인 사고와 삶을 버리는 것이다. 그리고 인간 자신의 합리적인 사고로 세상 질서를 바로잡고, 과학 기술을 개발하여 이 세상을 좀 더 행복한 세상(유토피아)으로 만들려는 것이다. 이러한 근대 철학의 특징은 다음과 같다.

첫째, 진보에 대한 견고한 믿음이다. 중세 시대까지 모든 사상을 주도한 것은 신 중심적인 사고였다. 모든 일은 신의 섭리에 따라 발생한다고 생각하고, 무조건 종교의 교리에 복종해야 한다고 생각했다. 그러나 만물은 신의 섭리와는 전혀 상관없는 자연법칙에 의해 움직인다고 생각하게 되면서부터 근대 세계관이 형성되었다. 당시 근대 세계관에 호응한 사람들은 자연법칙만을 이용한다면 만물을 인간 중심으로 활용할 수 있으며, 그 사용법은 무궁무진하다고 믿었다. 그래서 과학을 진보시키면 인간의 미래는 점점 좋아져서 마침내

지상 낙원을 만들 수 있다고 생각하였다. [143]

둘째, 이성에 대한 절대적 신뢰다. 근대 철학의 두 날개는 이성과 과학이다. 인간이 지닌 이성의 능력을 한없이 높게 보았다. 세상이 발전해 가고 인류의 자유와 행복이 점차 확대해 갈 수 있는 동력이 인간의 이성에 있다고 믿었다. 인간의 이성은 주관적인 감정이나 일시적인 직관과는 다르게 인간을 포함한 자연이나 우주를 과학적이고 합리적인 시각으로 바라보는 것이다. 근대 이후 철학자들은 이성의 작용이 세계를 정확하고 객관적으로 파악할 수 있게 한다고 믿었다. 따라서 중세 교회의 가르침을 낡은 것으로 보고, 무지한 자들이나 믿는 미신적인 것으로 간주했다. 그들은 인류가 이성을 사용하여 종교의 그늘과 쇠사슬에서 벗어나기를 간절히 바랐던 것이다. [144] 마치 붓다가 브라만교의 그늘에서 신음하는 무지한 대중들을 벗어나게 하려고 몸부림쳤던 것처럼 말이다.

셋째, 과학 기술에 대한 절대적 믿음이다. 17세기 이후 과학 혁명은 중세 기독교 세계관을 모조리 바꾸어 놓기 시작하였다. 중세의 세계관을 대변한 천동설이 지동설로 흔들리고, 세계를 돌아본 탐험가들의 "지구는 둥글다"라는 주장이 유럽인들의 종교관을 흔들었

---

143 조지프 프리스틀리(Joseph Priestly)는 이렇게 말했다. "이 세상이 어떻게 시작되었든 간에 그 끝은 우리의 상상을 초월하는 영광스러운 낙원이 될 것이다." Ibid, 204쪽에서 재인용. 윌리엄 굿윈(William Goodwin)은 종말론적 천년 왕국이 이 땅에서 실현될 것을 믿었다. 그래서 그는 이렇게 말했다. "전쟁도 없고, 범죄도 없고, 소위 사법부도 없고, 정부도 없을 것이다. 그뿐만 아니라 질병도 고통도 우울도 원망도 없을 것이다. 모든 사람이 열과 성을 다하여 만인의 선을 도모할 것이다." Ibid에서 재인용.
144 Ibid, 205-206쪽.

다. 또한 자연은 신의 섭리에 따라 움직이거나 변하는 것이 아니라 자연법칙에 따라 스스로 움직인다는 사실은 신에 의해 행해지는 기적과 신비를 추앙하는 기독교 신앙에 커다란 도전이 되었다. 이러한 세계관의 변화는 과학 기술이 인간의 삶과 환경을 바꿀 수 있다는 믿음으로 점차 변하였다. 이 자신감은 기독교 신앙을 포함한 모든 주관적인 사상을 과학적인 방법으로 검증해서 진위를 가릴 수 있다는 믿음으로 이어졌고, 성경의 권위나 진실성은 과학적인 실험과 이성적인 합리성에 부딪혀 하나의 신화나 허구로 전락하게 되었다. 성경이나 기독교 신앙이 공적인 문화와 생활 속에서 객관적인 자리를 더 이상 차지할 수 없게 된 것이다.[145]

넷째, 세상의 합리적 질서에 대한 믿음이다.[146] 중세 시대의 사회 질서는 성경에서 제시한 율법에 근거한 법과 윤리로 유지되었다. 그런데 인간의 이성과 과학 기술에 대한 신뢰는 사회를 해석하는 프레임을 바꾸어 놓았다. 과학 혁명 이후 사회를 바라보는 프레임은 더 이상 성경에 기초한 질서와 윤리가 아니라 인간의 이성적이고 합리적인 사고에 근거한 사회 질서를 요구했다. 이는 세상을 다스리고자 하는 종교나 성경의 권위를 인정하지 않겠다는 것으로 인간의 합리성에 근거한 법을 만들어 인간 스스로 세상의 질서를 유지하겠다는 것이다. 계몽주의자 몽테스키외(Montesquieu)의 주장이

---

145 Ibid, 206쪽.
146 Ibid, 207-211쪽.

이를 대변한다.

"법을 주시는 하나님은 더 이상 존재하지 않는다. 하나님의 명령이기에 순종해야 할 그분도 존재하지 않는다. 법이란 현실의 속성상 필연적으로 생겨나는 장치일 뿐이다."[147]

---

147 Ibid, 210쪽에서 재인용.

과연 계몽주의자들의 꿈은 이루어졌는가?

계몽주의는 인간의 합리적인 사고를 기반으로 기존의 종교적 권위에 반대하고, 계몽을 통하여 인간 생활의 진보와 개선을 꾀하겠다는 사조였다. 그러나 계몽주의의 꿈은 이루어지지 않았다. 인간의 과학 기술을 통해 세상을 파라다이스로 만들겠다던 그 커다란 포부는 바로 그 과학 기술 때문에 처참히 무너졌다. 제1차 세계대전은 합리적인 생각으로 세계 평화를 도모할 수 있을 것이라는 안이한 생각을 짓밟았다.

스위스의 정신과 의사 칼 융(Carl Jung)은 당시 유럽인들의 참담한 심정을 다음과 같이 증언한다.

현대인들은 심리학적으로 말해서 거의 치명적인 충격을 받았으며 그 결과로 깊은 불안에 빠졌다고 해도 과언이 아니다. … 세계대전의 참담한 결과는 세상을 보는 눈에 일대 변혁을 불러왔고, 그것이 우리의 내면생활에도 나타나 이제 자신과 자신의 가치를 믿던 믿음이 무너져 내렸다. ··· 한때는 세상이 합리적으로 조직될 수 있다고 믿었지만, 이제는 내가 그런 믿음을 잃고 있다는 것을 너무나 잘 알고 있다. 평화와 조화가 지배하는 천년 왕국이 도래하리라던 옛꿈은 핏기를 잃고 말았다.[148]

인간의 이성이 세상을 합리적으로 이끌 수 있으리라 믿었지만, 제국주의의 침략을 목도해야 했으며, 인간에 대한 본질적인 신뢰는 그 근본부터 붕괴되었다.

계몽주의 세계관이 무너진 모습을 다음 다섯 가지로 정리할 수 있다.

첫째, 심각한 빈부격차다. 물질적으로 부유해지는 꿈은 결국 극소수만의 것이었다는 사실이다.

둘째, 환경 파괴다. 곧 닥치게 될 천연자원의 고갈 그리고 자동차 매연과 냉장고 프레온 가스 등(환경오염원의 무분별한 배출)으로 인한 지구의 온난화가 그것이다.

셋째, 무기 확산이다. 온 세상을 파괴할 수 있는 무기가 대량으로 비축되어 있다. 이는 현대과학 기술의 발전에 따른 결과다. 전 세계

---

148 Ibid, 224쪽에서 재인용.

가 무기에 사용하는 돈을 1년만 줄여도 전 세계의 굶주리는 사람들이 몇 년간 먹고살 수 있다고 한다.

넷째, 심리적 빈곤이다. 20세기에 들어와서 각종 심리적이고 정신적인 질환들이 처음으로 등장하였다. 거식증, 과식증, 스트레스, 우울증 등 셀 수 없이 많다.

마지막으로, 사회경제적인 문제다. 이는 가정이 붕괴하고 범죄율과 실업률이 증가하면서 현대 서구사회가 붕괴하고 있다는 것이다.[149]

---

149 Ibid, 225-226쪽에서 재인용.

붓다와 계몽주의 철학은 어떤 관계가 있을까?

  현대 무신론의 진정한 시조는 붓다라 할 수 있다. 그는 세상과 따로 존재하는 초월적인 하나님의 존재를 부정하고, 인간 정신을 신적인 자리에 올려놓았기 때문이다. 그는 사성제를 통해 인간의 이성으로 현실 세계를 객관적으로 파악하는 것이 진리를 이해하는 유일한 길이라고 믿었다. 이런 면에서 붓다는 과학적 논리로 사고한 철학자다. 그는 인간의 이성으로 파악한 현실 세계의 문제들을 인간 정신으로 극복하고자 했다.

  붓다의 세계관은 세계란 신에 의해 창조되거나 다스려지는 것이 아니라 단지 우연히 생겨났을 뿐이며, 이 저절로 생겨난 세상은 고통으로 가득 차 있다고 보았다. 붓다에 따르면, 인간의 삶이란 자신은 원하지도 않았는데 저절로 세상에 태어나서 고통스럽게 살아가야 하는 어떤 것이다.

  붓다는 다음과 같은 방법으로 이를 극복해야 한다고 설명하였다.

첫째, 고통의 문제를 극복하기 위하여 결코 신이나 외부적인 힘을 의지하지 말아야 한다.

둘째, 고통의 원인이 인간 내면의 욕망, 즉 갈애와 집착임을 인식하여야 한다.

셋째, 자신의 욕망을 제거하기 위하여 거룩한 삶을 살아야 한다.

붓다는 고통스러운 세상을 살아갈 때 외부의 힘, 즉 초월적인 존재를 의지하지 말라고 한다. 특별히 감각적 쾌락을 추구하려는 욕망을 통해 겪게 되는 정신적인 고통을 인간 스스로 해결하라고 말한다. 고통의 원인이 되는 자신의 욕망을 스스로 제거하여 거룩하게 살라고 하는데, 이를 무신론적 도덕 철학이라고 말할 수 있다.

그렇다면 붓다와 계몽주의 철학 사이에 상이점은 무엇일까? 붓다는 이 세상을 살기 좋은 세상, 즉 파라다이스로 만들고자 했던 현대 계몽주의의 진보적인 세계관을 지향하지 않는다. 과학 기술에 의존하여 육신의 고통이 없는 안락하고 편안한 세상을 만들고자 했던 유토피아 사상은 붓다의 가르침과는 정반대이기 때문이다.

붓다가 추구하는 바는 각 개인의 정신적인 평안이었다. 붓다는 물리적인 수단을 이용하여 이 세상을 육신적으로 편안하고 안락하게 만드는 것에는 관심을 두지 않았다. 오히려 붓다는 육신적으로 안락한 세상을 멀리하였다. 붓다가 중요하게 생각한 것은 인간의 내면이다. 붓다는 삶을 정신적인 고통(번뇌)으로 규정했기 때문에, 고통의 원인을 제거하는 것에 주안점을 두었다. 고통의 원인은 인

간의 내적인 욕망이므로 이것을 제거하면 모든 문제가 풀리는 것으로 보았다.[150]

붓다가 말하는 극락, 곧 유토피아는 이 세상에서 우리가 취할 수 있는 육신적인 안락함이 아니라 내적인 평안을 말한다. 붓다가 바라는 유토피아는 신분이나 계급의 차별 없이 모두가 평등하게 사는 것이고, 세속적인 쾌락이나 즐거움을 추구하는 것이 아니라 도덕적이고 거룩한 삶을 살아가는 것이다. 이것을 위해서 각자가 모든 소유와 욕구에서 벗어나 정신적인 자유와 해방을 누리길 원했다. 그러니까 현대 계몽주의가 지향하는 유토피아 사상과 붓다가 바라던 이상적인 세상은 전혀 다른 차원이다.

150 Y. Karunadasa, *Early Buddhist Teachings*, Wisdom Publications, 2018, p.73.

근현대 철학은 종교를 어떻게 바라볼까?

　신의 존재를 부정하는 입장에서 보면, 종교란 이해할 수 없는 영역이다. 종교가 가진 초월적인 속성을 현실에서 수용하기가 어렵기 때문이다. 그래서 일부 심리학자들은 종교가 나약한 심성을 가진 사람들을 미혹한다고 주장하기도 하고, 혹자는 종교가 사람을 내세에만 몰두하게 하여 현실 세계를 등한시하도록 만든다고도 말한다. 실제로 사람들은 자신들이 감당할 수 없는 고통에 직면할 때마다 천국이나 극락과 같은 종교적 환상을 만들어 낸다고 주장한다.

　교회의 가르침과 상충하는 자연법칙을 발견함으로써 갈등을 일으킨 사람은 코페르니쿠스나 갈릴레이와 같은 과학자들이었다. 그들은 천동설의 오류를 지적하며 지동설을 주장하였다. 천동설은 지구 중심설로 지구는 중심축으로 고정되어 있고, 태양이나 달 등 행성들이 규칙적으로 지구 주변을 돈다는 고대 천문학설이다. 하지만 지동설이 코페르니쿠스에 의해 제기되고 갈릴레이에 의해 확증되면서 천동설은 무너지게 되었다. 이러한 과학적 사실의 변화는 철학과 신학의 엄청난 변화를 불러일으켰다. 지동설에 대한 과학적 증명은 그동안 교회가 가르쳐 온 하늘에 있는 초월적인 신이나 천국에 대한 성경적 가르침을 의심하게 하였다. 이러한 의심은 곧 성경에 나오는 기적과 같은 초자연적인 사건들을 과학적으로 검증되지 않는다는 이유로 거부하게 만들었다. 동정녀 탄생이나 부활 등의 기적들을 단지 신화로 취급하거나 허구, 즉 인간이 지어 낸 이야기로만 받아들이게 했다.[151]

이런 일련의 변화를 통해 중세 1,000년 동안 신학의 시녀 노릇을 해 오던 철학이 이제는 독립하게 되었고, 더 나아가 과학적이고 합리적인 입장에서 교회와 성경의 가르침을 공격하고 비판하게 된 것이다. 초월적인 신의 존재와 사후 세계는 더 이상 근대인들의 관심 영역이 될 수 없었고, 우리가 사는 이 세상(우주와 자연)과 인간 자신이야말로 철학과 신학의 관심사가 되었다. 특별히 인간의 이성, 양심, 감정, 의식 등 인간 자체에 관한 관심이 폭발하게 된 것이다.

17-18세기에 들어서자 근대인의 종교적 관심 영역은 초월적인 신이 아니라 자연 그 자체가 되었다. 그 가운데서 인간에 관한 관심이 가장 중심적이고 절대적이었다. 인간의 이성이 압도적인 위치를 차지했고, 그 외에 인간의 양심, 감정, 의식 등이 신의 자리를 물리치고

---

151 낸시 피어시, 《완전한 진리》, 홍병룡 역, 복있는사람, 2006, 197쪽.

종교적인 관심의 대상이 되었다.

스피노자(Spinoza)는 인간이나 자연을 신의 자리로 올려놓은 계몽주의 초기의 유대인 철학자다. 그는 세상의 모든 것이 하나요 신도 세상도 하나라고 말한다. 이는 붓다의 연기론과 동일한 주장이다. 만물은 오로지 자연 안에서만 존재하며, 생성하는 모든 것도 오직 자연의 무한한 가능성 안에서 생성된다는 것, 즉 자연이 곧 신이라는 주장이다. 자연과 떨어져 독립적으로 존재하는 초월적인 신은 존재하지 않는다. 이러한 범신론은 신도 자연의 일부에 불과하다는 무신론이다. 그는 천사는 환상이며 영혼은 생명체 안에서만 존재한다고 주장하다가 유대 교회에서 파문당하였다.

초월적인 신을 외면하고 인간 세상 안에서 신을 바라본 사람은 독일 철학자 임마누엘 칸트(Immanuel Kant)였다. 헤겔에게 지대한 영향을 준 것으로 알려진 그는《이성의 한계 안에서의 종교》라는 책에서는 기독교에서 가르치는 '신의 섭리'나 '기적'과 같은 초자연적 현상을 다루지 않았다. 그는 오로지 인간의 윤리적 필요나 사회 질서 유지를 위해 신의 존재가 필요하다고 말했다. 칸트는 하나님이나 사후 세계 등과 같은 형이상학적 실재들은 우리의 이성으로서는 알 수 없다고 주장하였다. 그러나 한편으로 그는 신이나 사후 세계를 부정할 때 생기는 현실적인 문제를 고민하였다. 그는 사후 세계를 부정하면, 인간의 선하고 윤리적인 삶이 의미가 없어지는 것과 그로 인해 사회 질서를 유지하기 어려워진다는 사실을 염려하였다. 그러므로 칸트는 개인의 선한 삶이 보상받기 위해 사후 세계는 당연히 있어야 한다고 주장했다. 결국 그는 사후 세계를 가능케 하는 신의 존재를 요청할 수밖에 없었다. [152]

인간이 이생의 삶을 살아가면서 자신이 쌓은 덕행에 대한 보상을 받고 행복한 삶을 누려야 하는데, 실제로는 그렇지 못하다. 더구나 모든 인간사가 권선징악의 올바른 귀결로 돌아가는 것을 볼 수 있을 만큼 오래 사는 것도 아니다. 그래서 이것을 보완하기 위해서는 죽어서라도 올바른 판결과 그에 따른 보상을 받는 사후 세계가 반드시 있어야 한다는 것이 칸트의 입장이다. 이를 위해서 사후 세계를 보장할 권능 있는 존재가 필요하다. 이런 면에서 칸트가 말하는 하나님은 이와 같은 인간의 필요로 인해 요구된 초월적인 존재인 것이다. 물론 칸트가 신의 존재를 믿지 않는 것은 아니다. 신에 대한 칸트의 입장은 신은 초월적인 존재이기에 유한한 인간이 이해할 수 없다는 것이다.

근대 신학의 아버지라 불리는 독일 신학자 프리드리히 슐라이어마허(Friedrich Schleiermacher)에 따르면, 종교는 헤겔이 주장하는 이성이나 칸트가 생각하는 도덕적인 행위가 아니다. 슐라이어마허는 종교는 인간 내면에 있는 감정이라고 주장했다. 즉 종교는 인간 내면에서 우러나오는 '절대 의존의 감정'이라는 것이다. 이는 하나님의

---

152 니니안 스마트, 《종교와 세계관》, 김윤성 역, 이학사, 2000, 178쪽.

살아 계심을 인간의 감정을 통해서만 느낄 수 있다는 것이다. 이는 근대 철학자들이 더 이상 초월적이고 초자연적 존재를 종교의 대상으로 삼지 않고, 이제는 인간의 감정, 의식, 이성, 양심 등으로 종교의 내용을 대체했다는 것을 의미한다.

재미있는 것은 슐라이어마허의 입장에 대한 헤겔의 반응이다. 슐라이어마허가 "종교는 절대 의존의 감정"이라고 주장하자 헤겔은 그렇다면 "개가 가장 종교적인 동물일 것"이라고 응수했다. 헤겔은 인간 내면에 있는 신에 대한 감정이나 의식조차도 거부한 것이다. 그는 유물론자 마르크스와 포이어바흐에 영향을 미친 현대 계몽주의가 낳은 최고의 철학자다. 헤겔은 이성, 곧 인간의 정신을 신으로 보았다. 그가 말한 종교의 주체가 곧 인간의 정신이었던 것이다. 헤겔은 초월적인 신을 부정하고, 인간의 이성(정신)을 신의 모습이라 생각했다. 이는 종교를 철학으로 대체한 것으로 볼 수 있다. 세상의 모든 것을 초월하려는 인간의 정신이야말로 신(神)적인 것이다. 이것은 바로 합리적인 사고를 말한다. 이처럼 헤겔의 철학이 인간의 이성과 합리적인 사고를 매우 중시한다는 면에서 객관적이고 합리적인 사고로 진리를 이해하려는 붓다의 사상과도 일맥상통한다고 볼 수 있다.

"그러나 해탈은 허망한 것이 아니다. 성자들은 이것을 진리로 알고 있다. 그들은 진리를 깨달았기 때문에, 쾌락에서 벗어나 평안에 들어간 것이다"(Stn. 758).

붓다가 말하는 열반은 진리를 이성적으로 이해할 때 얻게 되는 결과다. 붓다는 과학적이며 이성적으로 수용할 수 있는 사실만을 받아들이는 합리주의자다. 그래서 영적이고 신비한 체험을 객관적인 진리로 받아들이기를 거부했던 것이다. 사문이나 힌두교 수행자들이 행하는 명상 수행은 신과의 합일을 추구하는 과정에서 황홀경과 같은 신비한 체험을 수반한다. 하지만 붓다는 이러한 신비 체험을 과학적으로는 인정할 수 없다는 이유로 부정하였다. 붓다에게 있어서 이들의 신비 체험은 몇 시간 혹은 길어야 겨우 며칠 동안만 현실을 도피하는 심리적인 경험일 뿐이기 때문이다. 더 나아가 이러한 신비 체험이 윤회를 벗어나게 하는 지식이나 도구가 될 수 없다고 생각했다.[153]

포이어바흐는 마르크스에게 영향을 준 무신론 철학자다. 그에게 있어 신이란 인간이 자신의 소원이나 꿈을 이루기 위해 필요로 하는 존재이다. 하지만 신의 정체는 상상을 통해서라도 대리 만족을 느끼길 원하는 인간의 꿈이요 소원에 불과하다는 것이다. 포이어바흐는 그의 저서 《기독교의 본질》에서 신은 인간이고 인간은 신이라고 주

---

153 Charles Prebish and Damien Keown, *Introducing Buddhism*, Routledge, 2010, p. 33.

장한다.[154] 공산주의 이론의 창시자인 마르크스 역시 종교를 가리켜 '인민의 아편'이며 환상적 행복이라고 말한다. 왜냐하면 종교는 인간의 환상이 만들어 낸 거짓된 신비라고 보기 때문이다.

이처럼 과학 혁명 시대인 17세기를 지나 18세기 계몽주의 시대에 이르러 과학적 합리성이 본격적으로 모든 학문의 토대가 되었다. 이에 따라 모든 가치관과 프레임들은 권위적인 종교의 세계관에서 벗어나 이성적이고 인간 중심적인 철학으로 이루어졌다. 17세기에서 20세기 초에 이르는 현대인들의 세계관은 다음과 같이 주장된다.

> 근대에서 우리의 구원자는 바로 우리 자신이다. 진보는 세계사와 구속사 속에서 불가항력적이고 불가피하게 일어난다. 이 진보의 행진을 통해 우리는 자신을 구원한다. 우리 자신이 우리의 구원자라는 것, 이것이 모더니티(근대성 혹은 근대주의)의 역사적 자신감의 요체이다.[155]

근대는 인간이 과학과 기술을 통해 세계를 통제하고 경영하는 시대이고, 그 주체가 인간이라고 함으로써 신의 자리에 인간이 대신 서게 된 것이다. 그리고 인간 스스로 인간을 구원할 수 있다는 믿음

154 김종서, 《종교사회학》, 서울대학교출판부, 2005, 12-13쪽.
155 리차드 미들턴·브라이언 왈시, 《포스트모던 시대의 기독교 세계관》, 김기현·신광은 역, 살림출판사, 2007, 38쪽에서 재인용.

이 근대의 자신감이라 하였다.

계몽주의 시대부터 근대에 이르기까지 신을 부정하고, 모든 인간의 존재와 의미는 인간 스스로의 내면에서 찾아야 한다는 일련의 철학적 사유는 놀랍게도 붓다의 무신론적 사상과 별반 다르지 않다. 붓다는 인간이 신처럼 죽음을 초월할 수 있다고 주장하여 인간이 신적인 존재가 될 수 있음을 암시하였다(Stn. 727, 730).

붓다는 인간의 어리석음 때문에 윤회의 고리에서 벗어나지 못하고, 마치 삶과 죽음이 반복되는 것처럼 믿는다고 보았다. 만일 인간이 지혜(무아론, 인생무상)를 얻으면 윤회의 고리를 끊고, 윤회의 속임수에서 벗어난다는 것이다. 즉 신처럼 정신적으로 자유로운 존재가 된다는 것이다. 이는 더 이상 있지도 않은 사후 세계에 현혹되지 않고, 죽음에 대한 두려움이나 쾌락을 추구하려는 욕망에서 벗어나 아무런 정신적 고통 없이 이생에서의 삶을 살아가는 초인(Übermensch)이 되는 것을 말한다. 이런 면에서 붓다의 사상은 현대 철학 가운데 무신론적 실존주의와 가장 유사하다고 볼 수 있다. 특별히 니체가 붓다의 사상을 대부분 받아들인 것으로 보인다.

무신론적 실존주의는 신의 존재를 부정하는 자세(무신론), 신의 존재를 자연이나 우주와 동일시하는 자세(범신론), 더 나아가 인간의 출생이 초월자의 선물이 아니라 우연히 던져진 것으로 보는 허무주의적 삶의 자세에서 비롯된다. [156] 그러나 무신론적 실존주의자들은 인생이 의미가 없다고 해서 쾌락에 탐닉하는 향락주의에 빠지거나 현실을 외면하고 자신에게만 집중하는 현실 도피를 하지 않는다. 의미 없는 현실에서도 실존의 중요성과 인간의 자율성 및 자유에 주목한다. 왜냐하면 신이 존재하지 않으므로 인간은 완전히 자유로운 존재라고 생각하기 때문이다. 이처럼 신이나 정해진 운명으로부터 자유로운 인간은 죽음으로 끝나는 허무한 세상을 초월할 수 있는 정신적인 능력, 즉 자기 초월성을 가졌다는 것이다.

"신은 죽었다"라는 말을 남긴 니체[157]는 무신론적 실존주의의 선구자라고 할 수 있다. 그는 삶이란 목적이 정해져 있는 것이 아니며 이를 주관하는 초월자도 없다고 말하면서 삶의 본질은 허무한 것이라 하였다. 그러나 허무하다고 해서 무가치하게 살아서는 안 되며 도덕적이고 거룩한 생활을 통하여 값진 인생을 만들어야 한다고 했다. 그가 지향하는 삶은 허무함을 외면하지 않고 적극적으로 대면하여 무로써 무를 극복하고 능동적으로 운명을 받아들이는 것이다. 니체가 말하는 초인은 "인간의 불완전성이나 제한을 극복한 이상적

---

156 카알 야스퍼스, 《철학적 신앙》, 신옥희 역, 이화여자대학교출판문화원, 1979, 136쪽.
157 니체는 세계의 본질과 인간의 궁극적 욕망을 '권력에의 의지'라고 주장했다. 인간의 가장 높고 고상한 삶에로의 의지는 퇴폐적이고 허무적이고 연약한 삶에로의 의지가 아니라 전투적 의지, 힘에로의 의지다. 반면, 일체의 형이상학이나 도덕 체계, 영원한 이념이나 피안의 세계는 망상이나 환각에 불과한 것이다. 선과 악의 윤리적 개념은 객관적 사실을 나타내는 것이 아니라 선은 권력의 충족을, 악은 권력의 부족을 가리키는 것이다. 강자가 약자를, 승자가 패자를, 지배자가 피지배자를 지배하는 것이 본래의 가치 체계다. 또한 현실 세계 외에 또 다른 차원의 세계가 있다고 믿는 것은 생의 의지의 퇴폐적 모습이다.

인간"이다. 즉 초인은 "신을 대신하는 모든 가치의 창조자로서 풍부하고 강력한 인생을 실현한 사람"이다.[158] 이런 면에서 니체는 능동적 허무주의자이며 붓다의 사상을 가장 많이 받아들인 현대 무신론적 철학자라 할 수 있을 것이다.[159]

한편, 니체를 비롯한 근대 철학자들이 불교를 이해하는 데 큰 영향을 준 철학자가 있는데, 그가 바로 염세주의 철학자로 잘 알려진 쇼펜하우어(Schopenhauer)다. 그는 1820년경에 동양학자 프리드리히 마이어(Friedrich Majer)를 통해 힌두교와 불교를 처음으로 접하게 되었다. 쇼펜하우어는 아주 오래전 동양의 사상가들, 특별히 붓다가 서양과는 전혀 다른 환경, 언어, 문화 속에서도 근대 서양 철학이 내린 결론에 이미 도달했음을 알게 되었다고 한다. 이러한 놀라운 발견으로 그는 동양 철학의 세련됨과 서양 철학과 동양 철학 간의 유사성을 책에서 밝히게 되었다. 쇼펜하우어는 불교에 기반한 그의 철학과 서양 철학을 접목시켜서 자신만의 독창적인 철학을 펼쳤다.

붓다의 사상과 쇼펜하우어의 연관성에 대해서는 앞으로 출간할 책, 《쇼펜하우어는 현대판 붓다인가?》에서 자세하게 다루고자 한다.

---

158 니체는 초인에 대칭되는 사람을 말인(Letzter Mensch)이라 칭하였는데, 말인은 "자기를 초월할 능력도 없고, 창조적 생명력도 잃어버린 채 쾌락에 빠져 있는 사람"을 의미한다. 이러한 니체의 초인 사상은 그의 저서 《차라투스트라는 이렇게 말했다》에서 언급된 것으로 그는 초인의 구체적인 예로서 차라투스트라를 제시했다. 이런 면에서 차라투스트라는 기독교의 하나님을 대체하는 인류의 지배자이자 민중이 따르고 복종해야 할 지도자인 것이다. - Anthony C. Ojimba and Bruno Yammeluan Ikuli, "Friedrich Nietzsche's Superman and Its Religious Implications", *the Journal of Philosophy, Culture and Religion*, Vol. 45, 2019, p.17-24.
159 〈인터넷 철학 사전〉, 〈두산백과 두피디아〉 참조.

제8장

예수와 붓다의 대화는
가능한가?

기독교의 세계관과 붓다의 사상은 서로 전혀 다른 차원이다. 기독교는 유신론, 유아론, 신본주의 등을 바탕으로 사후 세계를 믿는 초월적인 세계관이고, 붓다의 사상은 무신론, 무아론, 인본주의 등을 바탕으로 사후 세계를 부정하는 합리적이고 과학적인 사고 체계로 너무나 대조적이다. 신기한 것은 정반대 성향의 두 종교가 한국에서 가장 큰 영향력을 가지고 있다는 것이다. 표면에 드러나는 커다란 갈등 관계는 보이지 않지만, 서로 간의 이질감과 배타적 감정이 있는 것은 사실이다.

본 장에서는 과연 기독교와 불교가 서로 다른 세계관을 극복하고 공통분모를 찾음으로써 예수와 붓다가 대화할 수 있을지를 알아보고자 한다.

예수와 붓다의 가르침은 무엇이 비슷한가?

마음속의 욕망이 고통의 원인이다

고통은 인간 삶에 대한 불만족스러운 상태를 경험하는 것으로, 살아있는 사람이라면 누구나 이것을 피할 수 없다. 고통은 인류가 공통으로 경험하는 실존적인 현상이다. 그러나 종교인들 특히 기독교인과 불교인들은 이 고통에서 벗어나 자유를 누릴 수 있다고 말한다. 이를 기독교에서는 '구원'이라 말하고, 불교에서는 '해탈'이라고 말한다.[160]

고통의 문제를 잘 다루기 위해서는 먼저 고통을 만들어 내는 마음에 관해 알아야 한다. 진정한 고통은 마음에서부터 시작되기 때문이다. 그래서 예수와 붓다는 고통의 원인이 인간의 내면에 있다고 가르쳤다.

---

160 Heinrich Dumoulin, *Christianity meets Buddhism*, Open Court Pub Co, 1974, p. 82.

예수는 외적인 모습이나 행동들보다도 마음이나 생각을 강조했다. 즉 마음의 의지나 동기의 순수성이 행동 그 자체보다 더 중요하다고 보았다.

입으로 들어가는 모든 것은 배로 들어가서 뒤로 내버려지는 줄 알지 못하느냐 입에서 나오는 것들은 마음에서 나오나니 이것이야말로 사람을 더럽게 하느니라 마음에서 나오는 것은 악한 생각과 살인과 간음과 음란과 도둑질과 거짓 증언과 비방이니 이런 것들이 사람을 더럽게 하는 것이요 씻지 않은 손으로 먹는 것은 사람을 더럽게 하지 못하느니라(마 15:17-20).

예수는 모든 더럽고 악한 것들은 인간의 마음에서 나온다고 하였다. 입으로 들어가는 것은 사람을 더럽게 하지 못하지만, 마음에서 나오는 것이 사람을 더럽게 하니 인간의 마음이란 악하고 더러운 것이라 하였다.

이러한 마음에 관한 예수의 가르침에 붓다가 전적으로 동의할 것이라 본다. 왜냐하면 붓다 역시 마음에 관한 가르침을 가장 중요하게 여겼기 때문이다. [161]

161 Elizabeth Harris & P Schmidt-Leukel, "Human Existence in Buddhism and Christianity: A Christian Response" in *Buddhism and Christianity in Dialogue: The Gerard Weisfeld Lectures 2004*, University of Birmingham, 2005, p. 42-43.

지붕 잇기를 촘촘히 하면 비가 내려도 새지 않는 것처럼 마음을 단단히 거두어 가지면 탐욕이 뚫고 나오지 못한다(법구경 014).

언제나 바른 생각으로 일어나 있으면 행실은 깨끗하고 악은 사라지게 된다. 스스로 억제하여 법(法)으로 살면 범함이 없어 좋은 이름을 더한다(법구경 024).

예수와 붓다는 사람이 청결한가 청결하지 않은가의 문제는 외적인 행위나 종교적인 의식이 아닌 마음의 선한 의도에 달렸다고 가르쳤다. 이같이 예수와 붓다는 마음의 문제를 다룬다는 면에서 전적으로 일치한다. 더 나아가 인간 내면의 탐욕 혹은 갈망이 그 모든 정신적인 고통의 원인이라는 데에도 서로 동의할 것이다. 붓다는 탐욕은 감각적인 쾌락에 대한 욕망으로서 괴로움을 일으키는 직접적인 원인이라 하였다. 성경도 이에 전적으로 동의한다.

오직 각 사람이 시험을 받는 것은 자기 욕심에 끌려 미혹됨이니 욕심이 잉태한즉 죄를 낳고 죄가 장성한즉 사망을 낳느니라(약 1:14-15).

성경은 사람의 죄는 마음에서 시작된다고 말한다. 마음에 욕심이 생기고 이것을 멈추지 못하면 죄가 된다. 죄가 커지면, 결국 죽음에 이른다고 말한다. 이와 반대로 탐욕, 곧 마음속의 욕망을 제거하면, 시험이나 정신적인 괴로움은 저절로 사라진다. 이런 면에서 예수는 마음이 깨끗하고 순수해야 한다고 거듭 강조하였던 것이다.

심령이 가난한 자는 복이 있나니 천국이 그들의 것임이요 (마 5:3).

마음이 청결한 자는 복이 있나니 그들이 하나님을 볼 것임이요(마 5:8).

마음을 지키지 못하는 것은 곧 죄와 연결된다. 예수는 "누구든지 나를 따라오려거든 자기를 부인"(마 16:24)하라고 말했는데, 이는 욕망으로 가득 찬 자아 중심적인 사고가 죄로 이어질 수 있음을 보여주는 것이다.

붓다 역시 마음을 비우고 욕망을 제거해야 정신적인 고통이 사라진다는 사실을 강조하면서 마음의 의도나 동기가 순수해야 하고, 생각과 행위가 일치해야 한다고 가르쳤다. [162]

욕망은 실로 그 빛깔이 곱고 감미로우며 우리를 즐겁게 한다.

---

162 Mahinda Palihawadana, "A Theravada Buddhist Idea of Grace?" in *Christian Faith in a Religiously Plural World*, edited by Donald Dawe, Orbis, 1978, p. 182.

그러나 한편 여러 가지 모양으로 우리의 마음을 어지럽힌다. 욕망의 대상에는 이러한 근심 걱정이 있는 것을 알고, 무소의 뿔처럼 혼자서 가라(Stn. 50).

마음속의 다섯 가지 장애물을 벗어 던지고 온갖 번뇌를 버리고 어느 것에도 의지하지 않으며 욕망의 고리를 끊어 버리고, 무소의 뿔처럼 혼자서 가라(Stn. 66).

결국 기독교와 불교는 인간의 현주소, 즉 실존에 관하여 공통적인 면을 보인다. 인생에서 가장 중요한 것은 마음이며 그 마음을 지키는 것이 인생을 구원하는 첩경이라는 것이다.

이 세상은 마음에 의하여 이끌려진다. 마음에 의해 세상은 이리저리로 끌려다닌다. 마음은 세상을 다스리고 통제하는 유일한 것이다.[163]

예수와 붓다는 마음을 지키지 못하면, 고통이 뒤따른다는 주장에서 일치한다. 고통에서 벗어나려면 자아 중심적인 사고(마음)에서 벗어나야 한다는 것이 예수와 붓다의 공통적인 가르침이라 할

---

163 Bhikkhu Bodhi, *Connected Discourse of the Buddha*, Wisdom Publications, 2003, p. 130.

수 있다.[164]

이러한 공통적인 가르침에도 불구하고 분명한 차이가 있다. 붓다의 가르침에는 이 세상에 영원히 존재할 진정한 나, 곧 자아(영혼)가 없다. 그런데도 사람들은 영원한 자아가 존재한다고 믿으면서 그 자아를 삶의 중심에 놓는 어리석음을 범한다는 것이다. 붓다는 이를 망상(Delusion)이라고 불렀다.[165] 이와 반대로 예수는 영원한 자아(영혼)가 존재한다고 가르쳤다. 그러나 그 자아의 중심은 내가 아닌 하나님이 되어야 한다는 것이다. 그래서 삶의 중심에 하나님을 모셔야 한다고 가르쳤다. 이런 식으로 자아에 대한 기독교와 불교의 입장은 너무나 다르다. 자아에 대한 이상과 목표와 양식의 차이가 크다. 불교적 입장에서는 고통의 원인 혹은 뿌리는 인간 내면에 잠재한 욕망이고, 그 욕망의 원인은 무지다. 반면에 기독교적 입장에서는 하나님의 뜻을 저버린 인간의 죄가 그 원인이다. 그 해결 방

---

164 엘리자베스 해리스(Elizabeth Harris)에 따르면, 예수와 붓다, 둘 다 인간의 실존적인 문제에 답을 주었다는 면에서 비슷하다. 불교에서의 인간은 자기 내면의 탐욕, 증오 그리고 망상을 통해 자신이 스스로 만든 감옥에 갇혀 있다. 하지만 붓다는 온 우주를 떠받들고 있는 법과 진리 그리고 지혜의 구현으로서 인간들이 스스로 만든 감옥에서 나오도록 지혜를 가르쳤다. 기독교적 입장에서 볼 때 인간은 신을 떠나 죄 가운데 빠진 상태다. 하지만 예수는 인간을 죄에서 구원할 하나님의 말씀의 구현으로서 죄에 빠진 인간을 하나님과 화해시키고 속죄하였다. 결과적으로 예수와 붓다는 그들이 처한 시대의 사람들과 교감하면서 그들의 종교적 상황에 맞는 가르침을 발전시켰다는 것이다. 그러므로 초기 불교의 경전을 가장 잘 이해하려면, 브라만교 전통과 논쟁을 벌이고 있는 붓다의 종교적 상황을 잘 파악해야 한다. 이와 똑같이 신약의 복음서를 잘 이해하려면, 유대교 전통과 논쟁하는 예수를 잘 파악해야 한다는 것이다. Elizabeth Harris & P Schmidt-Leukel, "Human Existence in Buddhism and Christianity: A Christian Response" in *Buddhism and Christianity in Dialogue: The Gerard Weisfeld Lectures 2004*, University of Birmingham, 2005, p. 37-38.
165 Ibid, p. 33-34.

안으로 붓다는 무아의 깨우침을 통해 해탈하라고 가르치고, 예수는 각자 자기 죄를 고백하고 죄를 구속할 구세주인 예수 자신을 믿으라고 가르친다.[166]

이처럼 기독교와 불교는 인간의 가장 근본적인 문제로 자아 중심성을 한목소리로 지적하면서도 자아 중심성의 문제에 대한 처방이나 해결 방법은 각기 다른 것을 제시한다.[167] 자아 중심성에 대한 기독교적 처방은 자아로부터 죄의 짐을 제거해 주는 것인데, 이는 예수 그리스도의 고난과 죽음을 통해 죄를 대속 받음으로써 이루어진다. 이와 달리 불교적 처방은 사람이 움켜쥘 만한 영원한 자아란 실재하지 않는다는 사실을 깨닫게 한다. 결국 죄(업보)나 윤회의 근거가 되는 영혼이 없다는 사실을 깨우치라는 것이다. 이런 면에서 예수는 구세주로 인식되고, 붓다는 해탈의 길을 가르치는 선각자로 인식된다.[168]

이 땅에서도 마음속 평안을 얻을 수 있다

첫째, 불교는 깨달음으로 얻는 평안을 말하고, 기독교는 은혜로

166 op. cit. p. 29-52.
167 Kiyoshi Tsuchiya, "Response to Elizabeth Harris" in *Buddhism and Christianity in Dialogue: The Gerard Weisfeld Lectures 2004*, University of Birmingham, 2005, p81.
168 John Makransky, "Buddha and Christ as Mediators of the Transcendent: A Buddhist Perspective" in *Buddhism and Christianity in Dialogue: The Gerard Weisfeld Lectures 2004*, University of Birmingham, 2005, p. 177-78.

얻는 평안을 말한다. 기독교나 불교나 마음의 평안을 매우 중요시
한다. 죄나 욕망은 마음에서 싹트므로 마음을 바로잡으면 이것들에
서 벗어날 수 있기 때문이다.

붓다는 진리를 이해하고 깨우침으로써 마음의 평안을 이룰 수 있
다고 가르쳤다. 그에게 있어 마음의 평안은 곧 열반이다.

이 세상에서 모든 욕망을 초월하고, 극복하기 어려운 집착을
넘어선 사람은 거센 흐름에 떠내려가지도 않고 얽매이지도
않는다. 걱정하지 않고 누군가를 좋아해 애태우지도 않는다
(Stn. 948).

붓다는 마음의 평안을 이루면 휩쓸리지 않고 매이지도 않으며
근심과 걱정이 없어진다고 하였다. 이는 현실적인 걱정에서 벗어
나는 것이다.

예수도 성도들이 누릴 수 있는 평안을 약속하였다.

너희는 마음에 근심하지 말라 하나님을 믿으니 또 나를 믿으
라(요 14:1).
평안을 너희에게 끼치노니 곧 나의 평안을 너희에게 주노라
내가 너희에게 주는 것은 세상이 주는 것과 같지 아니하니라

너희는 마음에 근심하지도 말고 두려워하지도 말라(요 14:27).

예수도 붓다도 마음의 절대적인 평안, 즉 평정심은 이 세상에서도 얻을 수 있다고 가르쳤다. 그러나 그 성취하는 방법은 서로 다르다. 붓다는 인간이 스스로의 의지로 감각적인 욕망을 뛰어넘어야 평정심을 얻을 수 있다고 말하지만, 예수가 말하는 평안은 인간이 스스로 만들어 낼 수 없다. 그것은 오직 하나님이 인간에게 주시는 선물로서 얻어지는 것이다. 예수와 붓다 모두 평안을 이야기하였지만, 예수는 초자연적으로 인간에게 주어지는 신비한 평안을, 붓다는 인간 스스로 마인드 컨트롤로 얻는 평정심을 말한 것이다.

둘째, 불교는 자아의 부정으로 평안을 얻고, 기독교는 신의 존재로부터 평안을 얻는다. 깨달음으로 얻는 평안과 은혜로 얻는 평안의 차이는 자아(영혼)와 신의 존재를 바라보는 세계관의 차이에서 비롯된다. 삶은 시작이 있고, 끝이 있다.

붓다에게 삶과 죽음은 자연의 이치이고, 서로 떼어 낼 수 없는 하나의 과정이다. 그러므로 붓다는 삶에 따르는 죽음의 과정을 그냥 그대로 받아들인다. 죽음으로 끝나는 인생을 거부하지 않고 자연의 이치나 법칙으로 받아들이는 것이 바로 해탈이다. 이는 연기론과 무아론을 깨우친 결과다. 바로 정해진 자연의 이치로서 자신의 죽음을 받아들이는 초연한 마음이 해탈의 경험이다. 이런 붓다의 입장은 영원히 존재하는 자아, 즉 영혼의 실재를 거부하면서 동시에 우주나 자연과 구별되어 따로 존재하는 초월적인 존재를 부정하는 무신론적 세계관을 보여 준다.

반면에 기독교는 삶을 죽음으로부터 구별하여 따로 떼어 놓는다. 죽음은 자연의 이치가 아니라 인간의 타락으로 인해 하나님이 내리신 징벌의 결과다. 바로 여기에 삶과 죽음 그리고 선과 악의 이분법적 세계관이 등장한다. 이제 예수를 통해 하나님의 사랑을 받아들인 자들은 영원한 생명을 약속받는다. 이는 영원히 존재하는 자아, 즉 영혼의 실재를 인정하면서 동시에 우주나 자연과 구별되어 따로 존재하는 초월적인 존재를 긍정하는 유신론적 초월주의 세계관이다. 곧 신과 인간의 개인적인 관계가 성립되는 것이다(요 15:1-16).

이러한 기독교나 힌두교의 유신론적 초월주의 세계관에 대해 붓다의 입장은 어떠한가? 붓다는 초월적 존재인 신과 개인적인 관계를 맺고, 그로 인해 영원한 생명까지 보장받으려는 시도를 자아에 사로잡힌 인간의 집착으로 보았다.[169] 불교는 삶의 궁극적인 목적이란 인간이 자기중심성에서 벗어나 자연 혹은 우주의 한 부분으로서 조화를 이루는 것임을 강조한다. 이는 인간의 삶은 우주의 수많은 사건 중 하나로 아주 흔한 사건들로 이루어진 한 편의 드라마일 뿐이라고 본다. 물론 기쁘고 행복한 경험들과 슬프고 고통스러운 경

---

169 Elizabeth Harris, "Response to Kiyoshi Tsuchiya" in *Buddhism and Christianity in Dialogue: The Gerard Weisfeld Lectures 2004*, University of Birmingham, 2005, p. 77.

험들로 가득 찬 드라마이긴 하지만, 세상은 개인의 삶에 무심하다
는 사실을 받아들이라고 한다. 인간은 죽음과 함께 육체도 영혼도
소멸되어 가는 존재에 불과하다. 이러한 자연의 이치를 인생무상과
무아론을 통해 초연해지거나 무심히 수용할 수 있다는 것이 바로 불
교의 입장이다. 이는 자기중심성을 벗어나 객관적 삼자로서 세상 속
의 자신을 바라보는 것이다. 이것이 바로 이 땅에서 불자가 경험할
수 있는 평정심이다. [170]

> "보라, 신과 세상 사람들은 내가 아닌 것을 나라고 생각하고,
> 그 이름과 형태에 집착해 있으면서 '이것이야말로 진리다'라고
> 생각하고 있다"(Stn. 756).
> 이름과 형태에 대해서 내 것이라는 생각이 전혀 없는 사람, 또
> 는 무엇인가 없다고 해서 근심하지 않는 사람, 그는 참으로 늙
> 지 않는다(Stn. 950).

붓다는 '나'라는 정체성을 바로 파악해야 한다고 말한다. 내가 아
닌 것을 나라고 오해하면서 집착하고 있다고 진단하고, 나란 실체
는 잠시 존재하다가 사라지는 유한한 것이므로 나라는 존재에 집착

---

170 Kiyoshi Tsuchiya, "Human Existence in Buddhism and Christianity: A Buddhist
    Perspective" in *Buddhism and Christianity in Dialogue: The Gerard Weisfeld
    Lectures 2004*, University of Birmingham, 2005, p. 54.

하는 것은 어리석은 일이며, 나를 부정할 때 평정심을 얻을 수 있다고 설명하였다.

예수 역시 '나'에 집착하는 것은 옳지 못하다고 하였다. 그러나 그 이유가 내가 사라질 유한한 존재여서가 아니다. 하나님과 나의 관계가 이루어지면, 하나님의 영이 나를 사로잡기 때문에 부정적인 자아가 사라지고, 평안과 자유를 누리게 된다(롬 8:1-6).[171] 과연 초월적인 존재와의 개인적인 관계가 인간의 자기중심성 내지는 이기심을 벗어나게 할 수 있을까? 키르케고르(S. Kierkegaard)는 인간이 초월적인 존재와 개인적인 관계를 맺음으로써 자기중심적 자아를 벗어날 수 있다고 주장한다. 그가 말하는 초월적인 존재는 기독교의 하나님이고, 하나님과의 개인적인 관계는 예수를 구세주로 믿을 때 가능하다는 것이다. 키르케고르는 인간 안에 영원한 영혼이 내재하며 그 영혼이 초월적인 영(성령)과 만날 때 일대 변혁이 일어난다고 설명한다. 이를 거듭남 내지는 중생이라 하는데, 자기중심적인 자아가 관계 중심적 자아로 변한다는 것이다.[172] 이는 새로운 삶이 시작되는 것이고, 인간의 영혼이 성령을 체험하면서 인격적인 변화가 일어나는 것이다. 이는 예수를 통한 하나님의 용서와 사랑이 자기 우월 의식과 피해 의식으로 가득 찬 자아를 부서뜨리고 새로운 영으로 태어나는 순간이다(요 3:3-8). 그러므로 이 땅에서 기독교인이 체

---

171 Ibid, p.80.
172 Ibid, p.68-71.

험할 수 있는 마음의 평안은 하나님의 용서와 사랑에 근거한 것이다. 이는 또한 자기중심성을 벗어나 하나님과 관계를 맺는 즐거움이나 행복을 말한다.

도덕적이고 거룩한 삶은 인간이 지향해야 할 이상적 삶이다

붓다는 감각적 쾌락의 욕망을 제거하는 삶, 거짓말하지 않고 남의 물건을 탐내지 않는 도덕적인 삶, 그리고 특별히 성욕을 제어하는 삶을 가르쳤다. 이를 올바른 행위와 올바른 생활이라 하였는데, 이를 통하여 거룩하고 청정하게 살아서 괴로움을 제거하라고 하였다.

예수도 청결한 삶을 가르쳤다. 하나님이 거룩하신 것처럼 인간도 거룩해야 한다고 말했다. "또 간음하지 말라 하였다는 것을 너희가 들었으나 나는 너희에게 이르노니 음욕을 품고 여자를 보는 자마다 마음에 이미 간음하였느니라 만일 네 오른 눈이 너로 실족하게 하거든 빼어 내버리라"(마 5:27-29a)라고 말하며 성욕을 철저히 다스릴 것을 요구하였다. 더 나아가 이렇게 거룩하게 생활하는 것이 하나님께 영광을 돌리는 삶이 된다고 하였다.

이처럼 예수와 붓다 모두 도덕적으로 거룩하게 살라고 가르쳤다. 그런데 그 방법은 완전히 달랐다. 예수는 "네 마음을 다하고 목숨을 다하고 뜻을 다하여 주 너의 하나님을 사랑하라 하셨으니 이것이 크고 첫째 되는 계명이요 둘째도 그와 같으니 네 이웃을 네 자신같이 사랑하라"(마 22:37-39)고 말하면서 두 계명을 지켜 행할 때 거룩하게 살 수 있다고 했다. 그리고 자신이 병자와 가난한 자와 창녀와 세리의 친구가 됨으로써 이웃 사랑을 실천해 보였다. 기독교인들은 늘 하나님을 의식하며 세상 사람들을 사랑으로 대해야 한다. 왜냐하면 자신의 선한 행실을 통해 세상 사람들이 하나님의 사랑을 느낄 수 있도록 해야 할 의무가 있기 때문이다(마 5:13-16).

그러나 붓다가 이야기하는 도덕적인 삶은 신을 의식하는 삶이 아니다. 그에게 거룩한 삶은 순전히 인간 자신의 필요에 의한 것이다. 이 세상에서 정신적인 고통에서 해방되고 싶다면 무소유의 거룩한 삶을 살라고 제시한다. 자신이 무가치하며 사라질 존재임을 깨닫고, 자기 내면에 있는 욕망을 제거하여 거룩한 삶을 살라는 것이다. '나'라는 정체성이 없으니 내 소유도 없는 것이고, 이에 따른 무소유의 삶은 정신적인 고통으로부터 해방되는 지름길이라는 것이다.

예수와 붓다 모두 선한 마음으로 이웃을 대하고, 스스로 도덕적으로 깨끗하고 거룩한 삶을 살라고 가르쳤다는 점에서 공통점이 있다. 하지만 예수는 하나님의 사랑에 대한 응답으로 이웃을 사랑하라고 했고, 붓다는 인생의 고통을 덜려면 욕망을 제거하고 올바로 행동하며 살라고 했다는 점에서 다르다.

예수와 붓다가 지향하는 삶은 무욕과 무소유다

물질에 대한 지나친 관심을 버리고 내면에 집중해야 한다는 것은 예수와 붓다가 공통적으로 강조한 것이고, 이에 이견이 없다고 본다. 그런데 물욕을 다스려야 하는 이유에서는 차이가 있다. 여기서는 예수와 붓다가 물질을 어떻게 바라보며, 물욕에서 벗어나야 하는 이유에 관해 어떻게 말하는지를 비교해 보고자 한다.

먼저, 예수는 물질에 마음을 두지 말라고 권한다.

> 너희를 위하여 보물을 땅에 쌓아 두지 말라 거기는 좀과 동록이 해하며 도둑이 구멍을 뚫고 도둑질하느니라 오직 너희를 위하여 보물을 하늘에 쌓아 두라 거기는 좀이나 동록이 해하지 못하며 도둑이 구멍을 뚫지도 못하고 도둑질도 못하느니라 네 보물 있는 그곳에는 네 마음도 있느니라(마 6:19-21).

예수는 이 세상을 살아가며 물질 모으는 일을 하지 말라고 권한다. 먼저, 현실적인 면에서 물질을 쌓아 두어도 "좀과 동록"과 "도둑"의 해를 입게 되어 결코 영원히 보관할 수 없다고 말한다. 또 정신적인 면에서는 "네 보물 있는 그곳에는 네 마음도 있느니라"(마 6:21)라고 지적하며 물질을 쌓아 두면 그것에 마음을 빼앗기게 된다고 경고한다. 마음을 빼앗긴다는 것은 생명을 빼앗기는 것과 같다. 그에게는 죄와 죽음이 따를 뿐이다.

성경은 이것을 다음과 같이 설명한다.

부하려 하는 자들은 시험과 올무와 여러 가지 어리석고 해로
운 욕심에 떨어지나니 곧 사람으로 파멸과 멸망에 빠지게 하
는 것이라 돈을 사랑함이 일만 악의 뿌리가 되나니 이것을 탐
내는 자들은 미혹을 받아 믿음에서 떠나 많은 근심으로써 자
기를 찔렀도다(딤전 6:9-10).

부자가 되려는 사람은 여러 가지 어려움에 부딪히게 되며 결국은
파멸에 이르게 된다. 돈에 마음을 빼앗기게 되면 하나님을 향한 마
음을 가질 수 없기 때문이다. 그래서 결국은 믿음에서 떠나 근심과
멸망의 길로 가게 된다는 것이다. 그렇기 때문에 예수는 우리가 하
나님과 재물을 겸하여 섬길 수 없다고 하였다(마 6:24; 눅 16:13).

붓다도 물질을 정신적인 고통을 불러오는 원인으로 지목한다.
물질이 감각적 쾌락의 대상이기 때문이다.

욕망은 실로 그 빛깔이 곱고 감미로우며 우리를 즐겁게 한다.
그러나 한편 여러 가지 모양으로 우리의 마음을 어지럽힌다
(Stn. 50a).

논밭, 집, 황금, 말과 소, 노비, 고용인, 여자, 친척, 그밖에 여러 가지를 탐내는 사람이 있으면, 온갖 번뇌가 그를 이기고 위험과 재난이 그를 짓밟는다. 마치 부서진 배에 물이 새어들듯이, 괴로움이 그를 따르게 된다(Stn. 769-770).

붓다는 물질은 욕망의 대상인데, 이것에는 감각적 쾌락이 있다고 했다. 감각적 쾌락은 다양하고 달콤하여 인간의 마음을 혼란스럽게 한다. 마음의 혼란은 집착을 가져오고 집착은 고통을 가져온다. 그러므로 고통을 피하려면 물질을 소유하고 싶은 마음을 버려야 한다는 것이다.

"사랑스럽고 즐거움이 되는 다섯 가지 욕망의 대상을 버리고 믿음으로 집을 떠나 고통을 없애는 사람이 되라"(Stn. 337).
아내도 자식도 부모도 재산도 곡식도, 친척이나 모든 욕망까지도 다 버리고, 무소의 뿔처럼 혼자서 가라(Stn. 60).
허공에는 어떠한 자취도 없고 사문에게는 다른 뜻이 없다. 세상은 모두 덧없고 붓다에게는 내 것이 없다(법구경, 255).

붓다는 마음을 지키기 위해서는 모든 것을 버리라고 말했다. 감각적 쾌락에 대한 욕망뿐 아니라 부모, 아내, 자식까지 가족을 전부

버리라고 하였다. 모두 아무것도 아니기 때문이다. 그래서 붓다는 무소유의 삶을 살았던 것이다.

예수 역시 가족이나 물질에 집착하지 말라고 했다.

> 이르시되 내가 진실로 너희에게 이르노니 하나님의 나라를 위하여 집이나 아내나 형제나 부모나 자녀를 버린 자는 현세에 여러 배를 받고 내세에 영생을 받지 못할 자가 없느니라 하시니라(눅 18:29-30).

예수는 그의 제자들에게 물질의 문제로 염려하거나 걱정하지 말라고 가르쳤다. 지금 당장 먹을 것과 입을 것이 없어도 걱정하지 말라는 것이다.

이같이 예수와 붓다 모두 물질에 마음을 두지 말라고 하는데, 심지어 가족조차도 버릴 수 있어야 한다고 가르쳤다. 두 사람 모두 무욕과 무소유의 삶을 강조하였다. 하지만 물질에서 벗어나야 하는 이유는 다르다. 붓다가 무소유를 강조하는 이유는 물질에 대한 집착을 없애고, 집착으로 인한 정신적인 고통으로부터 벗어나고자 함이다. 그래서 육체적으로 불편하고 힘들더라도 무소유를 그대로 유지해야 한다고 했다. 그런데 예수는 무소유의 삶을 살라고 하지 않았다. 기독교인은 무욕한 삶을 살아야 하지만, 무소유의 삶을 살아야 하는 것은 아니다. 왜냐하면 하나님이 세상적인 필요를 다 채워 주시기 때문이다(마 6:25-34).

예수는 아무리 작고 하찮아 보이는 존재라 할지라도 무소유의 삶을 살게 하지 않는다고 말했다. 오늘 피었다가 내일 없어지는 풀꽃도 옷을 입고 양분을 먹으며 생존하는데, 하나님이 공급해 주신 덕분이라는 것이다. 풀꽃의 필요를 채우시는 하나님이 인간의 필요에는 더 세밀하게 응답하실 것이라 했다. 그러므로 기독교인은 욕심에서 벗어나야 하지만, 무소유로 살아야 하는 것은 아니다. 예수는 하나님이 채워 주실 것을 믿고, 무욕으로 만족하고 살며 가진 것을 사랑으로 나누라고도 하였다(마 5:40-42). 이는 사도들을 통해 그대로 실천되었다.

믿는 사람이 다 함께 있어 모든 물건을 서로 통용하고 또 재산과 소유를 팔아 각 사람의 필요를 따라 나눠 주며 날마다 마음을 같이하여 성전에 모이기를 힘쓰고 집에서 떡을 떼며 기쁨과 순전한 마음으로 음식을 먹고(행 2:44-46).

예수의 제자들은 그의 가르침대로 무욕의 삶을 살았다. 그런데 그들은 무욕의 삶을 불편해하거나 힘들어하지 않고, 기쁨과 순전한 마음으로 살아갈 수 있었다고 기록하고 있다. 성경은 쉽게 변하여 믿을 수 없는 세상 것들에 의지하느라 정신적인 고통을 당하지 말라고 한다. 그리고 하나님을 믿고 모든 것을 맡긴 채 자족하는 삶을 살라고 당부한다.

> 그러나 자족하는 마음이 있으면 경건은 큰 이익이 되느니라
> 우리가 세상에 아무것도 가지고 온 것이 없으매 또한 아무것
> 도 가지고 가지 못하리니 우리가 먹을 것과 입을 것이 있은즉
> 족한 줄로 알 것이니라(딤전 6:6-8).

붓다도 재물은 탐욕의 대상이며 그로 인해 번뇌, 즉 정신적인 고통이 따라오기 때문에 재물욕에서 벗어나라고 가르쳤다.

> 배를 비우고 음식을 절제하여 욕심을 없애고 탐내지 말라. 욕
> 망을 버리면 욕심이 없어 평안하다(Stn. 707).
> 음식이나 옷을 얻더라도 너무 많아서는 안 된다. 또 그런 것을
> 얻을 수 없다고 해서 걱정해서도 안 된다(Stn. 924).

의식주는 인간의 삶에서 가장 기본적인 요소다. 이것이 없으면 육체를 지탱할 수 없다. 그런데 예수와 붓다는 입을 모아서 이것에 대해 염려하거나 충족시키기 위해 애쓰지 말라고 한다. 예수는 욕심을 버리고 무욕과 순전한 마음으로 하나님을 바라보면, 하나님이 채워 주신다고 가르쳤다. 반면에, 붓다는 스스로의 정신 건강을 위

해서 탐욕에서 벗어난 무소유의 삶을 실천하라고 하였다. 여기서 붓다는 신에 의해 자신의 필요가 채워지기를 바라는 기독교 신앙을 하나의 헛된 믿음이요 없애야 할 집착으로 생각할 것은 분명하다.

이렇듯 예수와 붓다는 물욕에서 벗어나는 방법이나 벗어나야 하는 이유가 전혀 달랐다. 하지만 두 사람의 가르침이 우리로 하여금 현대 사회의 고질병인 탐욕과 물질 만능주의의 문제에 정면으로 도전하게 한다는 면에서 일치한다.[173]

예수와 붓다는 계급이나 차별이 없는 이상적인 세상을 추구했다

인도는 카스트 제도가 현재까지도 관습적으로 유지되어 오고 있다. 이 뿌리 깊은 제도는 붓다 생존 당시에는 더없이 엄격하게 지켜졌다. 그리고 이것은 경전에도 명백하게 올라 있는 항목이다. 인도의 신분·계급 제도는 윤회 사상에 근거하여 제사장 계급인 브라만이 만들어 놓은 사회 질서다. 현세에 누리고 있는 모든 특혜는 전생에 쌓아 놓은 선업으로 인한 것이므로 정당성을 인정받는다. 그러나 붓다는 윤회 사상에 회의적이었고, 그것에 근거한 업사상을 통해 만

---

173 Elizabeth Harris & P Schmidt-Leukel, "Human Existence in Buddhism and Christianity: A Christian Response" in *Buddhism and Christianity in Dialogue: The Gerard Weisfeld Lectures 2004*, University of Birmingham, 2005, p. 52.

들어진 불평등한 계급 제도를 용납할 수 없었다.

> 바라문을 때리지 말라. 바라문은 그것을 되갚지도 말라. 바라
> 문을 때리는 것도 잘못이며 때린다고 어떻게 되갚으랴!
> (법구경. 389).
> "날 때부터 천한 사람이 되는 것은 아니오. 날 때부터 바라문
> 이 되는 것도 아니오. 오로지 그 행위에 의해서 천한 사람도
> 되고 바라문도 되는 것이오"(Stn. 142).

붓다는 태어날 때부터 천함과 귀함이 정해진 것이 아니라 행위로
정해지는 것이라 했다. 그는 있지도 않은 사후 세계를 근거로 한 업
사상으로 인해 전생과 현생 그리고 내세의 삶이 정해진다는 사실을
받아들일 수 없었다. 붓다는 진정한 브라만이란 특혜를 누리는 존재
가 아니라 자기중심적 사고를 버리고 물질에 얽매이지 않으면서 세
상의 욕심으로부터 자유로운 사람을 지칭하는 것이라 했다. 그러므
로 브라만은 출생으로 정해져서는 안 된다는 것이다.

> 악에서 벗어났기에 바라문이라 하고 바른 길로 들었기에 사문
> 이라 한다. 나의 모든 더러움을 버렸기에 집을 버렸다고 이르
> 는 것이다(법구경. 388).

집을 버리거나 집이 없는 두려움을 버리고 적게 구하여 욕심
이 없는 사람, 이를 일러 바라문이라 한다(법구경, 404).

붓다는 신분제 안에서 최상위를 차지한 자가 아니라 인격을 완성
하고 사람들에게 본보기가 되는 자를 브라만이라 일컬었다. 신분제
를 부정한 붓다는 만인은 평등하다고 믿었고, 신분이나 계급의 차
별은 잘못된 것으로 인식했다. 왜냐하면 붓다는 업 사상과 그로 인
한 윤회 사상을 긍정할 수 없었기 때문이다.

예수도 마찬가지로 신분제나 인종 차별을 부정했다. 예수는 이방
인과 피가 섞인 혼혈인들, 즉 사마리아 사람들을 차별하지 않았다.
예수는 우물물을 길으러 온 사마리아 여인에게도 복음을 전했다. 그
것도 남편이 다섯이나 있었던 여인에게 말이다(요 4:7-23). 그리고 로
마를 위해 세금을 징수하는 민족의 반역자 세리들에게도 복음을 전
했다(눅 19:1-10). 심지어 매춘부에게도 복음을 전했다(마 21:31-32). 예
수는 병든 자, 가난한 자를 비롯한 사회적 약자들과 사마리아 여인,
세리 그리고 매춘부와 같은 소외층을 아울러 포용했다. 예수는 자신
을 믿고 따르는 모든 자들을 친구로 인정하고 교제했다(요 15:14-15).

예수는 당시에 천대받고 비난받던 사람들까지 포용했지만, 자신
의 신분을 자랑하며 영광을 누리려고 하는 제사장이나 바리새인들
의 위선은 정말 혹독하게 비판했다(마 12:34, 참조: 마 3:7; 23:2-7, 11, 33).

예수 당시에 바리새인들과 제사장들은 사회 지도층으로 특혜를

누리며 존경을 한 몸에 받고 있었다. 그러나 이들은 다른 사람들을 하대하며 자신들을 구별 지었다. 이러한 점을 예수는 신랄하게 비판했다. 그들을 "독사의 자식들"(마 3:7; 12:34; 눅 3:7)이라 지칭하며 그들의 행위를 본받지 말라고 했다. 그리고 진정으로 큰 자는 자신의 신분을 과시하는 것이 아니라 다른 사람을 섬기는 자라고 하였다.

이러한 예수의 포용성은 붓다에게서도 그대로 발견된다. 붓다는 왕과 왕족들뿐만 아니라 사회의 소외층, 즉 매춘부와 대장장이들과도 교제하면서 그가 만나는 모든 사람에게 해탈의 길을 가르쳤다.[174]

결과적으로, 예수와 붓다는 사람의 지위나 계급과 상관없이 인류애를 가지고 사람을 아끼고 사랑한 성자들이었다. 이들은 사람들이 사회적 신분을 넘어 서로가 사랑하며 인격적으로 존중하길 원했던 것이다.

예수와 붓다는 비폭력 무저항주의를 가르쳤고, 몸소 실천했다

붓다는 일생을 비폭력의 삶으로 일관했다. 석가모니 붓다의 친족, 석가족은 자신을 홀대한 것에 앙심을 품은 바사익왕의 아들 유리 태자에게 학살당했다. 그런데 붓다는 "나는 수미산을 이고 있는 것 같다"라고 괴로움을 토로하면서도 비폭력으로 대응하였다.

---

174 니니안 스마트, 《세계의 종교》, 윤원철 역, 예경, 2004, 85쪽.

예수 역시 비폭력적인 삶으로 일관했다. 십자가에 달리기 전에 "칼과 몽치"로 자신을 잡으러 온 대제사장 무리에게 저항하지 않고 순순히 잡혀 갔다. 베드로가 그들에게 저항하며 '말고'라는 종의 귀를 베었을 때조차도 베드로를 말리면서 "칼을 도로 칼집에 꽂으라"라고 말했다(요 18:7-11; 마 26:47-56). 예수는 십자가 위에서 죽음을 맞이했는데, 이는 비폭력 무저항주의의 결정체라 할 수 있다.

이상으로 본 바와 같이 예수와 붓다는 여러 가지 면에서 공통적인 가르침을 주고 있다는 사실을 알 수 있다. 이들이 꿈꾸는 세상은 마음속의 욕망 혹은 죄를 제거하여 개인적으로 평안한 삶을 누리며, 사회적으로는 서로가 착하고 거룩한 삶을 살아서 도덕적으로 청정한 세상이 되길 원했다. 이를 위해 거짓말하지 말고, 간음하지 말고, 도둑질하지 말고 살인하지 말라고 했다. 이를 다시 긍정적으로 해석하면, "서로 사랑하라"는 것이다. 그것도 "이웃을 자기 자신과 같이"(막 12:33) 말이다.

예수와 붓다의 차이는 왜 그렇게 살아야 하는가와 어떻게 그렇게 살 수 있는가에 대한 차이뿐이다. 즉 이 땅에서 거룩한 삶을 살아야 할 이유와 어떻게 욕망을 제거하여 평안하고 행복한 삶을 살 수 있는가의 방법론의 차이가 있을 뿐이다. 하지만 이들이 원하는 이상적인 세상의 모습은 거의 일치한다. 바로 이 부분이 예수와 붓다를 따르는 자들이 공유할 수 있는 내용이며 서로 간에 대화가 가능한 지점이라 할 수 있다.

예수와 붓다의 대화는 가능한가?

기독교는 전지전능한 신과 그가 보낸 구세주에 대한 믿음을 최우선으로 한다. 반면에 불교는 우주와 자연을 바라보며 사람이나 사물 그리고 사건에 관해 명상함으로써 깨우치는 진리를 근본으로 삼는다. 이러한 극명한 차이에도 불구하고, 만일 예수와 붓다의 대화를 시도한다면, 신약 성경의 예수와 초기 불경의 붓다를 비교하는 것이 올바른 종교적 대화를 위한 첫걸음이 될 수 있다고 본다.

기본적으로 기독교와 소승 불교의 교리적 대화는 불가능하다

기독교와 불교 사이에 대화를 시도하는 것은 한계가 있다. 대화란 서로의 공통 분모를 바탕으로 이루어지기 때문이다. 종교 간의 대화에는 '신의 존재'라는 공통 분모가 있어야 하는데, 이런 측면에서 기독교와 불교, 특히 소승 불교와의 대화는 불가능하다. 붓다와 소승 불교는 신의 존재를 부정하고, 자아의 정체성도 부정하지만, 기독교는 신의 존재가 종교 성립의 이유이므로 둘 사이에는 대화의 토대 자체가 없다고 보아야 한다.

다음은 유신론자 예수와 무신론자 붓다가 벌일 수 있는 대화를 가상으로 만들어 본 것이다.

붓다: 내가 신은 없다고 그렇게 외쳤는데, 내가 죽고 나니 이제는 나를 신으로 숭배하는군요! 정말 인간의 종교성이 참으로 지독하네요. 아니, 그런데 당신은 어찌 스스로 하나님의 아들이라고 합니까? 그렇게 사람들을 현혹해도 됩니까?

예수: 무슨 근거로 신이 없다고 주장하지요?

붓다: 아니, 내 눈으로 보지 못하는데, 어찌 눈에 보이지도 않는 신을 있다고 주장하겠습니까? 나는 내 눈으로 보는 것 외에는 아무것도 믿지 못하겠습니다.

예수: 그거 참 안타깝군요. 당신이 눈을 뜨지 못해 그런 거랍니다. 육신의 눈으로 못 본다고 해서 신이 존재하지 않는 건 아니지 않습니까! 영의 눈이 열려야 합니다.

붓다: 허, 이거 참, 왜 그러십니까? 무슨 영이 눈이 있다고 사기를 칩니까? 이 세상에 영적인 존재는 존재하지 않는

답니다. 아무런 증거가 없지 않습니까? 있다면 내게 보여 주십시오. 이래서 내가 무아론을 주장하지 않았습니까?

예수: 영의 세계는 내가 보여 줄 수 없습니다. 그건 당신이 영의 눈을 떠야만 가능한 일이지요. 무슨 무아론을 외칩니까? 이 세상은 영적인 존재들로 충만한데 말입니다.

붓다: 아이고, 정말 답답하네요. 당신과는 대화가 전혀 안 되는군요. 소 귀에 경을 읽는 기분입니다. 그럼, 답해 보세요. 신이 존재한다면 세상이 왜 이 모양 이 꼴이지요? 신이 사랑이라면 왜 이렇게 많은 자연 재앙을 막아내질 못합니까? 그리고 신이 의로운 분이라면 왜 의롭게 사는 착한 사람들이 고통을 당합니까? 그리고 정직하게 살지 않는 사악한 자들이 아무런 제재도 받지 않고 잘살고 있는가 말입니다.

예수: 그래서 마지막 때에 심판이 있는 것입니다. 신은 사람들에게 회개하고 돌이킬 시간과 기회를 주고 있는 것입니다. 그리고 착하고 선하게 사는 사람들은 사후에 반드시 보상받고 그들의 눈물 또한 씻김을 받을 것입니다. 자연 재앙은 우리가 이성으로 이해할 수 없는 일들이지만, 창조주이시며 역사의 주관자이신 하나님의 섭리로

받아들여야만 합니다.

붓다: 아이고, 죽으면 끝인걸요. 무슨 사후 세계에서 벌어질 심판과 보상이 있다고 사기를 치십니까? 힌두교 사제들도 사후 세계를 운운하며 사람들로 하여금 제사를 드리게끔 유혹하더니 당신도 사후 세계를 팔아서 장사하고 있습니까? 사후 세계는 인간의 희망 사항일 뿐입니다. 종교가 사후 세계를 사모하는 인간의 마음을 이용해서 사기를 치고 있는 것이지요. 제발 그런 나쁜 짓을 하지 말아 주십시오. 부탁입니다.

예수: 인간 세계에도 감옥이 있어서 죄지은 자들을 가두지 않습니까! 법정에 판사가 있어서 죄인들을 심판하지 않던가요! 도대체 그들이 무슨 권세로 서로가 서로를 심판하고 감옥에 가둔단 말인가요? 사람들은 죄가 무엇인지를 알고 있답니다. 이와 똑같은 일이 저세상에서도 벌어집니다. 천국은 반드시 존재합니다. 플라톤이 말한 것처럼 인간은 영적인 존재로 영원히 존재하기 때문이지요. 죽은 사람들의 영혼은 구천을 떠도는 것이 아니라 어딘가에서 인격적인 삶을 살아간답니다. 이러한 사후 세계에서의 인격적인 삶이 가능하기 위해서는 이를 가능케 할 수 있는 절대자가 반드시 존재해야 한답니다.

이러한 사실을 임마누엘 칸트도 주장하지 않았던가요?

붓다: 어차피 당신에게는 신의 존재나 사후 세계가 있다는 증거가 없지 않습니까? 그러니 나는 당신의 주장을 믿지 않겠습니다. 나는 과학적으로 증명되는 것 외에는 아무것도 믿지 않을 것입니다. 당신의 모든 주장을 내가 볼 수 있게 증명해 주기 전에는 말입니다.

예수: 나는 오로지 나의 아버지, 하나님께서 당신의 눈을 열어 주시길 기도할 뿐입니다. 당신도 신이 존재하지 않는다는 사실을 증명하지 못하지 않습니까! 영의 눈이 열린 사람들은 다 보고 있는데, 당신이 보지 못한다고 해서 신의 존재나 사후 세계를 부정하지는 마십시오. 차라리 모른다고 말하는 게 좀 더 과학적인 자세가 아닐까요?

붓다: 무슨 말씀입니까? 인간의 눈으로 볼 수 없으니 사실 그대로 볼 수 없다고 하는데, 왜 자꾸 영의 세계가 어떠니 하면서 진실을 왜곡하려고 하지요? 그러니까 종교는 아주 비합리적이고 비이성적이라는 말을 듣는 것입니다. 종교는 인간이 자신의 연약함을 극복하려고 스스로 만들어 낸 상상의 산물에 지나지 않는걸요. 인간이 과학적인 시선으로 세상을 바라보면 저절로 사라질 신기루 같은 것입니다.

예수: 허허, 그렇지 않습니다. 하나님을 개인적으로 만나고
　　　체험한 사람들에게는 종교가 삶의 모든 것입니다. 종교
　　　는 무한하고 초월적인 하나님과 인간이 개인적인 관계
　　　를 맺는 것이랍니다. 그래서 폴 틸리히가 이렇게 말하
　　　지 않았습니까! "종교는 인간이 궁극적인 관심에 사로
　　　잡힌 상태"라고 말입니다. 그러니 종교적인 믿음은 이
　　　성적인 사고로 이해하는 것이 아니라 먼저 마음으로 믿
　　　어야 한답니다.
붓다: 당신은 정말 답이 없군요. 앞으로 당신과 종교에 관한
　　　이야기는 절대로 하지 않겠습니다. 정말, 속이 터지는
　　　군요….

기독교와 불교가 대화하려면, 예수와 붓다를 신적인 차원에 두어야 한다

　신약 성경에 따르면, 예수는 하나님의 아들로서 신적인 존재로
묘사된다. 초기 불경에서의 붓다는 한 사람의 순수한 인간으로 묘
사되어 있다. 대승 불교는 석가모니 붓다를 본질적 부처(법신)의 성
육신, 즉 변형된 부처라고 주장함으로써 붓다를 이미 신격화하였다.
이런 면에서 대승 경전 속의 성육신한 부처와 신약 성경의 성육신한
예수는 신적 존재로서 대칭되는 관계라고 할 수 있다. 하지만 역사

적 부처로서 인간 붓다(고타마 싯다르타)가 유신론과 유아론을 인정하지 않았는데, 후대에 불교가 그를 신격화하는 것은 대단한 모순으로 보인다. 즉 하나님의 아들, 성자 예수와 후대에 신격화된 붓다의 대칭적 관계는 인위적이고 부자연스럽게 보인다는 것이다.

기독교와 불교가 교리적 대화를 할 수 있는 또 다른 길은 예수를 보통 사람으로 전락시키는 것이다

기독교와 불교의 대화는 붓다를 신격화시키거나 아니면 예수를 인간화할 때에만 가능하다. 사실 예수를 인간으로 보고자 하는 시도는 여러 차례 있어 왔다. 초대 교회 당시의 이단들이나 계몽주의 시대에 이성적으로 종교를 파악하고자 한 사람들은 한결같이 예수의 신성을 의심하였다. 종교다원주의를 지향하는 신학자들이나 종교학자들도 예수의 신성을 부인한다. 그들의 주장에 따르면, 예수는 본래 인간이었는데 세례를 받을 때 하나님의 영이 임하면서 하나님의 양자로 선택되었다는 것이다. 하나님의 아들로서 성자 예수는 상징적인 의미가 있을 뿐, 실제로는 신적인 존재가 아니라는 것이다. 결국 예수도 인간이요 붓다도 인간인데, 이들의 특별한 삶(도덕적이고 모범적인 삶, 자기희생의 삶)으로 인해 궁극적 실재의 선택을 받게 되었다는 것이다. 이런 식으로 예수와 붓다를 모두 단순한 인간으로 본다면 종교 다원주의적 대화는 가능할 수 있다.

예수를 인간으로 규정하여 붓다와 대화하게 하려는 시도는 결국 종교 무용론으로 치닫게 된다. 왜냐하면 이들의 주장에 따르면 온전한 깨달음을 얻거나 궁극적인 완전함을 얻은 사람은 누구나 예수나 붓다와 같은 위대한 성인 혹은 붓다가 될 수 있기 때문이다.[175] 이런 차원의 종교는 그 본연의 신비적 속성은 버려지고, 단지 인격적 성숙과 같은 자기완성 내지는 자아실현의 도구로서만 제한적으로 기능하게 되기 때문이다.

정리하자면, 기독교와 불교의 대화는 붓다를 신격화한 유신론적 대화를 시도하든지 아니면 예수를 단순한 보통 인간으로 전락시켜 인간 붓다와 인간 예수의 대화를 시도하든지 해야 한다. 문제는 대승 불교가 붓다의 가르침보다는 힌두교 신앙으로 복귀하여 궁극적 실재, 즉 유신론을 주장하고, 또한 불성을 주장하여 유아론적 성격

---

175 볼프하르트 판넨베르크(Wolfhart Pannenberg)는 만일 종교의 궁극적인 목적이 자기 중심성 탈피나 자기완성의 길이라면, 이러한 자기 변혁이 모든 종교와 문화에서 실제로 벌어진다는 사실을 부인할 수 없다고 말한다. 하지만 이러한 자기완성이나 자기 변혁이 신약 성경이 말하는 구원의 내용은 아니다. 그는 신약 성경이 말하는 구원은 하나님의 종말론적 심판과 그의 백성의 참여라고 말한다. 그리고 예수는 바로 최후의 심판자이며, 예수의 가르침이 최후 심판의 기준이다. 그는 기독교인이 종교다원주의적 대화에 열린 마음을 가지고서 다른 종교적 전통의 좋은 점들을 배우는 것은 당연하다고 말한다. 하지만 이러한 종교다원주의적 대화가 각 종교가 가지고 있는 독특한 진리를 상대화하거나 포기하는 것을 의미하지는 않는다. 이런 면에서 다른 종교가 갖고 있지 않은 기독교만의 독특한 진리는 예수 안에서 발견되는 종말론적 심판이라고 말한다. 그리고 예수가 주장한 자신의 신성을 하나님이 그의 부활을 통해서 입증하셨듯이, 예수가 종말론적 심판자라는 사실을 다가올 미래에 하나님이 입증하실 것이라고 주장한다. 이러한 종말론적 희망은 기독교만의 독특한 신앙으로서 예수를 통해 선포된 하나님의 약속에 기초한다. - Wolfhart Pannenberg, "Religious Pluralism and Conflicting Truth Claims: The Problem of a Theology of the World Religions" in *Christian Uniqueness Reconsidered: The Myth of a Pluralistic Theology of Religions*, Orbis, 1990, p. 102-104.

을 너무 강하게 드러낸다는 것이다.

이는 두 가지 문제를 보여 주는데, 하나는 과연 역사적으로 실존한 예수와 대승 불교가 내세우는 신격화된 붓다와의 대화가 지닌 의미가 무엇인가의 문제다. 대승 불교가 주장하는 절대적 붓다, 즉 법신과 불성의 개념은 힌두교의 브라흐만과 아트만(영혼)의 개념을 재현한 것으로 보인다. 또 다른 문제는 예수도 인간이고 붓다도 인간이었는데, 궁극적 실재와의 체험 후 아주 특별한 '신 의식'이나 사명을 부여받아서 인류를 구원할 진리를 전파하게 되었다는 주장이 가져올 결론이 무엇인가의 문제다. 이는 어쩌면 예수를 또 하나의 신격화된 붓다로 받아들이자고 제안하는 것이다.[176] 물론 정통 기독교 신학이 이를 받아들일 가능성은 거의 없다. 또한 완벽한 깨달음을 얻은 사람은 누구나 붓다가 될 수 있다는 것이 여래장 사상[177]이며 다원주의적 결론인데, 이러한 결론이 다다르는 최종 종착지는 종교 무용론 혹은 종교 혼합주의를 바탕으로 한 단일 종교론 내지는 통합 종교론이라는 것이다.

결론적으로 기독교와 초기 불교의 교리적 대화는 성사될 수 없다. 하지만 포용력 있는 인도주의적 사회를 만들기 위한 기독교와 불교의 대화는 반드시 있어야 한다. 그것은 상호 간의 평화로운 공

---

176 John Makransky, "Buddha and Christ as Mediators of the Transcendent: A Buddhist Perspective" in *Buddhism and Christianity in Dialogue*, SCM Press, 2004, p. 199.
177 중생은 본래부터 여래, 즉 붓다가 될 가능성을 갖고 있다는 불교 교리다.

존을 위한 최소한의 안전장치다. 예수와 붓다가 꿈꾸었던 이상적인 세상을 만들려면 사람들을 불쌍히 여기는 연민의 마음으로 대화하는 것이 필요하다. 연민의 마음이야말로 인류를 향한 예수와 붓다의 마음이다. 여기에 유신론이냐 무신론이냐를 따지는 논쟁은 필요치 않다. 이것은 우선순위의 문제다. 독 묻은 화살의 비유처럼 의사는 화살을 쏜 사람이 누구이며 어떤 화살인지를 알아내는 것보다 먼저 화살을 뽑고 그 사람을 치료하는 것이 더 중요하듯이, 애매하게 고통을 당하는 사람들부터 살리고 나서 도덕적으로 청정한 세상을 만들기 위해 노력하는 것이 기독교와 불교 간의 대화에서 다루어야 할 우선순위라는 것이다. 이는 형이상학적인 교리 문제를 논하는 대화는 필요치 않다는 이야기도 된다. 예수가 하나님의 아들인가 아닌가의 문제는 기독교 내부의 문제요 개인 신앙의 문제일 뿐이다.

기독교의 관점에서 개인에게는 개인 구원의 문제가 최우선이라는 사실은 틀림이 없지만, 불교와의 대화에서는 이상 사회를 이루기 위한 인도주의적 대화와 구조적인 폭력과 불의에 저항하고 저지하려는 사회 개량 운동을 위한 대화가 우선되어야 한다. 만일 기독교와 불교의 지도자들이 사회의 구조적인 문제나 예기치 못한 사회적 재난에 대하여 열린 마음으로 대화하며 함께 풀지 않는다면, 그들은 이미 경직된 형식, 곧 현실 종교의 구조와 체제에 갇혀서 종교 창시자의 가르침을 행할 여력이 없음을 나타내는 것이기도 하다.

그러므로 기독교와 초기 불교가 대화하려면 초기 경전에 나타난 예수와 붓다의 가르침이 무엇인지를 물어야 한다. 그리고 그 속에서 우리가 어디에 서 있는가, 과연 우리는 예수와 붓다의 가르침을 제대로 따르고 있는가를 항상 물어야 한다.

무신론자들과 어떻게 대화할 것인가?

밀레니엄 시대로 들어서면서 지구상에 독립된 영역은 더 이상 존재하지 않게 되었다. 통신과 교통의 발달은 독자적인 세계를 유지하도록 허용하지 않으며, 이는 종교계 역시 마찬가지다. 정보의 발달은 각 종교가 가진 폐쇄성을 용인하지 않으며, 각기 자기 영역을 넘어서 폭넓은 시각을 가지길 요구한다.

그러나 이러한 시대적 요구에도 불구하고 예수를 따르는 제자들과 붓다를 신봉하는 사람들과의 대화는 결코 쉽지 않다. 이에 대해 영국 스코틀랜드의 글래스고대학교(University of Glasgow)에서 비교종교학을 가르치는 기요시 츠지아(Kiyoshi Tsuchiya)는 다음과 같이 진단하였다.

근래에 일어나는 기독교와 불교의 왕성한 대화에도 불구하고,
기독교 교리와 불교의 가르침이 지닌 양극적인 차이는 좁혀질

가능성이 전혀 없어 보인다. 기독교 교리와 불교의 가르침의
차이를 좁히기 위해서는 아주 심도 있는 해석이 요구된다.[178]

---

178 Kiyoshi Tsuchiya, "Human Existence in Buddhism and Christianity: A Buddhist
Perspective" in *Buddhism and Christianity in Dialogue: The Gerard Weisfeld
Lectures 2004*, University of Birmingham, 2005, p. 54. Kiyoshi Tsuchiya,
"Response to Elizabeth Harris" in *Buddhism and Christianity in Dialogue: The
Gerard Weisfeld Lectures 2004*, University of Birmingham, 2005, p. 81. 기독교와
불교의 극단적 차이를 좁히기 위해 대화를 시도하는 것은 바람직하다. 하지만 간극을
좁히기 위해 일방적이며 과도한 해석을 하는 것은 오히려 기독교와 불교의 대화를 잘
못된 방향으로 이끌게 된다. 그 대표적인 예가 오스트리아 빈대학교의 종교학과 교수
카를 바이어(Karl Baier)가 2004년에 게랄트 바이스펠트 강연회(The Gerald Weisfeld
Lecture)에서 발표한 논문, 〈Ultimate Reality in Buddhism and Christianity: A
Christian Perspective〉이다. 그는 여기서 붓다가 마치 무신론자가 아니라 궁극적 실
재, 곧 신을 전제로 하는 종교 창시자인 것처럼 주장한다. 그에 따르면, 초기 불경들이
나 붓다의 가르침들은 궁극적 실재, 곧 신을 암묵적으로 인정하고 있다는 것이다. 단지
붓다나 그의 추종자들이 신의 존재에 관해 침묵하는 것은 궁극적 실재, 신을 구체적으
로 표현할 때 생기는 위험을 피하려고 한 것뿐이라는 주장이다. - Karl Baier, "Ultimate
Reality in Buddhism and Christianity: A Christian Perspective" in Buddhism and
Christianity in Dialogue, SCM Press, 2004, p. 107. 그리고 붓다가 말하는 열반은 단순
히 고통스럽고 불만족스러운 삶의 종식이 아니라 영원과 불멸을 향한 탐구라고 주장한
다. Ibid, p. 106. 마지막으로, 초기 불교는 심리적이고 정신적인 해탈의 종교가 아니라
형이상학적이고 영적인 종교라고 주장한다. 그동안 불교가 명상을 통해 마음의 안정
과 평안을 얻는 단지 심리적인 종교로서 이해되어 온 것은 오해라는 것이다. 실제로는
열반은 단지 심리적이고 정신적인 상태를 말하는 것이 아니라 명상 수행자가 초월적인
존재를 경험하는 것이라고 주장한다. Ibid, p. 107. 이는 기독교의 하나님과 불교의 신
을 궁극적 실재라는 용어로 서로 비교하려고 시도한 것이다. 다음은 기독교와 불
교의 대화를 마무리 짓는 바이어의 주장이다, "기독교와 불교는 궁극적인 실재를 의식
하며 그를 통해 삶이 영향을 받았다는 면에서 유사하다. 두 종교의 무아적 영성, 연민
그리고 차별 없는 사랑은 궁극적 실재의 자기 비움을 보여 주는 것이다. 이는 두 종교
가 거룩함을 향한 보편적인 부르심에 응답하는 것이고, 또한 서로 다르지 않은 하나의
궁극적 실재에 대한 아주 심오한 지식을 공유한다는 사실을 보여 주는 증거가 된다."
Ibid, p. 116. 카를 바이어의 이러한 기독교와 불교의 대화 시도는 그 출발점 자체가 잘
못되었다. 왜냐하면 붓다의 신관은 연기론과 무아론에 근거한 무신론이기 때문이다.
궁극적 실재라는 용어를 통해 기독교와 불교의 신관을 유사한 것으로 이해하려는 그의
시도는 너무나 과도하고 무리한 해석에 근거한 것이다. 신의 존재나 사후 세계에 대한
붓다의 침묵은 당시 유신론과 유아론을 주장하던 힌두교와의 대립을 피하려는 붓다의
궁여지책이었다는 사실을 알아야 한다. 그러므로 도쿄대학교의 불교학 교수 미노루
남바라(Minoru Nambara)의 다음과 같은 주장은 타당하다. "붓다가 창시한 불교는 신
없는 종교로서 매우 심오하고 독창적인 철학이다." "불교에서는 초월적 존재는 없다."
Nambara, "Ultimate Reality in Buddhism and Christianity: A Christian Perspective"
in *Buddhism and Christianity in Dialogue*, SCM Press, 2004, p. 118, 129. 그러므로
바이어가 주장한 궁극적 실재는 남바라의 입장에서는 초월적 존재가 아니라 그저 자
연의 일부로서 유한한 존재일 뿐이다. Ibid, p. 136-37. 그러므로 기독교의 궁극적 실
재인 하나님과 불교의 궁극적 실재는 전혀 다른 개념이다. 기독교의 하나님은 초월적

기요시 츠지아는 시대적 요구에 따라 기독교와 불교가 서로 대화하려 하기는 하지만 여전히 소통하기가 어려우며 현시점에서 대화하려면 더 많은 노력을 기울여야 하고 둘 사이에 이해의 폭을 넓혀야 한다고 진단하였다. 윤병상 교수도 이를 지적하면서 기독교와 불교 사이의 거리를 좁힐 수 없는 이유를 다음과 같이 지적하였다.

다원주의는 하느님 중심주의라고 할 수 있다. 그러나 불교와 같은 무신론적 종교와 어떻게 대화를 시도할 것인지에 대해서는 언급이 없다.[179]

종교적 시각을 넓혀 대화의 영역을 찾는다 해도 근본적으로 다원주의는 신 중심의 종교에서 벗어나지 않는다. 그런데 불교는 전혀 다른 방향에 서 있다. 하인리히 두물린(Heinrich Dumoulin)에 따르면, 불교는 기독교가 말하는 하나님의 말씀, 즉 초월적 계시와는 전혀 관계가 없다. 불교는 단지 붓다, 곧 그들 종교 창시자의 깨우침의 경험만을 중시한다.[180] 사실 붓다를 따르는 불자들을 신앙심이 깊고

인 존재로서 인간을 창조하시고 인간을 구원하시는 인격적인 하나님이고, 불교의 궁극적 존재는 자연과 함께하며 자연 속에서 인간과 동화되는 범신론적 신, 즉 자연 자체인 것이다. Nambara, "Response to Karl Baier" in *Buddhism and Christianity in Dialogue*, SCM Press, 2004, p.144. 우리는 바이어와 남바라의 대화를 통해 기독교와 불교의 극단적인 차이를 좁히는 것도 중요하지만, 차이를 있는 그대로 인정하는 것이 더 중요하다는 사실을 보게 된다.

179 윤병상, 《종교 간의 대화》, 연세대학교 대학출판문화원, 1999, 15쪽.

180 Heinrich Dumoulin, *Christianity Meets Buddhism*, Open Court Pub Co, 1974, p.81. 이런 면에서 포용주의자인 독일 신학자 카를 라너(Karl Rahner)가 주장하는 익

경건하며 헌신적인 종교인이라고 지칭하기는 부적절할 수 있다. 그들은 신을 예배하거나 따르지 않고, 그들의 운명을 스스로 책임지는 초인들이기 때문이다.

이처럼 종교다원주의가 추구하는 종교 간의 대화는 유신론적 종교에 한정된다. 그 이유를 두 가지로 들 수 있다. 하나는 과학적으로 증명이 불가능한 형이상학적 주제들, 즉 신의 존재, 영혼의 문제, 사후 세계의 문제 등을 논하기 때문이고, 다른 하나는 신의 존재에 관해 기독교와 불교가 서로 양극적인 차이를 보이기 때문이다. 그러므로 예수를 따르는 제자들이 붓다를 신봉하는 사람들과 대화하는 것은 거의 불가능하다. 유신론과 무신론, 유아론과 무아론은 간격을 좁힐 수 없는 양극단이라고 할 수 있다.

기독교와 불교 사이에 엄청난 간극이 있음에도 불구하고, 두 종교가 지구상에 공존하려면 기독교가 이 모순적인 상황을 극복하고 대화를 시도해야 한다. 이를 위해 먼저 기독교 신앙부터 객관적으로 성찰해야 한다. 기독교 신앙을 삼자의 위치에서 객관적으로 바라볼 때, 비로소 대화의 숨통이 트일 것이다.

객관적 시각을 유지하기 위하여 기독교가 주의해야 할 세 가지가 있다.

명의 그리스도인의 대상에 익명의 무슬림, 익명의 힌두는 포함되었지만, 익명의 불자는 제외되었다는 사실을 알게 된다. John Hick, *God Has Many Names*, Westminster John Knox Press, 1980, p. 27.

첫째, 기독교 신앙이 객관적인 증거로 증명된 믿음이라는 생각은 포기해야 한다. 기독교 신앙은 개인적이고 주관적인 체험에 근거하기에 객관적으로 증명하기가 불가능하다는 사실을 알아야 한다. 비신자들이 기독교 신앙을 비과학적이라고 말하고, 당신의 믿음을 전혀 객관적이지 않다고 반박할 때, 그 사실을 겸허히 인정해야 한다는 것이다.

기독교 신앙을 증명할 수 있는 주관적인 증거는 세 가지다. 첫째는 성경의 기록이다. 둘째는 당신의 개인적인 체험이다. 즉 성경에 기록된 예수와의 개인적인 만남이 그것이다. 물론 성령 체험도 같은 맥락이다. 셋째는 예수를 믿고서 중생, 곧 거듭남을 체험한 후에 나타난 당신의 인격적인 변화다. 이는 선하고 거룩한 삶을 수반한다. 이러한 주관적 증거들을 비신자나 신자들에게 말하는 것을 우리는 간증이라고 한다. 문제는 이러한 개인적이고 주관적인 체험으로는 객관적인 증거를 보여 주어야 하는 법정에서 승소할 수 없다는 것이다. 이 말은 당신의 주관적인 체험은 과학적이고 이성적인 사고를 하는 사람들에게 신이 살아있다거나 예수가 하나님의 아들이라는 사실을 입증해 주지 못한다는 뜻이다. 그나마 주관적인 증거 가운데 가장 강력한 호소력을 발휘하는 것은 당신 삶의 극적인 변화, 즉 인격적인 변화일 텐데, 이에 대하여 현대 기독교인들은 아마도 자신감을 드러내지 못할 것이다. 인격적 변화 역시 개인의 시각에서 판단하는 것이고, 상대에 대해 속속들이 알아야 판단할 수 있기 때문이다. 결론적으로 당신이 믿는 기독교 신앙이 개인적이고 주관적인 체험 위에 근거하기에 과학적으로 그리고 이성적으로 증명할 수 없다는 사실을 인정해야 한다는 것이다. 그렇지 않으면 과학적인 사고를 하는 비신자와의 종교적 대화는 불가능하다.

둘째, 성경에 나오는 모든 기적 이야기는 현대 과학으로는 증명하기가 불가능하다는 사실이다. 성경은 온갖 기적들로 가득 차 있다. 천지 창조, 홍해 바다가 갈라진 사건, 태양이 멈춘 사건, 여리고 성이 무너진 사건, 엘리야가 승천한 사건, 예수의 처녀 탄생, 떡 다섯 개와 물고기 두 마리로 5,000명을 먹인 사건, 예수의 부활과 승천 등 셀 수 없이 많은 기적이 성경에 기록되어 있다. 이러한 기적들이 진짜로 일어났는지 안 일어났는지는 과학적으로 증명할 수 없다. 기독교인의 입장에서, 기적은 신이 자연법칙, 즉 인과율(원인과 결과의 법칙)을 깨고 직접적으로 인간사에 개입한 초자연적인 사건이다. 그러므로 세상의 원리를 인과 관계로 파악하면, 기적은 결과이고, 기적의 원인은 신이다. 하지만 과학적인 사고를 하는 무신론자들은 그것은 우연한 사건일 뿐이라고 말한다.

설상가상으로 똑같은 기적을 보여 줄 수가 없다. 왜냐하면 신은 매번 같은 방식으로 기적을 행하지 않으며, 그 기적을 체험한 증인은 당사자와 그것을 목격한 소수의 증인뿐이며, 우리 스스로 기적을 일으킬 수도 없다. 신은 인간이 기적을 필요로 할 때마다 인간의 기준에 따라 기적을 일으키지는 않는다. 신의 섭리는 항상 인간의 인지 위에 있으며 모든 주권은 신에게 있다. 성경에 나타난 기적은 인간의 이해 범위 안에 있는 것이 아니며 현재 기독교인들이 체험하고 있는 기적 역시 타인에게 설명할 수 없다. 기적이란 인과를 설명할 수 있는 자연법칙에 따라 일어나는 것이 아닌 오로지 신에 의한 신비한 체험이기 때문이다. 비기독교인들이 이러한 기적과 체험을 다 이해할 수 있는 것은 아니라는 점을 인정해야 한다. 이는 성경의 기적과 현재 기독교인들이 체험하고 있는 기적을 부정하라는 것이 아니라 단지 과학적이고 이성적인 사고를 중시하는 무신론자들의 입장을 존중하라는 것이다.

셋째, 기독교의 현실적인 문제점들을 인정하라는 것이다. 하나님과 예수는 전능하시며 완전하신 분이다. 성경에 나타난 가르침도 완전하다. 또한 붓다 역시 진리를 얻기 위해 많은 고행을 하고 깨달음을 얻었다. 진정한 종교인이라면, 기독교인들은 성경 말씀으로 돌아가서 예수의 가르침에 귀를 기울이고, 모든 불자는 초기 불경으로 돌아가 붓다의 가르침에 귀를 기울여야 한다. 종교는 신을 숭배하거나 자신을 정화하여 진리를 깨닫고자 하는 행위이기 때문이다.

문제는 종교가 모두 인간이 주체가 되는 활동[181]이라는 데에 있다. 인간이 주체가 된다는 것은 세속화와 타락의 가능성이 존재한

---

181 베른하르트 벨테(Bernhard Welte)에 따르면, 종교의 결정적인 토대는 신에 대한 인간의 생각이다. 그렇기 때문에 종교의 형태는 인간적 신앙, 인간적 기도, 인간적 예배 및 기타 이와 유사한 인간의 행위나 활동으로 이루어진다. - 베른하르트 벨테, 《종교철학》, 오창선 역, 분도출판사, 1998, 197쪽.

다는 것이고, 따라서 종교를 목적으로 한 인간과 집단은 완전하지 못하다는 것이다. 그래서 기독교를 포함하여 지구상의 모든 종교는 창시자의 신선하고 활력이 넘치는 역동적 가르침을 왜곡할 여지가 있다. 객관적인 입장에서 판단하여 진리를 한 치의 오차도 없이 구현하며 종교 창시자의 가르침을 완벽하게 구현하고 있는 종교가 지구상에 존재한다고 말하기는 어렵다.

　서로 다른 종교가 대화를 하려면 이 점을 인식해야 한다. 신이 완전하지 못한 것이 아니라 인간적 욕망이나 어리석음이 종교를 부정하거나 멸시하게 하고, 종교 창시자의 생각이 바르지 못한 것이 아니라 세속화된 종교 집단이 그 가르침을 왜곡시킨 것이다. 그런데 각각의 종교가 자신의 왜곡된 신앙을 인정하지 않고 대화에 임한다면, 상대 종교가 지적하는 문제점을 수용할 수 없게 된다. 또한 종교 창시자의 본래 가르침에 시선을 두지 않고, 상대 종교의 세속화와 타락만을 문제 삼는다면, 이것은 곧 상대 종교를 공격하는 것이다. 종교 간의 대화는 서로의 입장과 사상을 이해하고, 슬기롭게 조화를 이루며 지구상에 공존하기 위해 하는 것이며, 이는 곧 궁극적인 진리를 찾아가는 일일 것이다.

제9장

우리는 무신론의 도전을
극복할 수 있을까?

전 인류 역사를 통해 현시대와 같이 무신론이 폭발적으로 확산된 적은 없었다. 전 세계에 여러 형태로 널리 퍼진 무신론은 이제 무시할 수 없는 강력한 세력이 되었다. 그래서 신은 그 이름과 존재를 무시당하는 당혹스러운 현상이 벌어지고 있다.[182] 무신론은 유신론의 정반대 개념이다. 무신론은 세상이나 자연을 통제하고, 인간의 역사를 좌우하는 절대적이고 초월적인 존재를 부정하는 사상이다. 이는 초인간적이고 초자연적인 힘을 가진 전지전능한 존재를 부정하는 것이다. 더 나아가 신이 세상을 직접 통제하고 다스린다는 사실 또한 부정하는 것이다.

흔히 무신론은 신의 존재를 무조건 부정하려는 것으로 알고 있지만, 무신론에도 여러 가지 입장이 존재하고, 그에 따라 생각하는 바도 각기 다르다. 이를 크게 세 가지로, 곧 소극적 무신론, 비판적 무신론, 주체적 무신론으로 나누어 볼 수 있다.

---

182 베른하르트 벨테, 《종교철학》, 오창선 역, 분도출판사, 1998, 177쪽.

소극적 무신론

소극적 무신론은 증명할 수 있는 존재만을 수용한다는 이론이다. 즉 눈으로 볼 수 없고, 귀로 들을 수 없고, 실험으로 증명되지 않는 존재나 사건들을 거부하는 것이다. 이 이론에 따르면, 과학적으로 증명될 수 없는 신이나 천사와 귀신 같은 영적인 존재들은 존재 자체가 부정된다. 심지어 신이 존재하지 않는다는 주장조차 내세우지 않는다. 신이라는 존재가 의문이나 질문의 대상이 되지 않기 때문이다.[183]

소극적 무신론을 대변하는 대표적인 인물로 유물론자 마르크스를 들 수 있다. 붓다 또한 소극적 무신론자로 볼 수 있다. 왜냐하면 붓다에게 신이라는 존재는 생각할 가치도 없는 관심 밖의 영역이기 때문이다. 즉 붓다의 최우선 관심은 신과 사후 세계와 같은 형이상학적 세계가 아니라 하루하루 고통스럽게 살아가는 현실 세계다.

---

183 Ibid, 182쪽.

비판적 무신론

사람은 각자의 의식 수준에 따라 신을 정의한다. 개개인이 자신의 시각에서 신을 설명하려고 한다는 뜻이다. 그러나 최선의 신을 상정한다 해도 인간의 시각에는 한계가 있게 마련이다. 이러한 시각에서 신을 볼 때, 신이 지녔다고 믿어지는 전능함과 사랑의 속성은 인간이 경험하는 현실적인 문제들(사회 부조리와 불평등과 같은 악의 문제들이나 지진이나 홍수와 같은 자연재해)과는 조화를 이룰 수 없다. 이러한 모순으로 인하여 비판적 무신론자들은 신의 존재를 부정한다. 만일 신이 있다면, 현실에서 이러한 비극이나 아픔은 일어나지 않아야 한다는 것이다.

비판적 무신론은 인간의 눈과 귀로 경험하여 알 수 있는 신, 각 종교를 통해 우리에게 이미 잘 알려져 있는 신 그리고 우리의 의식이나 이성으로 이해할 수 있는 신 등을 비판한 결과로 나온 무신론이다.[184] 이들은 현실에 만연한 악의 문제를 바라보면서 신의 존재를 부정할 수밖에 없었다.

그러나 신은 인간의 이해를 넘어선 초월적인 존재다. 그러므로 비판적 무신론자들이 부정하는 신은 초월적인 신 자체가 아니라 인간이 경험하여 생각해 낸 개념적인 신이라고 할 수 있다.[185] 대표적인 비판적 무신론자로 쇼펜하우어를 들 수 있다. 물론 붓다도 비판적 무신론자로 간주할 수 있다고 본다. 쇼펜하우어는 기존의 신 개념들 뿐만 아니라 초월적 존재 자체를 모두 부정했다. 그리고 그 위에 자신만의 새로운 신 개념을 만들어 냈다. 바로 우주적 의지가 그것이다.[186] 쇼펜하우어의 신 개념, 우주적 의지는 바로 자연법칙을 말한다. 이는 그가 18세기 계몽주의 사상을 그대로 계승하였음을 보여 준다.

---

184 Ibid, 185-186쪽.
185 이에 대해 박찬국은 다음과 같이 설명한다. "인간은 살아가면서 자신의 유한함과 무력함을 느끼지 않을 수 없기 때문에 무한하고 전지전능한 신이라는 관념을 만들어 내어 그것에 의존하고 싶어 한다. 즉 신이란 관념은 유한하고 무력한 자신의 삶에 힘을 불어넣고 싶은 인간 자신의 욕망에서 비롯된다. 그러나 신이라는 관념을 믿는 사람들은 이 관념이 그러한 욕망에서 비롯되었다고 생각하지 않고, 신이 원래 존재하기 때문에 우리는 그러한 관념을 믿고 그것을 숭배해야만 한다고 생각한다. 이런 의미에서 쇼펜하우어는 우리 인간은 자신의 욕망을, 다시 말해 인간의 허약함과 무력함을 입증하는 욕망을 은폐하기 위해서 철학이나 신학을 만들어 낸다고 말하고 있다." - 박찬국, 《쇼펜하우어와 원효》, 세창출판사, 2020, 27쪽.
186 쇼펜하우어, 《의지와 표상으로서의 세계》(개정판), 홍성광 역, 을유문화사, 2019, 262, 430쪽.

주체적 무신론

주체적 무신론은 단순히 신을 부정하거나 비판하는 것이 아니라 신의 자리를 인간이 차지하는 것을 의미한다. 역사를 움직이는 것은 신이 아니라 인간의 힘과 지능이라고 주장하면서 인간의 능력을 절대적이고 전능한 것으로 간주한다. 인간이 스스로 역사를 움직이고 삶을 절대 선으로 이끌어 갈 수 있다면, 인간의 권력과 요구 앞에 신의 위엄은 사라지고 신의 죽음은 자연스러운 결말이 될 것이다. 이는 가장 순수하고 진실한 형태의 무신론이라고 볼 수 있다.[187]

주체적 무신론을 주장한 대표적인 철학자는 니체를 꼽을 수 있지만, 그 효시는 붓다라 할 수 있다. 인류 역사뿐 아니라 개인적 운명의 주체도 신이 아닌 인간이라고 천명한 사람이 바로 붓다이기 때문이다.

법구경에 기록된 붓다의 가르침이 이를 잘 말해 준다.

---

187 Ibid, 187-188쪽.

자기의 마음을 스승으로 하고 남을 좇아 스승으로 삼지 말라.
자기를 스승으로 하는 사람은 참으로 지혜로운 사람을 얻은
것이다(법구경 160).
나는 스스로 내가 되지만 내가 없다고 헤아리라. 그러므로 나
를 없이 하도록 길들이면 이야말로 현인이라 할 수 있다(법구
경 380).

이렇듯 신의 부재나 죽음을 선포하는 것에서 그치지 않고, 인간
이 스스로 신의 자리에 앉아서 자신의 운명을 좌지우지하려는 태도
가 바로 주체적 무신론이다. "단지 너는 너 자신을 피난처로 삼을 것
이지 다른 어떤 것도 피난처로 삼지 말라"[188]는 붓다의 가르침이 바
로 그것이다.

이상에서 살펴본 것과 같이 다양한 형태의 무신론이 존재한다.
그러나 인간의 입장에서 신을 바라본다는 점은 공통적이다. 그중에
서 주체적 무신론이 가장 인간 중심적이라고 할 수 있는데, 이는 붓
다의 가르침과 상통한다. 인생의 주인은 다른 누구도 아닌 자기 자
신이어야 하며, 자신을 다루는 것만이 인생에서 해야 할 일이라는
인간 중심적 시각이 이를 말해 준다고 볼 수 있다.

---

188 월폴라 라훌라, 《붓다의 가르침과 팔정도》, 전재성 역, 한국빠알리성전협회, 2005, 172쪽
에서 재인용. 법구경 160장의 또 다른 해석이다.

무신론은 극복할 수 있는 도전인가?

인생은 고통의 바다라고 일컬을 만큼 많은 부조리한 일들로 가득차 있다. 이 부조리와 고통은 신의 존재에 대한 의문을 제기하는 주된 요인이 되어 왔다. 특히 근대 과학의 발달로 신의 존재에 대한 의문은 더욱 증폭되었다.

신에 의해서 창조된 세계가 그토록 고통과 불의로 가득 차 있다면 신이란 존재할 수 있는 것일까? … 세계의 악에 대한 책임으로부터 신을 면제해 주기 위하여 우리는 신을 없애야만 하는가? … 고통에 짓눌려 신을 더 이상 믿을 수 없게 된 사람을 우리는 어떻게 도울 수 있는가? 그에게는 라이프니츠 이래로 그렇게 불리었듯이 변신론(신정론: 신의 존재를 변호하려는 기독교적 논리나 주장)의 문제는 대단히 현실적이고 괴롭게 짓누르는

문제로 남는다.[189]

성직자이자 종교 학자인 베른하르트 벨테(Bernhard Welte)는 고통
과 불의에 찬 세상을 살아가는 일반 사람들에게 신의 존재를 알려
주기란 쉽지 않은 문제라고 했다. 사실 하나님의 존재를 확신하는
사람들에게조차 현실의 고통이 하나님의 뜻이며, 현실의 부조리 안
에 하나님의 섭리가 있다고 말하기는 쉽지 않다. 이에 대해 가톨릭
신학자 폴 니터는 다음과 같이 주장한다.

우리를 사랑하시는 개인적인 하나님은 그의 피조물이 고통을
당하는 것을 원하시지 않을 것이다. 그런데 세상은 부조리로
가득 차 있다. 만약 하나님이 전능하시고 사랑이 풍성하신 우
리의 아버지이시라면 우리가 겪어야 하는 정말 쓸데없는 고통
들을 막으시거나 없애 버리실 것을 기대하게 된다. 왜냐하면
전능하신 하나님은 고통을 미리 막거나 제거하실 수 있고, 사
랑이 많으시기에 자녀들의 고통을 간과하지 않으실 것이기 때
문이다. 그러나 현실은 우리의 기대를 매번 충족시켜 주지 않
는다. 우리가 상상하는 하나님의 이미지와는 다른 현실로 등
장한다. 이런 괴리는 우리가 생각하는 하나님의 이미지에 문

---

189 베른하르트 벨테, 《종교철학》, 오창선 역, 분도출판사, 1998, 190쪽.

제가 있거나 하나님이 전능하시고 사랑이 많으신 분이 아닌 것으로 받아들여진다. 그 예로, 지난 2004년도에 인도네시아, 인도 그리고 태국을 강타하여 수십만 명의 목숨을 빼앗아 간 쓰나미를 들 수 있다. 수십만 명의 목숨을 앗아간 자연 재앙이 하나님의 높으시고 선하신 뜻에 따라 이루어진 것이라 볼 수 없고, 이와 달리 하나님께서 의도하신 것이거나 혹시 의도적으로 막지 않으신 것이라면, 하나님은 무자비하시고 비도덕적인 분이시다. 쓰나미라는 엄청난 자연 재앙을 하나님의 목적을 이루기 위한 수단이라고 정당화하기에는 너무나 비이성적으로 보인다. 만약 아무런 이유도 없이 이러한 현실 속에서 하나님을 비도덕적인 분이 아니라고 한다면, 그 무엇인가가 잘못된 것이다.[190]

폴 니터 역시 신의 존재와 현실 사이의 간극을 설명하기 어렵다고 토로하였다. 학자들도 고통을 토로하듯이 우리는 세상 속에 나타나는 악의 현존으로 인해서 신의 존재를 부정하든지, 아니면 신의 존재를 인정하더라도 도덕적이고 사랑이 많으신 하나님의 이미지를 포기해야 할 수도 있다. 우리는 세상의 부조리와 무질서 그리

190 Paul F. Knitter, *Without Buddha, I Could Not Be A Christian*, Oneworld Publications, 2009, p. 230.

고 자연재해 등을 경험하면서 사랑의 하나님을 부정하게 될지도 모른다.

이러한 상황에서 신의 존재를 단호하게 부정하며 나타난 인물이 마르크스다. 그는 신은 인간이 만든 하나의 환상이라고 주장한다. 즉 신이란 인간의 감정과 문화가 만들어 낸 상상의 산물이라는 것이다. 그는 "신은 스크린에 비친 그림과 같은 것"이며 "신이 실재적이고 '저 너머에' 존재하는 듯이 보이지만" 실상은 존재하지 않는다고 주장하였다.[191] 마르크스의 이러한 입장은 종교 무용론 혹은 종교 폐지론으로 이어진다.

과학의 발전과 종교로부터 철학이 독립한 근대 이후로 많은 사람이 신의 존재를 부정하며 신의 권위에 도전하는 논쟁을 벌여 왔다. 유신론자들은 무신론자들의 이러한 문제 제기를 완전히 해소하거나 그것에 반박한 적이 없고, 무신론자들도 신이 없다는 그들 자신의 주장을 명쾌하게 증명한 적이 없다. 이러한 논쟁에 관하여 영국의 종교학자 니니안 스마트(Ninian Smart)는 다음과 같은 의견을 피력하였다.

이 이론들은 신이 환상에 불과하며 물질적인 힘을 통해 인간의 발전 단계를 설명할 수 있다는 하나의 세계관을 전제로 하

---

191 니니안 스마트, 《종교와 세계관》, 김윤성 역, 이학사, 2000, 33-34쪽.

고 있지 않은가? 마르크스주의는 그 자체가 물질적 낙원이라는 환상을 하늘에 있는 천국이 아닌 인간의 미래에다 투사하는 일종의 투사 이론이 아닌가? … 종교가 우리의 환상에 불과하다는 견해 자체가 또 하나의 환상이라고 볼 수 있지 않을까?[192]

마르크스는 신이 있는 것처럼 보이지만, 사실은 존재하지 않는다고 주장한다. 즉 신은 하나의 환상에 불과하며, 종교는 인간의 창작물이라는 것이다. 이에 대해 니니안 스마트는 마르크스의 주장 역시 그럴듯해 보이지만, 사실은 마르크스의 무신론적 종교론 역시 그의 상상력에 근거한 하나의 환상일 수 있다고 말한다. 신이 없다고 주장하는 무신론조차도 신을 경험하지 못한 인간이 가지는 희망 사항일 수 있다는 것이다.

신의 존재를 믿거나 혹은 부정하거나 간에 인간은 신에 관한 관념이나 이미지를 놓고 고통스러운 싸움을 하며 투쟁한다. 그들의 몸부림을 존중해야 하지만[193], 신은 인간의 생각이나 희망에 따라 그 존재가 있거나 사라지는 제한적인 존재가 아니다. 신이 아니고서는 설명할 수 없는 것들이 곳곳에 있는 것도 사실이다. 인간의 상상이나 사고를 뛰어넘는 우주의 질서 정연함이나 인간의 이해를 초월하

---

192 Ibid.
193 Ibid, 191쪽.

는 신비한 것들이 현실에서 엄연히 존재하고 있다. 이것들은 인간의 이성이나 과학적 사고로는 설명할 수 없다. 좀 더 예를 들자면, 모성애, 연어나 기러기의 회귀 본능, 사랑의 감정, 양심 등 눈으로 볼 수 없지만 실제로 존재하는 수많은 자연의 신비와 질서들이 신의 존재를 가리키고 있다.

유신론 철학자 크리스토퍼 베이치(Christopher M. Bache)의 주장이 이를 뒷받침한다.

수백 년 동안, 과학자들은 우리가 살고 있는 이 물질 우주의 장엄함과 다채로움을 밝혀 왔다. 은하계의 생성과 소멸이 일어나는 거시 세계로부터 입자가 '잠재적 가능태'로서 작용하는 미시 세계에 이르기까지, 이 우주는 기막힌 정교함뿐만 아니라 그 창조력과 아름다움으로써도 우리를 감동케 한다. 자연은 그 어떤 수준에서 보든지 하나의 예술 작품이다. 물질 우주의 어느 곳으로 눈을 돌리더라도 우리는 그곳에서 질서와 지성으로 충만한 세계를 보게 된다.[194]

이처럼 신이 존재한다는 생각에 도달하게 되면, 자연스럽게 신이 어떠한 존재인가에 대한 궁금증으로 이어지게 된다. 사실 유한한 인

---

194 크리스토퍼 M 베이치, 《윤회의 본질》, 김우종 역, 정신세계사, 2014, 34-35쪽.

간은 신이 어떠한 존재인가를 알 수가 없다. 왜냐하면 신은 인간의 눈으로 볼 수 있거나 생각의 대상으로 삼을 수 있는 그런 유한한 존재가 아니기 때문이다. 결과적으로, 인간 스스로 생각하고 정의를 내린 그런 신은 없을지 몰라도, 우리가 알지 못하고 이해할 수도 없는 초월적 신이 존재할 수 있다. 이같이 이해할 수 없는 초월적인 하나님을 '숨어 계신 하나님'이라 부른다.[195]

우리가 알지 못하고 이해할 수 없는 신은 인간이 정의한 개념이나 이미지와는 전혀 다른 그 무엇이다. 신은 우리가 생각한 것보다 더 위대하고 신비하다. 신을 부정하는 입장에서 가장 많이 들고나오는 것은 현실에 존재하는 고통이나 악의 문제들이다. 그런데 인간의 이해타산과 상식을 뒤엎으며 고통을 감내하는 사람들은 헤아릴 수 없이 많다. 이들은 고통만을 바라보는 것이 아니라 고통을 넘어선 신의 섭리와 고통을 통해 도달할 수 있는 자아의 완성이나 성숙을 바라보기 때문이다. 이러한 고통의 긍정적인 의미에 관하여 벨테는 다음과 같이 말한다.

우리는 고통에 어떤 의미가 간직되어 있다고 믿을 수 있다. 우리는 그렇게 해야만 한다. 왜냐하면 한계를 가진 인간이 알 수 있는 것이란 아무것도 없기 때문이다. 우리는 신의 침묵을 견

---

195 카알 야스퍼스, 《철학적 신앙》, 신옥희 역, 이화여자대학교출판문화원, 1979, 40쪽.

디어 내지 않으면 안 된다. … 신을 신앙한다는 것은 어둠을 견디어 낼 수 있음을, 파악할 수 있는 일체의 것을 넘어서 참으로 파악될 수 없는 것 앞에 내어놓음을, 어떤 경우에라도 자신을 내어 맡김을 당연히 필요로 하는 것이 아닐까? 신은 그대로이다.[196]

벨테는 우리가 겪는 고통은 단지 현실에서 일어나는 경험으로 끝나지 않는다고 하였다. 비록 한계를 가진 인간이 인지할 수는 없지만, 고통에는 '신의 침묵'이 내재되어 있다고 하였다. 인간이 이 침묵을 파악할 수 있든 없든 신은 엄연히 존재하며 인간은 신 앞에 자신을 맡길 수밖에 없다고 하였다.

인간이 고통의 원인이나 이유를 알 수 없다 하더라도 무조건 신에게 자신을 내어 맡기라는 벨테의 주장을 수용하기는 쉽지 않다. 그럼에도 불구하고, 많은 유신론자가 고통은 각각의 고통이 지닌 어떠한 특별한 의미가 있다고 말한다. 그들은 고통을 통과하면서 오히려 헤아릴 수 없는 신의 신비를 체험하게 된다고 말한다. 그것이 고통의 아이러니한 속성이라는 것이다. 보통 사람은 고통을 통해 신의 부재와 무자비함을 호소할 수도 있지만, 신앙인은 흔히 고통을 통해 위대하고 신비로운 신의 성품을 경험하게 된다고 한다.[197] 신을

---

196 베른하르트 벨테, 《종교철학》, 오창선 역, 분도출판사, 1998, 192-193쪽.
197 Ibid.

242

믿는 자들이 고통을 통과하면서 신의 존재는 더 커지고 더 위대해진다는 것이다. 신이 "고통받는 자의 궁극적인 피난처가 되고 희망"이 되기 때문이다.[198] 궁극적으로 신은 고통받는 자들의 의식 속에서 그들이 받았던 고통의 기억조차 지워 버린다. 그러므로 우리가 경험하는 현실적인 고통은 오히려 신을 경험하는 기회가 될 수 있다. 고통스럽고 악한 세상을 보면서 신을 부정하는 대신 그로 인한 신의 섭리를 믿는 것이 신앙이다.

고통에 대한 인간의 투쟁은 자연스러운 것이다. 그러나 신을 믿는 자들에게 고통은 한계를 넘어서 삶의 의미를 찾는 것이며, 신에 대한 투쟁이 아니라 신과 함께 벌이는 투쟁이라고 볼 수 있다. 유신론자들은 악과 고통의 문제로 인하여 신을 부정하기보다는 오히려 신의 위대함과 신비함을 경험한다.

악한 세상과 고통스러운 삶을 경험하면서 신을 부정하는 무신론을 선택하거나, 아니면 신의 섭리를 믿는 유신론을 선택하는 것은 각자가 선택할 몫이다. 비록 무신론 시대의 도래에도 불구하고, 신앙인은 자신이 생생하게 경험한 신의 존재를 포기하지 말아야 할 것이다.

무신론은 언제나 가능한 것이기는 하지만, 그러나 결코 필연

---

198 Ibid, 192쪽.

적인 것은 아니다. 무신론은 우리 시대에 일종의 역사적 운명
과 역사적 불가피성이 된 것 같다. 그러나 이것 역시 다만 외
견상 그러할 뿐이다. … 이제 무신론의 시대가 도래하였다. 그
러나 무신론의 시대가 도래하였다면, 모든 시대가 그러했듯이
그것 역시 다시 떠나갈 수 있다. 신을 생생하게 체험하게 된
그들을 위해서 신앙의 길은 언제나 남아 있다.[199]

이 세상에 많은 사조가 나타났다가 사라졌듯이 무신론 역시 나
타났다가 사라질 사조의 하나로 볼 수 있다. 그러나 하나님은 살아
계시고 그의 복음을 받아들이는 자에게 구원과 영원한 삶을 주신다
고 믿는 기독교 신앙은 체험을 통해 확증되는 것이기 때문에 영원하
다고 말할 수 있다. 이런 면에서 단지 신에게 관심 있는 자와 신보다
는 인간 자신에게 관심 있는 자의 자유로운 선택만이 우리에게 남
아 있을 뿐이다.

---

199 Ibid.

에필로그

붓다의 세계관은 신을 전면 부정한다. 그럼으로써 반기독교적 입장에 서게 된다. 왜냐하면 기독교 신앙은 신의 존재를 전제로 하기 때문이다. 또한 기독교는 영혼의 존재를 믿고[200], 각 영혼이 신과 개인적인 관계를 맺는다고 믿는다. 더 나아가 죽음은 개인적 삶의 끝이 아니라 사후 세계로 들어가는 출발점이다.

여기서 중요한 것은 무지를 깨우쳐서 명지를 얻고, 이를 통해 열반에 이른다는 붓다의 가르침에 대한 기독교적 입장이다. 기독교가 생각하는 무지는 붓다와는 달리 인간의 죄성과 관련 있다. 즉 인간의 죄성은 단순히 인간이 지닌 욕망의 문제만은 아니라는 것이다. 이런 면에서 붓다는 인간의 죄성을 성악설(인류는 본성적으로 악하다는

---

200 한편, 기독교와 힌두교의 영혼에 관한 개념은 엄청난 차이가 있다. 기독교에서 하나님의 성령과 인간의 영혼은 서로 교류하고 교제하는 친밀한 사이가 될 수 있지만, 서로 질적으로 전혀 다른 존재다. 즉 동일 본질이 아니라는 사실인데, 이는 인간의 영혼은 창조의 영이신 하나님의 피조물이기 때문이다. 인간의 영혼은 하나님과 동등한 본질이 아니라 하나님에 의해서 창조된 피조물이라는 사실이다. 즉 죄로 인해 죽은 인간의 영혼이 살아계신 하나님의 영에 의해 새로운 생명을 얻을 수는 있지만, 그렇다고 인간이 신이 된다거나 신처럼 되는 것은 아니다. 죽어서 천국에 가더라도 하나님을 예배하고 찬양하는 하나님의 피조물로서 존재한다는 것이다.

주장)적으로 이해한다고 말할 수 있다. 하지만 기독교는 타락 후에야 성악설적인 입장(아담과 하와가 타락한 후에 하나님께 버림받고 죄와 욕망 가운데 비참하게 살아간다는 주장)을 취하기에 타락적 성선설의 입장(아담과 하와가 타락 이전에는 죄와 욕망에서 자유로운 순수하고 선한 존재들이었다는 주장)이라고 할 수 있다. 그러므로 기독교 신앙은 붓다의 사상과는 전혀 다르다고 봐야 한다.

붓다의 세계관은 무신론적 합리주의에 기초한 것이고, 기독교 신앙은 유신론적 신비주의에 기초한 것이기에 둘은 서로 만날 수 없는 평행선과도 같은 관계다. 붓다는 자신의 세계관만이 올바른 견해라고 주장하기에 배타적인 사상이고, 기독교는 예수만이 유일한 구원자라고 주장하기에 배타적인 신앙이다. 이런 면에서 붓다가 기독교 신앙을 용납하거나 받아들일 가능성은 전혀 없다. 또한 기독교인들이 붓다나 붓다의 사상을 따르는 추종자들에게 복음을 이해시킬 가능성도 거의 없다. 그 이유는 하나님의 존재를 증명할 수 없기 때문이고, 또한 하나님이 존재하지 않음을 증명할 여지 또한 전혀 없기 때문이다. 나아가 영혼이 실제로 인간의 마음속에 존재한다는 증거가 없고, 이에 대한 증명도 불가능하다. 더 나아가 천국이나 극락과 같은 사후 세계가 존재한다는 증거도 없으며 이에 대한 증명도 불가능하다. 이처럼 기독교와 불교는 전혀 양립할 수 없는 정반대의 세계관을 소유한 것이다.

종교란 근본적으로 무한하고 절대적인 초월자와 관계를 맺는 인간의 의식이라 할 수 있기에 종교적인 믿음은 이성적인 사고로 이해하는 것이 아니라 먼저 마음으로 믿어야 하는 것이다. 중세 신학자 캔터베리의 안셀무스(Anselm of Canterbury)는 "나는 믿기 위해 이해하려고 노력하는 것이 아니라 이해하기 위해 믿는다"라는 유명한 말을 남겼는데, 이것은 이성적으로 이해하기보다는 먼저 마음으로 믿어야 하며, 일단 마음으로 믿고 나면 이성적으로도 이해할 수 있게 된다는 뜻이다.

인간이 육안으로는 볼 수 없는 신의 존재를 믿는다는 것, 그 신이 나와 인류를 사랑하여 자기 아들을 우리에게 보냈다는 사실, 나의 죄가 하나님의 아들 예수 그리스도를 믿을 때 용서받는다는 사실, 또한 예수를 나의 구주로 받아들이면 하나님의 자녀가 된다는 사실 등등 기독교의 수많은 진리를 인간의 이성으로는 도저히 이해할 수도 그리고 받아들일 수도 없다. 이런 면에서 기독교 신앙은 머리로 이해하는 것이 아니니 먼저 마음으로 믿으라고 권고하는 것이다. 이는 기독교가 신비 종교임을 보여 주는 대목이다.

물론 붓다가 이러한 신비 종교의 비합리성과 비과학성을 지적할 것은 자명하다. 왜냐하면 붓다가 생각하는 종교는 인간 스스로 자신을 구원하는 것이며 자기완성을 위해 스스로 인격을 수양하는 수단에 불과하기 때문이다. 성경의 인물 중에 니고데모도 자연 과학적인 사고 탓에 예수가 말하는 영적인 세계를 인정하지 못했다.

예수께서 대답하여 이르시되 진실로 진실로 네게 이르노니 사람이 거듭나지 아니하면 하나님의 나라를 볼 수 없느니라 니고데모가 이르되 사람이 늙으면 어떻게 날 수 있사옵나이까 두 번째 모태에 들어갔다가 날 수 있사옵나이까 예수께서 대답하시되 진실로 진실로 네게 이르노니 사람이 물과 성령으로 나지 아니하면 하나님의 나라에 들어갈 수 없느니라 육으로 난 것은 육이요 영으로 난 것은 영이니 내가 네게 거듭나야 하겠다 하는 말을 놀랍게 여기지 말라 바람이 임의로 불매 네가 그 소리는 들어도 어디서 와서 어디로 가는지 알지 못하나니 성령으로 난 사람도 다 그러하니라(요 3:3-8).

예수는 인간의 존재를 영과 육으로 나누어 말했다. 그리고 인간은 육으로 한 번, 영으로 다시 한번 태어나야 한다고 하였다. 이것은 인간이 영적인 존재라는 사실을 드러낸 것이라 할 수 있다. 예수는 사람이 천국에 가려면 "물과 성령으로" 거듭나야 한다고 말한다. 성령은 하나님의 영으로서 초월적인 존재다. 예수가 말하는 이러한 영적이고 초월적인 경험은 인간의 의식과 감각으로는 이해할 수 없는 현상이다. 니고데모 역시 이것을 이해할 수 없었다. 그래서 예수께 물었다.

니고데모가 대답하여 이르되 어찌 그러한 일이 있을 수 있나
이까 예수께서 그에게 대답하여 이르시되 너는 이스라엘의 선
생으로서 이러한 것들을 알지 못하느냐 … 내가 땅의 일을 말
하여도 너희가 믿지 아니하거든 하물며 하늘의 일을 말하면
어떻게 믿겠느냐(요 3:9-10, 12).

예수는 먼저 니고데모에게 종교 지도자로서 '거듭남'(다시 태어남)
의 의미를 알지 못하느냐고 반문하면서 이는 하늘의 일이라서 평범
한 사람들은 믿지 못할 것이라고 하였다. 믿음이 없는 사람들에게
이는 초자연적으로 신비한 일로서 인간의 인식으로는 수용할 수 없
는 일이라는 것이다.

이제 우리는 선택의 기로 위에 서 있다. 그 차이는 너무나 분명하
다. 기독교는 유신론, 유아론, 내세 신앙, 창조, 필연 등을 믿고, 영의
세계를 인정하는 신비주의 종교이고, 붓다의 사상은 무신론과 무아
론이며, 내세 신앙이나 영적 세계를 부정하고 오로지 물질세계만을
인정하는 자연 과학적인 사상이다. 기독교와 붓다의 사상이 양립할
가능성은 전혀 없다. 두 주장 모두 과학적으로 증명할 수 있는 그런
주제들이 아니기 때문이다. 기독교냐 붓다의 사상이냐의 문제는 선
택과 믿음의 문제이지 과학적인 증명의 문제가 아니라는 것이다. 만
약 당신이 무신론적이고 자연 과학적인 사고를 한다면, 붓다의 사상
이 마음에 다가올 것이다.

붓다는 욕망의 문제를 스스로 해결할 수 있다고 주장하기에 그에게는 기독교의 복음이 전혀 필요 없다. 붓다는 탐욕과 갈애를 인류의 문제로 보았고, 이 문제를 해결하기 위해서는 감각적 쾌락의 대상들에 대한 집착을 제거해야 한다고 하였다. 그가 무신론자로서 수동적 허무주의나 쾌락주의를 부정하면서 오히려 도덕적이고 거룩한 방법을 선택한 것은 너무나 비정상적이지만, 정말로 초인적인 해법이었다. 비록 신적 존재는 아니지만, 죽음을 두려워하지 않는 초인적 용기와 감각적 쾌락을 부정하고 거룩한 삶을 살아 낸 붓다의 지혜와 절제, 그리고 지구상의 모든 생명에 대한 연민의 마음은 존경할 만하고 모범이 된다. 이런 면에서 신의 존재 자체를 거부하는 자들에게는 붓다의 가르침이 상당히 매력적이고 이상적으로 다가올 가능성이 크다고 본다.

하지만 당신이 신의 존재를 인정하고, 내면의 죄와 욕망의 문제를 스스로 해결할 수 없다고 생각한다면, 예수의 복음이 당신에게 희망을 가져다줄 것이다. 죄 문제에 시달리며 영혼의 안식을 얻지 못하는 자들에게 예수의 복음은 인생 최대의 희망이요 기쁨일 수 있다(마 13:44). 어떤 유신론적 종교도 신의 희생을 바탕으로 인간을 향한 신의 용서와 사랑을 말하지 않는다. 이는 오직 그리스도 예수에게서만 가능한 이야기다. 이러한 사실을 확신하는 사람들은 말로 형용할 수 없는 기쁨과 환희를 누린다(요 7:37-39, 15:11).

물론 힌두교나 이슬람교와 같은 유신론적 종교들에서도 각기 의미 있는 교리들과 신의 이야기들이 넘쳐나는 것은 사실이다. 하지만 여기서 강조하고 싶은 것은 인간의 죄를 용서하기 위해 하나님이 인간이 되어 자신과 인간 사이의 화목 제물이 되었다는 기독교 신앙의 종교적 의미와 상징이 너무나 독특하다는 것이다. 이와 관련하여 아신대학교 선교학과 안점식 교수는 다음과 같이 말한다.

> 십자가 사건은 지구상에 만연한 모든 동물 희생 제사 제도를 성취한다. … 마치 나침반이 북쪽을 가리키는 것처럼, 지구상의 문화 안에는 예수 그리스도를 가리키는 문화적 유비가 있다는 것이다. 동물의 피를 흘리는 희생 제사 제도는 지구상 도처에 만연하다. 아시아, 아프리카, 오세아니아, 아메리카 어디든 희생 제사 제도가 있다. 힌두교권, 불교권, 유교권, 이슬람권, 정령숭배권 등 모든 종교권에 희생 제사 제도가 존재한다. 이러한 종교들은 그들의 공식 종교 차원에서, 왜 동물의 피를 흘리는 제사가 요청되는지 교리적 필연성을 가지고 있지 않다. 오직 기독교만 이러한 동물의 희생 제사가 단번에 드려질 예수 그리스도의 영원한 대속의 그림자 사건임을 말한다. … 하나님은 우리의 죄를 사하시기 위해 예수가 십자가에서 대속하도록 하신 것이다.[201]

---

201 안점식, 《복음과 세계종교》, 죠이북스, 2020, 46쪽.

이처럼 예수의 십자가 사건은 하나님이 역사에 개입하여 자기 사랑을 보여 준 실제적 사건이다. 기독교 복음은 성육신, 십자가의 대속, 부활, 승천 등이 하나님이 인간 역사에 개입한 역사적 사실임을 천명한다. 기독교인은 개인적이고 주관적인 영적 체험을 통해 예수가 인류의 죄를 대속하기 위해 고난당한 것이 하나님의 사랑에서 기인함을 고백한다. 죄 가운데 헤매며 방황하는 자들에게 예수의 십자가는 죄 사함을 통해 자유함을 얻고, 하나님의 용서를 가슴 깊이 느낄 수 있는 하나님의 사랑과 구원 그 자체다.

종교 다원주의 시대에 기독교는 복음의 유일성을 주장할 수 있을까?

부록은 감수를 받지 않은 내용으로 감수인·서평인·추천인의 의견과 다를 수 있습니다. 저자 개인의 신앙심에서 우러나온 소회가 담겨 있음을 밝힙니다.

기독교가 당면한 종교 다원주의의 도전

"지금은 세계화 시대이며 세계는 한 가족"이라는 화두가 등장한 것도 벌써 오래전의 일이다. 이제 어느 나라도 고립되어 있지 않으며, 모든 나라는 정치·문화적으로 얽혀 있다. 종교도 마찬가지다. 신념과 엄격한 교리를 지키며 종교의 순수성을 지키는 시대는 이제 지나갔다. 종교 간의 융합과 대화의 필요성을 논하며 포괄주의와 다원주의가 등장하였고, 전혀 다른 종교 사이에도 연대를 강조하게 되었다.

그렇다면 종교 다원주의란 무엇인가? 종교 다원주의는 신이 각 시대와 민족에 따라 그들에게 합당한 구원자를 보내 준다고 믿는 종교적 합리주의다. 즉 신에게 도달할 수 있는 길은 오직 한 길만 있는 것이 아니라는 뜻이다. 마치 산 정상에 이르는 길이 하나가 아니라 여러 갈래인 것처럼 말이다. 목창균은 종교 다원주의를 다음과 같이 설명한다.

종교 다원주의는 절대 종교란 존재하지 않으며 모든 종교가 상대적이며 구원에 이르는 길도 다양하다는 주장이다. 어떤 산의 정상은 하나지만 그것에 이르는 길은 여럿일 수 있듯이, 구원이란 목표는 하나지만 그것에 이르는 길은 다양하다는 것이다. 따라서 다원주의는 구원은 기독교뿐만 아니라 다른 종교에서도 발견된다고 주장한다. 그것은 그리스도 중심의 배타적 태도를 피함으로써 신 중심적인 다른 종교와 연결을 모색하고 있다.[202]

종교 다원주의적 입장에서 볼 때, 구원의 길은 여러 갈래이며 이는 예수 그리스도만이 신이 보낸 유일한 구원자가 아니라는 것이다. 즉 예수 그리스도 외의 다른 구원자의 가능성을 열어 놓은 것이다.

다음으로 종교 포괄주의는 무엇인가? 포괄주의(혹은 포용주의)는 예수 그리스도가 유일한 구원자라는 사실은 인정하지만, 예수의 십자가 구원은 소위 믿지 않는 사람들에게도 적용된다는 주장이다. 이는 기독교 신앙만이 유일한 진리라고 주장하는 배타주의와 다원주의 사이의 중간적인 태도로 타 종교에 대한 기독교의 우월성을 주장하면서도 구원의 대상이나 범위에 관해서는 관용적인 태도를 보여주는 주장이다. 이러한 종교 포괄주의의 근거는 하나님은 사랑의 하

---

202 목창균, 《한 걸음 한 걸음이 정상에 이르게 한다》(동막 목창균 교수 정년 퇴임 기념 문집), 서울신학대학교출판부, 2013, 158쪽.

나님이요 은총의 하나님이라는 믿음이다.[203]

포괄주의 입장에서는 오직 예수만을 믿어야만 천국에 가고, 믿지 않는 모든 자는 지옥에 간다는 사실을 거부한다. 만일 신의 성품이 사랑이라면, 그럴 리가 없다는 것이다. 포괄주의자는 만일 하나님이 사랑의 하나님이라면, 연옥이라도 만들어 지옥에 가야 할 모든 사람을 정화시킨 후에 모두 천국에 보낼 것이라고 주장한다. 이는 인류의 보편적 구원을 말한다. 종교 포괄주의는 19세기 자유주의 신학의 결과다. 자유주의 신학은 17-19세기에 걸쳐 일어난 현대 계몽주의 세계관을 거치면서 자연스럽게 등장한 인간 중심의 새로운 신학이다. 이는 신의 계시보다는 인간의 이성을 중시하는 합리적이고 비판적인 신학이다.[204]

기독교 신앙은 근본적으로 배타적인 성향이다. 그렇다면 배타주의란 무엇인가? 이는 예수가 하나님이 보여 주신 유일한 최종적 계시라는 사실을 믿는 것이다. 이는 예수 그리스도를 통해 드러난 하나님의 계시(나타남, 보여 줌)외에 그 어떠한 계시도 발견될 수 없다는 신앙이다.

다른 이로써는 구원을 받을 수 없나니 천하 사람 중에 구원

203 Ibid.
204 Ibid, 159쪽.

을 받을 만한 다른 이름을 우리에게 주신 일이 없음이라 하였더라(행 4:12).

이처럼 예수 그리스도를 통해서 보여 주신 하나님의 계시의 최종성과 유일성은 예수 그리스도만이 유일한 구원자라는 사실을 믿는 것이다. 예수를 통한 하나님 계시의 최종성과 유일성을 주장하는 사람들은 보수적 복음주의자들이다. 이들도 둘로 나뉘는데, 하나는 근본주의 신학자들이고, 다른 하나는 온건한 보수주의 신학자들이다. 근본주의자들은 강경 보수주의자들로서 예수 그리스도의 복음을 듣고, 믿는 자만이 구원받을 수 있으며, 타 종교의 신자들을 포함한 그밖의 비기독교인들은 멸망하게 된다고 주장한다. 이에 반해 온건한 보수주의 신학자들은 불가지론적 입장을 취한다. 즉 예수를 믿어야 구원을 얻는 것은 분명한 사실이지만, 예수의 이름조차 들어보지 못한 타 종교의 신자들이나 비기독교인들의 운명에 관해서는 우리가 알 수 없고, 단지 사랑의 하나님의 주권에 맡길 수밖에 없다는 입장이다.[205]

존 힉에 따르면, 전통적인 기독교 신학은 나사렛 예수가 하나님이라는 확신이 그 중심에 있다. 이는 예수가 이 땅에 인간의 삶을 살았던 삼위일체 하나님의 두 번째 위격이라는 사실을 믿는 것이다.

---

205 Ibid, 159쪽.

이러한 사실에 근거해서 기독교는 단 한 번만 이 세상에 찾아오신 인격적인 하나님에 의해 세워진 종교라고 확신한다. 그러므로 기독교만이 인간을 구원하는 유일한 종교라는 것이다. 왜냐하면 이 구원은 하나님 자신에 의해 제공되고 지정된 유일한 것이기 때문이다. 이런 면에서 존 힉은 "전통적인 기독교 신학은 결단코 종교 다원주의를 허락하지 않는다"라고 주장한다.[206]

결과적으로, 기독교 신앙은 그 배타성으로 인해 다른 종교들과의 대화가 거의 불가능하다는 것을 보여 준다. 즉 교리적인 측면에서 기독교는 하나님이 살아 계시다는 사실과 예수가 유일한 구원자라는 사실을 포기할 수 없다는 것이다.

하지만 우리는 세계화 시대에 살아가고 있다. 이제 여러 종교가 함께 어우러져 살아가야 하는 시대가 된 것이다. 과연 종교 다원 사회에서 기독교인은 예수만이 유일한 구원자라는 배타적인 신앙을 유지할 수 있을까? 니니안 스마트는 기독교가 당면한 종교 다원주의적 도전을 다음과 같이 진술한다.

기독교 계통의 학자들은 기독교 이외의 다른 모든 종교가 별개의 집단으로 취급되어야 한다고 여겼다. 그들은 기독교는 특별한 종교이며 다른 종교와는 결코 비교될 수 없다고 주장

---

206 John Hick, *God Has Many Names*, Westminster John Knox Press, 1980, p. 26.

했다. 그러다가 1960년대에 들어서 영어권 세계와 북유럽 일부에서 좀 더 광범위하고 체계적인 종교학이 성립됨으로써 기독교를 포함한 다양한 종교와 세계관들이 동등하게 다루어지기 시작했다. 그 결과, 부분적으로 비교종교학에서 생겨났다고 할 수 있는 현대 종교학은 기독교를 기독교 신학자의 전유물이 아닌 "세계 종교"의 하나로 간주하게 되었다.[207]

볼프하르트 판넨베르크(Wolfhart Pannenberg)에 따르면, 이러한 종교 다원주의적 도전은 최근 몇 세기에 거쳐 지속되어 온 현상이고, 이는 기독교 신학자들의 기독교 신앙에 대한 확신을 약화시키는 침식 작용으로 보이는 것이 사실이라는 것이다. 이러한 종교 다원주의적 도전은 결국 서양 기독교인들의 사고방식의 위기를 보여 주는 것이라고 할 수 있다. 복음주의 입장에서 종교 다원주의적 대화는 수용하기 힘들고 불편한 것이 사실이다. 다원주의는 종교 상대주의에 바탕을 두고 있기 때문이다. 종교 상대주의는 모든 종교가 자신의 유일성을 주장하지만, 결국 종교는 인간이 만든 신화이거나 상상물에 불과하다는 결론에 이르게 된다. 종교 다원주의를 옹호하는 가톨릭 신학자 폴 니터는 《붓다 없이 나는 그리스도인일 수 없었다》(*Without Buddha, I could not be a Christian*)라는 책을 썼는데, 그에 따르면,

---

207 니니안 스마트, 《종교와 세계관》, 김윤성 역, 이학사, 2000, 37쪽.

정말로 예수가 문자 그대로 육체적으로 무덤에서 살아나와 40일 동안 그의 제자들과 걸었으며, 정말로 그가 승천하여 구름 사이로 사라졌단 말인가? 이러한 예수의 이야기는 동화책에 나오는 이야기처럼 황홀하기만 하다. … 만일 다른 종교 문학 서적처럼 신약 성경이 상징과 신화적인 이야기들로 가득 차 있다면, 우리가 예수의 이야기를 문자 그대로 받아들일 필요는 없을 것이다. 물론 일말의 역사적인 사실들이 가미된다고 할지라도 말이다. 그렇다면 예수의 부활 사건은 역사적인 사실에 근거하지 않고, 어떠한 상징적인 의미를 부여하기 위해 사용한 상징이나 혹은 신화가 아닐까? 내가 힘들어하는 것은 기독교인들이 부활 사건을 마치 기독교의 진실성을 증명하거나 타 종교들에 대한 우월성을 보여 주는 증거로 사용하려는 사고방식에 있다. 단언하자면, 그 누구도 죽음에서 살아서 돌아온 자는 없다![208]

종교 다원주의적 입장에서, 예수는 단지 한 사람의 인간, 즉 도덕 선생에 불과한 것이다. 종교 다원주의자들에 따르면, 예수도 인간이고 붓다도 인간일 뿐인데, 제자들과 후대 사람들의 종교성이 그들을 신적인 존재로 등극시켰다는 것이다.[209]

---

208 Paul Knitter, *Without Budda, I could not be a Christian*, Oneworld Publications, p. 102.
209 페리 슈미트-레우켈은 예수와 붓다가 그들 자신을 신적인 존재로 생각하지 않았다고 주장한다. 그는 역사적 예수의 신성과 인성의 조화는 불가능하다고 주장하면서 예수

과연 예수는 하나님의 아들인가?

신약 성경에서 예수는 하나님의 아들로 묘사되고 있다. 전통 기독교가 예수를 하나님의 아들이 아니라고 부정만 한다면, 종교 간의 대화는 아주 간단해질 수 있다. 신약 성경을 연구하는 일부 신학자들은 성경이 쓰인 과정을 근거로 하여 본래 예수 자신은 하나님의 아들이라는 의식이 없었다고 주장한다.

성경은 한 저자에 의해 한 번에 쓰인 것이 아니라 여러 사람의 입을 통해 구전되는 과정에서 여러 가지 형태의 전승들이 생겨났으며, 전승된 형태들은 각 지역과 인종적 특성에 따라 다르게 편집되었다.

예를 들어, 마태복음은 유대인 기독교인들을 위해 편집된 것이

는 단지 인간이었을 뿐이라고 말한다. 그러니까 예수나 붓다를 신과 인간 사이의 중재자로 생각하고 받아들인 것은 그의 제자들이었다는 것이다. 그렇다고 예수와 붓다가 신과 인간 사이의 중재자가 아니라고 주장하는 것은 아니다. 예수와 붓다가 신인 사이의 중재자는 맞지만, 그들은 애초부터 인간이었다는 사실을 강조하는 것이다. Perry Schmidt-Leukel, "Buddha and Christ as Mediators of the Transcendent: A Christian Perspective" in *Buddhism and Christianity in Dialogue*, SCM Press, 2004, p. 167, 172쪽.

고, 마가복음은 가장 오래된 복음서로 유대인이 아닌 이방인들을 위해 편집된 것이고, 누가복음은 로마인이나 그리스인 등 기독교 복음을 처음 들어보는 이방인들을 위해 편집된 것이고, 요한복음은 가장 뒤늦게 편집된 것으로 예수의 신성을 완벽하게 주장하며 이미 정착한 기존 신도들을 위해 쓰였다고 전해진다. 이러한 복음서들의 편집 과정에 중요한 자료 혹은 바탕이 되는 자료가 바로 마가복음과 Q자료(예수 어록)라고 하는데, 이러한 복음서의 형식과 그 편집 과정을 통해 최초의 복음을 더듬어 찾아가 보면, 실제로 역사적 예수는 자신을 신적인 존재로 주장하지도 않았을 뿐만 아니라 스스로 인식하지도 않았다는 것이다. 단지 그의 제자들과 초대 교회의 공동체 일원들이 예수를 신적인 존재로 만들었을 뿐이고, 신적인 요소가 구전하는 과정에서 첨가되었다는 것이다. 예수의 동정녀 탄생이나 부활도 실제 사건이 아니라 신화적인 요소가 첨가된 것으로 제자들의 신앙이 이를 가능케 했다는 것이다.

다음은 종교 다원주의적 대화를 주도했던 신학자 존 힉의 주장이다.

신약 학자들이 가장 무리 없이 일치하는 사실에 주목하는 것은 기독론의 발전을 이해하는 데 중요하다. 이는 바로 역사적 예수는 신성에 대한 주장을 하지 않았고, 후대 기독교 사상이 그에 대해 만들어 낸 것이라는 점이다. 그는 자신을 하나님으로나 성자 그리고 성육신한 존재로 이해하지 않았다. 기독교 신학이 사용해 왔던 의미로서 신적 성육신의 개념은 하나님 신성의 영원히 선재하는 요소, 즉 성자 혹은 신적 로고스가 인간 존재로 성육되었다는 사실을 주장한다. 그러나 역사적 예수가 그 같은 방식으로 자신을 생각했다는 것은 거의 가능성이 없는 추론이다. 진실로 그는 그와 같은 생각을 신성 모독으로 아마 거부했을 것이다.[210]

위의 진술은 예수가 본래 보통 인간이었으나 세례를 받으면서 성령으로 충만해지자 하나님의 아들이 되는 양자의 체험을 하게 되었다는 주장이다.[211] 이는 결국 초대 교회의 유대 기독교 공동체, 에비

---

210 존 힉, 변선환 역, 《성육신의 새로운 이해》, 이화여자대학교출판문화원, 1997, 52쪽.
211 역사적 예수를 연구하는 예수 세미나(Jesus Seminar)의 설립자 로버트 펑크(Robert W. Funk)에 따르면, 예수가 죽은 후에 예수가 메시아로서 재림할 것을 기대하던 제자들이 그들이 생각하던 시간에 재림이 이루어지지 않고 지연되자 예수에 관한 기억을 떠올리면서 복음서를 기록하게 된다. 이때 그들은 예수를 하나님의 아들로 이해하게 되었고, 예수가 세례를 받으면서 하나님의 아들로 지명되었다고 주장하였다는 것이다. 펑크는 이러한 주장을 양자론적 그리스도론이라고 부른다. - 로버트 펑크, 김준우 역, 《예수에게 솔직히》, 한국기독교연구소, 2006, 426쪽. 페리 슈미트-레우켈에 따르면, 예수와 붓다는 애초부터 인간 그 이상도 이하도 아니었다. 초대 교회의 이단이었던 양자설처럼, 자신이 신의 아들이라는 의식이 전혀 없었던 예수가 세례를 받고 성령의 임하심에 따라 하나님의 아들로 인 치심을 받았다는 것이다. 이는 누구든지 성령의 충만함을 받으면 하나님의 현존을 느끼며 자신 안에 신성과 인성의 조화가 이루어진 예수와 같은 존재가 될 수 있다는 주장이다. "무릇 하나님의 영으로 인도함을 받는 사람은 곧 하나님의 아들이라"(롬 8:14). 이런 면에서 페리 슈미트-레우켈은 모든 인간은 하나님의 아들이 될 가능성을 갖고 태어난다고 생각한다. 예수만이 유일한 하나님의 아들이 아니라는 주장이다. Perry Schmidt-Leukel, "Buddha and Christ as Mediators of the Transcendent: A Christian Perspective" in *Buddhism and Christianity in Dialogue*, SCM Press, 2004, p.168-169. 이는 예수 안의 신성과 인성의 조화는 상징적인 표현이고, 실제로 신성은 하나님의 성령이 충만할 때 임하는 하나님의 현존을 말하는 것이고, 이는 결국 모든 사람이 부처가 될 수가 있듯이 모든 사람이 그리스도가 될

온파가 주장하였던 것이고, 190년경에 테오도투스(Theodotus)가 주장한 양자설 주장과도 비슷하다. 예수는 본래 보통 인간이었지만, 세례받을 때 하나님으로부터 인류 구원의 사명과 그 능력을 부여받고서 하나님의 양자가 되었다는 주장이다. 양자설은 그 후 사모사타의 바울(Paul of Samosata)이 이어받아 261년에 안디옥 공의회에서 이단으로 단죄되었다.

이러한 신약의 복음서에 관한 양식 비평이나 편집 비평은 예수의 신성을 믿지 못하는 현대 자유주의 신학자들의 연구 결과다.[212] 그

수 있다는 결론에 다다를 수 있다. 이러한 결론은 다시 기독교의 하나님과 본질적인 부처가 동일한 존재인가의 질문으로 이어진다. 이에 대해 페리 슈미트-레우켈은 기독교의 하나님과 본질적인 부처는 똑같은 존재는 아니지만, 둘 다 그들만의 방식으로 그들을 초월하는 궁극적 실재를 가리킨다는 면에서 다르지 않다고 말한다.

212 양식 비평은 독일의 개신교 구약학자 헤르만 궁켈(Hermann Gunkel)이 시도한 구약 성경 연구 방법으로 시작되었는데, 이는 모세오경 등 구약 성경 내용 간의 불일치나 오류 등에 의문을 품고서 그 원인을 찾다가 구약 성경이 한 번에 쓰인 것이 아니라 입에서 입으로 오랜 세월 전해져 내려오다가(구전), 여러 가지 유형의 양식(form)으로 정착되었고, 성경 기자는 이러한 양식들을 모아서 그가 처한 시대적이고 문화적인 상황에 맞게 각색하고 편집해서 기록했다는 사실을 주장한 것이다. 그러므로 서로 다른 유형의 양식들이 각각 다른 각도에서 역사적 사실을 서술하므로 똑같은 사건이라도 성경마다 조금씩 다르게 기록되었다는 주장이다. 그러므로 각 성경이 쓰인 시대적 상황(삶의 자리)을 파악해서 성경 본문을 연구하다 보면, 각 성경이 쓰일 당시에 구전되던 양식을 파악할 수 있다고 주장했다. 그래서 서로 다른 각각의 양식들을 분류해서 무엇이 진정한 역사적 사실이었는지를 파악하려고 했고, 또한 역사적 사실의 과장이나 신화적 요소나 혹은 주변 나라들이나 지방에 전해져 내려온 민간 신앙들이 어떻게 그리고 얼마만큼 성경에 유입되었는지도 파악하려고 하였다. 이러한 양식 비평의 결과로 홍해 바다의 기적이나 만나의 기적 그리고 태양이 멈추는 기적 등과 같은 대부분의 기적이 역사적 사실이기보다는 신화나 민담 내지는 사실의 과장 등으로 추론되게 되었다. 이러한 구약의 양식 비평은 독일 신약학자 불트만(Bultmann)에 의해 신약에도 적용되었는데, 불트만은 양식 비평 방식을 통해 복음서를 파헤쳤고, 그 결과로 역사적 예수는 신인 양성의 신적인 인물이 아니라 단지 한 인간에 불과했다는 결론에 이르렀다. 그는 동정녀 탄생이나 부활과 같은 기적들을 신화로 취급하게 되었는데, 이를 통해 예수 복음의 비신화화를 주장하면서 성경에 나타난 예수와 관련된 신화적 요소들을 빼고 역사적 예수를 연구하자는 주장을 하였다. 즉 신화적인 존재로 신격화된 신앙의 그리스도와 실제 역사적 예수는 서로 다른 존재라는 것이다. 로버트 펑크가 주도한 예수 세미나도 이러한 불트만의 양식 비평적 방식을 따라 역사적 예수를 연구하자는 시도로 이해된다. 로버트 펑크의 다음 주장을 보면, 그가 역사적 예수와 그를 따르던 제자들을

들의 연구 결과는 일견 그럴듯해 보이지만, 그 결론이 사실인지는 증명할 길이 없다. 추정에 불과하고, 그렇게 믿고 싶은 것뿐이다. 역사적 예수를 연구하는 종교 다원주의 신학자들이 초대 교회의 기독론, 즉 기독교 삼위일체론이 니케아(325년)와 칼케돈(451년) 공의회를 거치면서 완성되었다고 주장하지만,[213] 사실에 근거하여 보면, 사복음서(마태·마가·누가·요한복음)의 완성은 그보다 훨씬 이전에 이루어졌다. 복음서 가운데 가장 늦게 쓰인 것으로 알려진 요한복음조차도 90-100년 사이에 기록된 것으로 보인다.

불트만과 예수 세미나가 주장하는 양식 비평적 신약 연구에는 주목해야 할 사실이 있는데, 그것은 신약 복음서의 구전 기간이 겨우 예수가 죽은 후 30-40년에 불과하다는 것이다. 구전 기간이 매우 짧아서 심하게 왜곡하거나 새로운 내용을 첨가하여 전할 가능성이 매우 희박하다. 그뿐만 아니라 또 다른 문제는 역사적 예수를 직접 경험하고 목격한 그의 열두 제자들이 바로 그 구전 기간에 살아서 복음을 전하고 다녔다는 것이다. 실제 증인들이 증거한 것이기 때문에 구전되다가 서로 다른 형식으로 정착된 것이라 할지라도 예수의

어떤 관점으로 보는지를 쉽게 알 수 있다. "예수의 추종자들은 메시아를 마케팅하기를 원했던 것이다. 그들은 기적을 일으킨 다른 카리스마적 인물들이 행한 모든 것을 예수도 행한 것으로 만들어 나감으로써 메시아를 마케팅했다. 이에 덧붙여 그들은 예수가 죽은 후에 자신들에게 나타났던 것을 포함하여 일련의 신적 현현을 통해 예수의 지위와 위치를 증명하였다. 마지막으로, 그들은 예수를 신화적인 틀 속에 넣어 갈릴리의 현자 예수를 그리스도로 대치시켰다. 이런 모든 것은 선전을 위한 것이었다."-로버트 펑크, 김준우 역,《예수에게 솔직히》, 한국기독교연구소, 2006, 252쪽.
213 한인철,《종교 다원주의의 유형》,한국기독교연구소, 2005, 264쪽.

어록이나 복음서들이 문제가 될 정도로 변형되거나 가감되지는 않았다는 것이다. 그래서 마태, 마가, 누가복음을 같은 시각으로 바라본다는 의미로 공관복음이라 칭하는 것이기도 하다. 그리고 예수의 탄생과 사역의 시기도 문제인데, 소크라테스(Socrates)보다도 약 500년 뒤이고, 마케도니아의 알렉산더 대왕(Alexander the Great)보다도 약 300년 뒤이며 로마 장군 율리우스 카이사르(Julius Caesar)보다도 약 100년 뒤라는 것이다. 이미 그리스의 합리적인 학문의 분위기가 자리잡힌 시점에서 예수의 동정녀 탄생이나 부활 등과 같은 기적 이야기들을 신화적으로 꾸민다는 것은 그리 쉬운 일이 아니다. 만일 예수가 죽고, 그의 어록이나 사역이 구전되는 40년 동안에 예수의 제자들이 예수에게 신성을 부여하기로 꾸몄다면, 기독교는 사이비 종교 집단으로 몰렸을 것이고, 예수는 사이비 교주로 조롱받았을 것이다. 그리고 만일 펑크의 주장대로 예수를 종교 시장에서 팔기 위한 전략의 일환으로 제자들이 예수를 신격화하였다면, 그들은 정말로 대담한 사기꾼들이다. 더 나아가 죽은 예수를 부활하였다고 꾸며 대며 사이비 복음을 위해서 그들 스스로가 순교를 당했다면, 그들은 정말로 어리석은 정신병자들임이 틀림없다.

학자에 따라 다르겠지만, 일반적으로 마태복음은 80-90년 사이에, 마가복음은 70년경에, 누가복음도 70년경에 그리고 요한복음은 90-100년 사이에 편집되었다고 보는 것이 정설이다. 그리고 예수 세미나를 주장하는 학자들이 말하는 Q자료, 즉 '예수의 어록'은

50-60년경에 이미 존재했을 가능성이 높다고 한다.

복음서 중에 가장 일찍 완성되고 가장 짧은 성경이 바로 마가복음이다. 마가복음은 "하나님의 아들 예수 그리스도의 복음의 시작이라"(막 1:1)로 시작한다. 즉 예수가 하나님의 아들이라는 확신에 찬 신앙 고백으로 복음서를 시작하고 있다.

마태복음 역시 예수가 하나님의 독생자임을 분명하게 드러내고 있다. 예수의 동정녀 탄생(마 1:18-21)을 시작으로, 예수가 세례를 받을 때 하늘로부터 "이는 내 사랑하는 아들이요 내 기뻐하는 자라"(마 3:17)라는 음성을 듣는 장면에서 그가 하나님의 독생자임을 확증하고 있다. 하늘나라에서뿐만 아니라 사탄의 세계에서도 예수가 하나님의 아들임을 인지하고 있다. 마귀가 예수를 광야에서 시험할 때 그를 성전 꼭대기에 세우고 "네가 만일 하나님의 아들이어든 뛰어내리라"(마 4:6)라고 말하는 장면이나 마태복음 8장에서 귀신들이 "하나님의 아들이여 우리가 당신과 무슨 상관이 있나이까 때가 이르기 전에 우리를 괴롭게 하려고 여기 오셨나이까"(마 8:29) 하고 소리 지르는 장면을 통해 영적인 세계에서도 예수가 하나님의 아들임을 인정하고 있음을 볼 수 있다. 비록 예수의 존재를 몰랐더라도 이 세상에서 체험을 통하여 그 존재를 알 수 있음을 증거하는 내용도 서술되어 있다. 예수의 무덤을 지키던 백부장과 함께 예수를 지키던 자들이 "이는 진실로 하나님의 아들이었도다"(마 27:54) 하고 결정적인 고백을 한 일이 기록되어 있다. 당시 백부장은 예수가 누구인지도 몰랐다. 그런데 예수의 죽음을 보고, 그가 하나님의 아들임을 알게 되었다는 것이다. 이는 누구든지 개인적인 체험을 하게 되면, 예수가 하나님의 아들임을 알게 된다는 사실을 나타낸다.

누가복음의 기록도 이와 다르지 않다. "천사가 대답하여 이르되 성령이 네게 임하시고 지극히 높으신 이의 능력이 너를 덮으시리니 이러므로 나실 바 거룩한 이는 하나님의 아들이라 일컬어지리라"(눅 1:35)라는 예수의 수태고지는 인간 예수로서가 아니라 하나님의 아들로서의 정체성을 분명하게 밝히고 있다.

요한복음에 이르러서는 예수의 신성에 대한 신앙 고백이 절정에 다다른다.

태초에 말씀이 계시니라 이 말씀이 하나님과 함께 계셨으니 이 말씀은 곧 하나님이시니라(요 1:1).
말씀이 육신이 되어 우리 가운데 거하시매 우리가 그의 영광을 보니 아버지의 독생자의 영광이요 은혜와 진리가 충만하더라(요 1:14).

요한복음은 첫 장부터 예수가 누구인지를 분명하게 밝히고 있다. 예수는 하나님이자 그분의 독생자라 하였다. 이는 예수가 인간의 몸을 입고 온 신적인 존재임을 첫머리부터 밝힌 것이다. 이것은 요한복음의 저자뿐 아니라 예수도 자신이 하나님의 아들임을 분명히 밝히었다.

예수께서 이르시되 나는 부활이요 생명이니 나를 믿는 자는 죽어도 살겠고 무릇 살아서 나를 믿는 자는 영원히 죽지 아니하리니 이것을 네가 믿느냐 이르되 주여 그러하외다 주는 그리스도시요 세상에 오시는 하나님의 아들이신 줄 내가 믿나이다(요 11:25-27).

당시에도 예수가 하나님의 아들이라는 사실은 쉽게 수용되지 않았을 것이다. 예수의 수태부터 이적을 통하여 하나님의 아들임을 드러냈지만, 체험이 없이는 인정할 수 없는 믿음의 한계를 보여 주는 것도 요한복음이다.

나와 아버지는 하나이니라 하신대 유대인들이 다시 돌을 들어 치려 하거늘 예수께서 대답하시되 내가 아버지로 말미암아 여러 가지 선한 일로 너희에게 보였거늘 그 중에 어떤 일로 나를 돌로 치려 하느냐 유대인들이 대답하되 선한 일로 말미암아 우리가 너를 돌로 치려는 것이 아니라 신성모독으로 인함이니 네가 사람이 되어 자칭 하나님이라 함이로라(요 10:30-33).

예수를 하나님의 아들로 고백하는 Q자료나 마가복음과 누가복음은 예수의 열두 제자들의 제자들이 살아 있을 때 이미 완성되었다. 복음서 내용을 구전으로 전승한 기간이 40년 안팎으로 매우 짧다. 예수를 하나님의 아들로 고백하는 신앙 고백은 예수가 죽은 후에 300-400년 정도 지나서 만들어진 신앙 고백이 아니라 예수의 열두 제자들이나 그의 제자들이 살아 있을 당시에 그들이 경험한 예수를 신앙으로 고백한 것이다.

니케아와 칼케돈 공의회에서 결정한 것은 예수가 하나님의 아들이라는 사실을 교회가 어떻게 해석해야 하는가에 대한 결정이었다. 유대교의 유일신 신앙에 의하면, 예수를 신적인 존재로 고백하는 것은 우상 숭배(출 20:3)요 신성 모독(요 10:33)이기에 이러한 불편한 사실을 모순되지 않게 사람들에게 이해시키려고 시도한 것이다. 이들 공의회를 통해 예수의 신성이 추가되거나 기독교 삼위일체론이 인위적으로 만들어진 것이 아니라 예수의 정체성을 신학적 교리로 그렇게 묘사한 것이다.[214]

---

214 좀 더 쉽게 말하자면, 유대교의 완성을 주장하는 기독교가 유대교 전통과 유대교 경전(토라, 율법서들)이 강조하는 유일신 신앙과 어떻게 조화를 이룰 것인가 고민하다가 삼위일체론이 형성된 것이지 예수가 하나님의 아들이라는 사실을 첨가해서 삼위일체론을 만든 게 아니라는 사실이다. 예수의 제자들과 초대 교회 성도들은 예수의 신성을 확고하게 믿었지만, 유대교 유일신 신앙과의 충돌 내지는 모순을 고민하지 않을 수 없었다. 그래서 삼위일체론을 구체적으로 설명하려고 들던 대부분의 시도가 이단적인 사상으로 정죄되었다는 사실이 이를 뒷받침해 준다. 그러므로 451년 칼케돈 공의회에서 완성된 기독교의 삼위일체론은 예수의 신성을 믿는 교회 지도자들이 유대교의 유일신 사상과 조화를 이룰 수 있는 기독교적 신관을 재구성한 것이다. 삼위일체론은 유일신 사상이지 삼신론이 아니다. 삼신론이 아닌 유일신 신앙을 지키려는 기독교 사상가들의 최선의 노력이 삼위일체론을 제안한 것이다. 여기서 중요한 것은 유일신 하나님은 너무

복음서를 통해 예수를 만나고 체험하는 사람들에게 복음서의 주장은 역사적인 사실인 것이다. 복음이 진정한 복된 소식이 되기 위해서는 하나님의 성육신, 십자가 죽음, 부활, 승천 등 모두가 역사적 사실이어야 한다. 하나님이 인간의 역사에 직접 참여하신 실제적인 사건이어야 한다는 것이다. 그렇지 않다면 기독교 복음은 그 효력을 상실하게 된다.

나 신비에 싸여 있어 우리가 제대로 알 수 없으나 예수를 통해서 그 하나님을 알게 되었다는 사실이다. 그러므로 기독교는 예수를 믿고, 예수를 통해 하나님을 알게 되고, 예수를 위해 목숨을 바치는 신비한 종교다.

기독교는 복음의 유일성을 주장할 수 있을까?

요즘 같은 종교 다원주의 시대에 예수만이 유일한 구원자라고 믿는 기독교 신앙은 점차 주장하기 힘든 독선이 되어 가고 있다. 현대인의 눈으로 볼 때, 기독교만의 독특성을 발견하기가 힘들기 때문이다.

현상만 놓고서는 기독교가 세계 종교 중에서 유일한 권위를 가지는 종교라고 명백하게 납득시키기는 쉽지 않아 보인다. 기독교에 나타나는 현상은 다른 종교에서도 거의 나타나는 것으로 보이기 때문이다. 다른 종교도 경전을 가지고 있고, 그 안에는 유익한 구절이 많이 있다. 다른 종교에서도 신유나 축귀와 같은 것이 있다. 다른 종교도 세계관과 종교적 체험들을 제공한다. 다른 종교에서도 예언이나 방언과 유사한 현상이 나타나기도 한다. 게다가 기독교인들의 도덕성이 타 종교인들의 도덕성보다 압도적으로 우월해 보이지도 않는다. 그렇다면 현상적으로 봐서, "기독교가 다른 종교와 비교해서 도대체 뭐가 다르냐?"라는 질문이 제기되는 것은 어쩌면 당연하다. 이처럼 기독교의 독특성은 현상학적 접근으로는 잘 드러나지 않는다.[215]

이웃 종교끼리 사이좋게 지내야 할 시대에 종교 간의 갈등을 부추기는 기독교 복음의 독선적이고 배타적인 주장은 세계 평화와 안정에 해롭게까지 여겨진다. 과연 기독교는 예수 복음의 유일성을 계속해서 외쳐야만 하는가? 도대체 복음의 유일성을 뒷받침하는 근거는 무엇인가?

기독교가 복음의 유일성을 주장하기 위해서는 다음과 같은 질문을 논의해야 할 것이다.

첫째로 인류나 각 개인이 지닌 역사성에 관한 질문이다. 이는 인간 실존이 지닌 실재성에 관한 의문이다. 과연 나의 삶은 꿈인가 환상인가? 과연 나의 삶은 의미가 있는가? 힌두교는 이 세상을 환상이나 꿈으로 여긴다. 이 세상은 윤회 과정에서 거쳐 지나가는 장소 중하나에 불과하다. 그러기에 개인이나 인류의 역사는 그리 중요하지 않다는 것이다. 궁극적 실재로서 브라만이 지닌 초월성만 강조될 뿐

215 안점식, 《복음과 세계 종교》, 죠이북스, 2020, 19-20쪽.

개인 삶의 의미나 정체성은 간과된다.[216] 불교 또한 이 세상을 꿈이나 환상으로 여긴다. 인간은 오온으로 구성된 조합물에 지나지 않고, 죽으면 사라지는 허무한 존재에 불과하다. 개인의 정체성에 역사성이나 의미를 부여할 이유나 가치가 없다. 아이러니하게도 존재의 무가치함이나 인생무상을 깨닫는 것이 바로 열반이다. 힌두교는 개인이 지닌 개별 역사성보다는 개인이 우주적 영인 브라만과 하나라는 사실을 깨닫는 데에 방점이 찍혀 있다. 결국 힌두교와 불교는 깨달음, 인식의 전환을 가르치는 관념적인 종교다. 모든 것이 생각 속에 이뤄지는 인식과 의식의 종교다. 잘못된 인식을 뜯어고치라는 종교다. 힌두교는 개인은 신의 일부이거나 신 자체라는 사실(범아일여)을 깨달음으로써 고통에서 벗어날 수 있다고 말한다. 불교는 개인은 죽으면 끝나는 아무런 의미가 없는 존재임을 깨달음으로써 해탈할 수 있다고 주장한다. 힌두교에서는 개인의 역사성이나 정체성은 브라만이라는 궁극적 실재의 초월성에 흡수되거나 함몰되고, 불교에서는 각 개인의 정체성과 의미는 죽음과 함께 사라진다.

과연 인류는 신기루인가? 붓다가 주장하는 것처럼, 우연히 왔다가 우연히 사라지는 안개와 같은 허무한 존재에 불과한 것인가? 힌두교가 가르치는 것처럼, 브라만의 분신 혹은 일부로서 무한히 이 세상과 다른 세상을 반복적으로 들락거리는 파도 속 한 방울의 물

---

216 Ibid, 122쪽.

방울인가?

기독교는 이와 전혀 다른 세계관을 제시하며 개인의 정체성과 의미를 강조한다. 개인은 하나님이 어떠한 목적을 가지고 이 땅에 보내신 소중한 존재다. 개인의 정체성이 하나님의 초월성에 의해 함몰되지 않는다. 또한 죽음과 함께 사라지지도 않는다. 개인의 실존은 실재이며 역사성을 지닌다. 그러므로 개인의 생각과 행위는 모두 기억되어 사후에 심판받는다. 결국 기독교는 개인의 정체성과 인류의 역사성을 중요시하는 종교다. 기독교의 하나님은 초월적인 하나님이자 역사적인 하나님이다.[217] 결국 이 세상을 살아가는 우리가 이 땅에 태어난 목적이 있는가, 아니면 아무런 목적도 없이 지나가는 허무한 존재인가에 관해 논의해야 한다. 그 결론에 따라 기독교 복음이 진리인지 아닌지가 판가름 날 것이다.

둘째로, 인류의 문제가 죄의 문제인가 아니면 욕망의 문제인가를 논의해야 한다.

안점식은 다음과 같이 주장한다.

종교들은 각각 다른 세계관 혹은 교리를 표방하지만, 한 가지 공통점을 가지고 있다. 그것은 "뭔가 잘못되었다"는 것이다. 내면의 자아에 문제가 있든지, 외부 세계에 문제가 있든지 뭔

---

217 Ibid, 123쪽.

가 잘못되었다는 것이다. 그래서 종교들은 그 잘못된 상태를 극복하고, 올바른 상태를 지향할 것을 촉구한다.[218]

이 세상은 전쟁과 폭력에 시달리고 있다. 약육강식의 원리는 인간 세계뿐 아니라 동물 세계, 심지어 바닷속 물고기들에게도 적용된다. 인간은 거짓말하고 도둑질하고 살인하기를 멈추지 않는다. 도대체 이 세상은 왜 이렇게 비극적이란 말인가?

힌두교와 불교는 고통의 원인은 인간 내면에 숨은 욕망이라고 말한다. 그리고 욕망의 원인은 무지라고 주장한다. 무지하기 때문에 사물에 집착한다는 것이다. 힌두교가 말하는 무지는 사물을 하나의 개체로 인식하는 데 있다. 즉 세상의 모든 것은 우주적 영이며 궁극적 실재인 브라만의 일부이며 그와 하나인데, 사람들이 존재나 사물을 브라만과는 구별되어 따로 존재하는 하나의 개체로 생각하려는 잘못된 인식이 문제라는 것이다. 이런 면에서 힌두교는 범신론적 신비주의다.

반면 불교가 말하는 무지는 사물은 실체가 없다는 사실을 깨닫지 못하는 것이다. 이런 면에서 불교는 무신론적 자연주의다. 그러니까 힌두교와 불교는 이 세상이 고통스럽게 된 직접적인 원인은 욕망이고, 그 근본적인 이유가 무지라고 본 것이다. 만일 세상에 대한 잘

---

218 Ibid, 31쪽.

못된 인식을 바꾸기만 한다면, 고통의 문제는 저절로 해결될 수 있다는 것이다. 과연 인간이 무지를 깨뜨리고 인식의 전환을 하면, 이 고통스럽고 절망스러운 세상이 바뀔 수 있을 것인가?

기독교는 욕망이 고통의 원인이라는 데는 동의하지만, 욕망의 근원적인 원인이 잘못된 인식이라는 데는 동의하지 않는다. 기독교는 인간이 겪는 고통과 욕망의 근본 원인을 죄에서 찾는다.

이 세상은 고통으로 가득 차 있을 뿐 아니라 죄로 가득 차 있다. 죄가 실제적으로 보이지 않는 것은 죄가 없거나 관념적인 것이어서가 아니라 인간이 죄라는 어젠다(agenda)에 관심이 없기 때문이다. … 인간은 자기의 의 때문에 자신의 죄, 불의를 잘 보지 못한다. 인간이 죄의 실상과 죄에 대한 자각을 하지 못하는 것은 역설적이지만 죄 때문이다. 인간의 죄성, 즉 자기 중심성과 자기 주장성은 달리 말해서 자기애(나르시시즘)와 자기 의다. 이기심과 교만은 자신의 죄를 실제적인 것으로 보지 못하게 방해한다.[219]

다른 종교에도 죄라는 개념이 있다. 질서나 법을 지키지 않고 깨뜨린 죄를 말한다. 바로 자범죄다. 또한 사회에서도 법이나 질서를

---

219 Ibid, 68쪽.

지키지 않고 죄를 지으면 재판을 받고 감옥에 간다. 그렇다면 기독교가 말하는 죄는 무엇인가? 기독교가 말하는 죄는 자범죄를 포함한다. 하지만 더 근원적인 죄가 있다. 바로 하나님과의 관계를 깨뜨린 반역죄, 즉 원죄다. 창세기 3장은 원죄가 무엇인지를 잘 보여 준다. 이 세상에서 성경보다 죄의 기원에 대하여 속 시원하게 설명해 주는 경전은 없을 것이다. 성경이 말하는 것은 다음 두 가지다. 첫째로 인간이 하나님께 반역하는 죄를 지었다는 것이다. 둘째로 그로 인해 인간의 저주받은 삶이 시작되었다는 것이다(창 3:17-19).

제1차, 제2차 세계 대전을 지나 제3차 세계 대전의 위협을 현실로 느끼는 현대인들은 이 세상이 뭔가 잘못되어도 한참 잘못되었다는 사실에 쉽게 공감할 것이다. 도대체 왜 인간의 역사는 시간이 갈수록 더 깊은 파멸의 구렁텅이에 빠져들어 가는 걸까? 힌두교와 불교가 말하는 자아에 대한 잘못된 인식 때문일까? 아니면 인간의 죄성 때문일까? 만일 인간의 죄성이 인류를 파멸로 몰고 가는 원인이라고 생각한다면, 예수 복음의 유일성은 유효하다.

그러나 이슬람교는 성경이 말하는 원죄를 부정한다. 아담의 죄가 인류 후손에게 유전되는 것도 합리적이지 않고, 이치에 맞지 않는다고 주장한다. 이슬람교는 죄와 욕망을 다스리는 인간의 능력을 낙관적으로 보는 것이다.

이슬람은 성과 속은 영역을 통합하고 영혼과 육체의 욕구를 모두 실현할 수 있다고 여긴다. 인간의 욕망은 샤리아에 의해 통제될 수 있다고 보기 때문에 이슬람은 낙관적인 현세주의로 나타난다. 이슬람은 율법을 통해 이 현세를 가장 이상적인 사회로 만들 수 있다고 보기 때문에 낙관적인 현세주의인 것이다. 이 이상적인 공동체가 바로 움마다.[220]

과연 이슬람의 가르침대로 인간이 이 땅에 이상적인 나라, 유토피아를 건설할 수 있을까? 지나온 역사를 살펴본다면, 그 결과는 그리 긍정적이지 못하다. 대표적인 사례가 '아랍의 봄'이다. 아랍의 봄은 2010년 12월 이래 중동과 북아프리카에서 일어났던 반정부 시위들로 전례가 없던 혁명의 물결이다. 왜 이러한 부정적 결과가 나왔을까? 그 이유는 단순하다. 이슬람의 인간관이 너무 지나치게 낙관적이었기 때문이다.[221] 인간의 본성이 게으르고 나태하며 악하다는 사실을 증명해 주는 것이다. 과거 이와 똑같은 이유로 공산주의 혁명도 실패했었다. 자기 일이 아니고 남의 일이라면 게으르고 나태한 것이 바로 인간의 본성임을 여실히 증명해 준다.

셋째로, 과연 인간은 신인가 아니면 신처럼 초월하여 이 세상을 살아갈 수 있는가를 논의해야 한다.

힌두교의 대표적인 경전은 《베다》다. 그리고 《베다》의 꽃으로

---

220 Ibid, 256쪽.
221 Ibid, 259쪽.

불리며 힌두교 사상의 정수를 보여 주는 것이 바로《우파니샤드》
다.《우파니샤드》는 힌두교 사상의 핵심을 해설해 주는 주해서다.
그렇다면《우파니샤드》가 말하는 최종 결론은 무엇인가? 그것은 범
아일여 사상이다. 이는 궁극적 실재 브라만과 인식의 주체자인 진
정한 나 자신(아트만, 영혼, 우주적 자아)은 하나이며 동일하다는 것이
다. 이는 결국 인간은 신과 동일하다는 결론으로 이어진다. 범신론
적 신비주의다. 인간 내면에 있는 진정한 자아가 곧 우주적 영이며
궁극적 실재인 브라만이라는 사실을 깨달음으로써 목샤(자유, 해방)
에 이른다. 그러므로 인간의 영혼은 신성을 지닌 궁극적 실재의 분
신이거나 그 자체다.

붓다는 이러한 범아일여 사상 자체를 거부하였다. 그게 연기론
이고 무아론이다. 연기론은 궁극적 실재인 브라만을 거부하는 것
이고, 무아론은 진정한 자아, 아트만을 거부하는 것이다. 신도 없고,
영혼도 없고, 윤회와 사후 세계도 없다는 사실을 깨우침으로써 해
탈하는 것이다.

여기에서 두 가지 질문이 제기된다. 하나는 인간의 영혼과 육체
가 신의 일부요 신과 하나라면, 과연 인간은 신적인 존재인가라는
질문이다. 기독교는 인간을 하나님의 형상대로 지음받은 영적인 존
재로 이해하는데, 이는 인간의 영혼을 인정하면서도 하나님의 피조
물로서의 영혼으로 한정한다. 바로 영이신 하나님과 구별되는 피조
물로서의 영혼을 지닌 인간을 말하는 것이다. 이로써 영이신 하나

님과 영혼을 지닌 인간 사이의 관계 설정이 이뤄진다. 인간이 신과 하나라는 힌두교의 범아일여 사상은 인간의 희망 사항일 것이다. 어쩌면 이는 창세기 3장에 나오는 뱀이 아담과 하와를 속이는 사건과도 이어진다고 볼 수 있다.

> 여자가 뱀에게 말하되 동산 나무의 열매를 우리가 먹을 수 있으나 동산 중앙에 있는 나무의 열매는 하나님의 말씀에 너희는 먹지도 말고 만지지도 말라 너희가 죽을까 하노라 하셨느니라 뱀이 여자에게 이르되 너희가 결코 죽지 아니하리라 너희가 그것을 먹는 날에는 너희 눈이 밝아져 하나님과 같이 되어 선악을 알 줄 하나님이 아심이니라(창 3:2-5).

여기서 "너희 눈이 밝아져 하나님과 같이" 된다는 뱀의 속임수가 지금도 수많은 종교의 세계관에 숨어 있다고 본다. 또 다른 비슷한 질문은 과연 인간이 신처럼 모든 정신적인 고통에서 자유를 누릴 수 있는가다. 대부분의 사람은 이러한 붓다의 주장을 단지 인간의 희망 사항으로 받아들일 것이다. 안점식에 따르면, 인간이 신적인 존재라고 생각하거나 그렇지 않더라도 신처럼 정신적인 초월을 누릴 수 있다고 생각하는 것은 하나님을 반역하고 떠난 타락한 인간의 일면이다.

인간은 스스로 하나님이 되려고 반역심을 품고 타락했다. 자신이 하나님 노릇, 주인 노릇, 왕 노릇 하기 위해서 타락한 것이다. 인간 죄성의 본질은 이 원초적인 교만, 반역성이다. 인간은 주인이 되길 원한다. 이것이 지구상의 모든 인간, 거의 모든 종교가 씨름하는 자아의 문제다. 인간은 하나님, 주인, 왕이 되길 원했지만, 피조물의 본질상 결국 그렇게 될 수는 없는 일이었다. 주인은 자신의 뜻대로 계획대로 생각대로 소원대로 하지만, 그 결과에 대해서도 책임을 져야 한다. 불행하게도 타락한 피조물인 인간은 자신의 뜻대로 하고자 하나 결과를 책임질 능력과 지혜가 없다. 그래서 근심과 염려가 떠날 날이 없고, 두려움을 떨치지 못하는 것이 타락한 인간의 모습이다.[222]

결과적으로 예수의 복음이 지닌 유일성은 앞에서 논한 세 가지 주제를 통해 자연스럽게 드러난다고 생각한다.

1) 인간의 실존은 실재이며, 역사성을 갖는다.
    인간의 실존은 환상도 꿈도 아닌 현실이다.
2) 인류의 문제는 죄의 문제이지 무지의 문제가 아니다.

---

222 Ibid, 37-38쪽.

기독교가 말하는 죄는 하나님과 인간 사이의 뒤틀린 관계를
말한다.

3) 인간은 신이 아니며, 또한 고통스러운 세상을 신처럼 초월하
여 살 수 없다.

인류는 제1차, 제2차 세계 대전 속에서 절망했다. 이제는 핵무기
로 인한 제3차 세계 대전과 기후 변화로 인한 자연재해의 위기에 직
면해 있다. 약육강식과 실리주의라는 국제 사회의 변치 않는 원리
가 인류를 멍들게 한다. 이렇게 세상이 뒤틀리고 저주받게 된 때의
상황을 성경은 아주 자세히 묘사해 준다(창 3:1-15). 그리고 타락한 인
류가 맞게 될 비극적 결과에 관해서도 자세히 설명해 준다(창 3:16-23).

이렇게 절망적인 현실 앞에 선 인류는 어디서 위로와 희망을 찾
을 수 있을까? 유교는 성인과 철인이 다스리는 이상 왕국을 꿈꾼다.
또한 수양을 통해 인간성이 완성될 수 있다고 믿는다.[223] 이는 인간
내면에 깃든 도덕적 성향을 발전시킴으로써 가능하다고 본 것이다.
하지만 현대인들은 유교의 이상 국가 실현과 개인의 자아 완성에 더
이상 희망을 두지 못한다. 왜냐하면 인간에 대해 더 이상 낙관적인
견해를 가질 수 없게 되었기 때문이다.

각 종교의 세계관을 구조적으로 분석하여 비교해 보면, 기독교

---

223 Ibid, 224쪽.

적 세계관이 지닌 독특성과 예수 그리스도의 유일성은 확연히 드러난다.[224] 여기에 예수 그리스도의 십자가 사건이 개인에게 하나님을 체험하는 사건으로 다가올 때 기독교는 살아있는 진리의 종교로서 비로소 거듭나는 것이다.

2,000년 전에 있었던 예수 그리스도의 십자가 죽음이라는 역사적 사건이 개인의 영혼을 살리는 중생의 사건으로 거듭날 때, 기독교의 생명력은 확장된다. 이런 면에서 기독교는 영혼의 종교이고, 하나님의 살아 계심을 증거하는 신비의 종교이며 하나님과 개인적인 관계를 맺고 교제하는 인격적인 종교다. 예수를 만나기 전에 죽어 있던 우리 영혼이 예수 십자가를 믿고 죄 용서를 받음으로써 구원받고 하나님의 자녀가 된다는 기독교 신앙은 어쩌면 지나치게 신비적일 수도 있겠지만, 인류가 당면한 재앙과 저주 앞에 그리고 각 개인이 경험하는 죄악과 무기력 앞에 예수의 복음보다도 현실적인 것은 없다고 본다.

인류의 문제는 욕망의 문제이고 타락의 문제다. 세계를 보아도 그렇고, 각 개인을 보아도 그렇고, 필자 자신을 보아도 그렇다. 인간은 정말 악하다. 자기밖에 모른다. 우리 자신이 자기애성 성격 장애자들이다. 이로 인해 인류는 신음하고 있다. 과연 붓다가 말한 대로 마인드 컨트롤을 통해 인간의 욕망 문제를 해결할 수 있을까? 필자

---

224 Ibid, 19쪽.

는 회의적으로 본다. 과연 《우파니샤드》가 전하는 인간이 곧 신이라는 인식을 통해 인류가 직면한 저주와 파멸을 벗어날 수 있을까? 또한 질병과 죽음 앞에서 개인이 느끼는 연약함에서 자유로워질 수 있을까? 너무나 신기루와 같은 이야기다.

하지만 핵무기의 위협과 기후 재앙의 위기 앞에 선, 인성이 파탄이 난 인류가 하나님의 용서와 사랑을 기대하는 것은 무리일까? 지금까지 인류의 역사를 절망과 불안으로 이끈 존재를 신이라 비난하며, 신을 포기해야만 할까? 이에 대해 전도서는 말한다.

> 너는 청년의 때에 너의 창조주를 기억하라 곧 곤고한 날이 이르기 전에, 나는 아무 낙이 없다고 할 해들이 가깝기 전에 … 일의 결국을 다 들었으니 하나님을 경외하고 그의 명령들을 지킬지어다 이것이 모든 사람의 본분이니라 하나님은 모든 행위와 모든 은밀한 일을 선악 간에 심판하시리라(전 12:1, 13-14).

요한계시록은 마지막 심판 날에 예수 그리스도가 심판자로서 등장할 것이라고 예언한다.

> 또 내가 보니 죽은 자들이 큰 자나 작은 자나 그 보좌 앞에 서

있는데 책들이 펴 있고 또 다른 책이 펴졌으니 곧 생명책이라 죽은 자들이 자기 행위를 따라 책들에 기록된 대로 심판을 받으니 바다가 그 가운데에서 죽은 자들을 내주고 또 사망과 음부도 그 가운데에서 죽은 자들을 내주매 각 사람이 자기의 행위대로 심판을 받고 사망과 음부도 불못에 던져지니 이것은 둘째 사망 곧 불못이라 누구든지 생명책에 기록되지 못한 자는 불못에 던져지더라(계 20:12-15).

이런 면에서 기독교적 세계관(혹은 역사관)은 대서사시, 곧 한 편의 거대한 드라마와도 같다. 바로 창조, 타락, 구속, 회복 등으로 이어지는 이야기가 그것이다.

1) 하나님의 천지 창조(창세기 1장).
2) 인간의 타락(창세기 3장).
3) 저주받은 인간(창세기 3:16-23).
4) 동물 희생 제사를 통한 속죄(레위기 17:11).
5) 하나님의 성육신, 인간이 되신 하나님(요한복음 1장).
6) 역사적 사건으로서 예수의 십자가 죽음(마태복음 27:21-56).
7) 십자가 사건이 하나님의 용서와 사랑이라는 확증으로서의 부활(누가복음 24:13-51).

8) 예수의 승천(사도행전 1:8-11).

9) 성령 강림과 교회의 탄생(사도행전 2:1-47).

10) 예수의 재림과 심판(요한계시록 19-20장).

기독교가 말하는 성경적 세계관(혹은 역사관)은 다음 네 가지 특징을 보여 준다.

첫째, 성경은 비틀어진 세상, 잘못된 세상의 원인을 설명해 준다. 즉 인간의 타락과 파멸의 원인을 아주 잘 설명해 준다는 뜻이다. 죄의 기원이나 속성에 관한 성경의 해설은 인류의 현실적이고 실존적인 상황에 너무나 부합한다.

둘째, 예수의 십자가 사건은 여느 조잡한 신화들과는 다르다. 하나님의 아들로서 예수가 인류의 죄를 대신 짊어지고 십자가에서 희생당했다는 사실은 다른 종교적 신화 이야기들과는 차원이 다르다. 신화에 등장하는 신들은 대부분 남신과 여신으로 나뉜 자연신으로서 폭력, 간음, 풍요, 다산 등에 관련되어 있다. 신화 속 신들은 서로 능력을 겨루며 싸움을 그치지 않는다. 이에 반해 예수는 죄가 없는 하나님의 아들로서 인류의 죄를 대속하기 위해 희생양이 된다. 십자가의 죽음은 폭력과 저항의 결과가 아니라 완전한 순종과 포기의 결과다. 이것이 신화의 신들과는 차원이 전혀 다른 예수의 복음

이다. [225]

셋째, 창조, 타락, 구속, 회복의 대서사시는 역사적으로 일관성을 보인다. 예수의 복음은 아무런 예고나 준비도 없이 등장한 출처가 없는 복음이 아니다. 예수의 탄생과 십자가 죽음은 하나님이 오래 전부터 준비한 구원의 계획이었다.

이런 면에서 이스라엘 역사와 구약 성경은 예수의 복음을 잉태한 모태요 모판이다. 창세기 3장 15절(원복음), 창세기 49장 8-12절(메시아 예언), 출애굽기 12장(유월절 어린양의 피), 레위기(동물 희생 제사), 이사야서 53장(어린양의 죽음을 통한 속죄) 등 구약의 전체 맥락이 메시아의 도래와 그의 사역에 초점이 맞추어져 있다. 물론 유대인들은 아직도 자신들이 생각하는 정치적인 메시아를 기다리고 있는 게 현실이다. 왜냐하면 그들은 인류의 죄를 대속하러 왔다는 메시아, 즉 그리스도의 정체성을 믿지 않기 때문이다. 다시 말해서 유대인들은 구약 성경을 다르게 해석한다는 것이다. 아무튼 기독교적 세계관은 하나님의 창조, 그리고 인간의 타락, 타락한 인간을 구원하시는 하나님의 계획(이스라엘 역사), 그 계획의 성취로서의 예수의 성육신과 십자가 사건을 바탕으로 한다. 이런 면에서 예수의 성육신과 십자가 죽음은 하나님이 오랫동안 준비해 온 계획의 성취인 것이다. [226] 예수

<hr />

225 Ibid, 54쪽.
226 힌두교의 화신과 기독교의 성육신은 무엇이 다른가? 화신과 성육신은 우리말로 달리 표현되었지만, 영어로는 Incarnation으로 똑같이 번역된다. 그렇다면 무엇이 다른가? 힌두교의 화신은 인간뿐 아니라 동물로도 나타난다. 힌두교는 인류가 진리를 버

그리스도의 등장은 그야말로 족보 있는 출현이다.[227]

넷째, 자기 초월과 같은 자력 구원을 시도하다가 한계에 부딪힌

리고 악과 불의에 빠져 있을 때 진리를 가르치고 악으로부터 인류를 구원하기 위해 신의 대리자로서 아바타가 출현한다고 가르친다. 힌두교의 교의에 따르면, 비슈누에게는 열 명의 화신(아바타)이 있으며, 그중에 마지막 아바타(칼키)는 아직 세상에 출현하지 않은 상태라 한다. 이에 비해 기독교의 성육신은 유일회적이다. 기독교 성육신의 목적은 인류를 위한 대속에 있다. 결과적으로 화신과 성육신의 가장 큰 차이는 그 목적에 있다. 이런 면에서 기독교는 교훈과 가르침의 종교가 아니라 대속의 종교다. 예수가 인류의 죄를 대신 속하기 위해서 성육신하였으므로 성육신은 유일회적이어야 한다. 반면 힌두교는 세상의 공의가 깨지고 불의와 악이 판치며 가르침과 교훈이 흐려질 때마다 아바타가 와야 한다. 그러므로 아바타의 빈번한 출현은 자연스러운 것이다. Ibid, 121-122쪽.

227 이슬람교는 7세기 초 아라비아에서 일어난 급진적 유대주의 종교다. 이슬람교의 신, 알라는 구약 성경의 하나님과 동일한 신이다. 이슬람교는 알라 외에 다른 신은 없다고 주장한다. 오히려 유대교보다도 더 하나님을 엄격하게 섬기려 하기에 급진적 유대주의 종교라고 할 수 있다. -토머스 하트먼·마크 젤먼, 《세계 종교 산책》, 김용기 역, 가톨릭출판사, 2006, 70쪽. 이런 면에서 이슬람교는 유일신론을 엄격히 지키는 종교다. 이슬람교의 창시자 무함마드는 경건한 신앙인으로 유대교와 기독교의 영향을 동시에 받은 인물이다. 무함마드는 기독교가 주장하는 예수의 신성을 도저히 인정할 수 없었다. 예수를 신으로 섬기는 것은 그에게 있어서는 우상 숭배로 여겨졌기 때문이다. - 휴스턴 스미드, 《세계의 종교들》, 이상호 외 4인 역, 연세대학교 출판부, 1973, 186쪽. 무함마드는 예수를 구원자가 아닌 많은 예언자 중 하나로 받아들였던 것이다. 결국 무함마드는 기독교의 좋은 점들을 수용하되 기독교 신앙의 본질을 포기하고, 결국 유대교의 유일신 신앙만을 고집하게 된 것이다. 휴스턴 스미드에 따르면, 이슬람교 교리의 핵심은 기독교와 유대교에서 나왔다고 한다. 즉 이슬람교가 기독교와 유대교의 핵심 교리를 선택적으로 수용했다는 것이다. 그 대표적인 예가 쿠란에 나오는 최후의 심판과 부활에 관한 내용이다. 쿠란에 따르면, 사람이 죽으면 일단은 잠자는 상태로 들어가서 부활의 날까지 지낸다. 그리고 부활의 날에 하나님의 천사가 나팔을 불면, 무덤이 열리고 잠에서 깨어난다. 이날에 모든 사람이 하나님 앞에 나아가 심판을 받게 되는데, 책에 기록된 자신의 행위에 따라 상벌을 받는다. - 오강남, 《세계 종교 둘러보기》, 현암사, 2003, 310쪽. 이슬람교의 종말론은 정말 놀라울 정도로 기독교와 유사하다. 반면 차이점도 존재하는데, "천국의 황금 길이 물이 흐르고 꽃이 피는 동산으로 묘사되고, 의로운 사람은 취기나 숙취가 따르지 않는 술을 마시게 된다"와 같은 표현이 그러하다. Ibid. 이러한 차이는 아마도 무함마드가 그 당시 아랍인들이 생각하던 천국의 이미지를 반영한 결과로 해석할 수 있다. 기독교보다 600년 정도 뒤에 일어난 이슬람교는 급진적 유일신 신앙을 기본 체계로 기독교 신앙의 좋은 점들을 수용하면서 유대교로 회귀하려는 신앙이다. 무함마드는 예수가 인류의 죄를 위해 십자가에서 죽었다는 사실, 그리고 그가 부활했다는 사실을 인정하지 않았다. 이슬람교는 기독교 신앙에 뿌리를 두면서도 기독교 신앙의 핵심을 거부한 종교라 할 수 있다. 이슬람교가 예수의 성육신, 인류를 위한 대속적 죽음, 삼위일체론 등을 거부하는 이유는 하나님만이 유일한 신이라고 믿기 때문이기도 하지만, 인간의 이성으로는 수용할 수 없는 개념이기 때문이기도 하다. - H. 카워드, 《종교 다원주의와 세계 종교》, 서광사, 1990, 119쪽.

사람들에게 예수를 통한 용서와 사랑은 대단한 위로가 된다. 종교는 대부분 지식과 지혜의 종교, 교훈의 종교, 또는 율법의 종교다. 이들 종교의 창시자들은 자신의 깨달음을 가르치는 게 주된 사명이었다. 힌두교의 베다 철학은 신과 인간이 하나라는 범아일여 사상을 가르친다. 불교의 창시자 붓다는 그가 깨달은 연기론과 무아론을 가르치고자 했다. 이슬람교의 창시자 무함마드는 그가 계시로 받은 율법(샤리아)을 지켜야 신의 심판을 면할 수 있다고 가르쳤다. 유대교도 하나님께 순종하기 위해서 구약의 율법을 지켜야 한다고 가르쳤다. 유교의 창시자 공자는 이 땅에서 이상 사회를 이루고, 개인의 자아를 실현하기 위하여 사람이 마땅히 지켜야 할 다섯 가지 도리, 곧 인의예지신(仁義禮智信)을 가르쳤다. 이처럼 다른 종교들은 구원을 위해 깨달음을 통한 인식의 전환이나 아니면 율법이나 가르침의 개인적 실천(행함)을 요청한다.[228] 이와 달리 기독교는 구원을 위해서 인간이 행할 것이 없다고 말한다. 왜냐하면 하나님이 다 행하셨기 때문이다. 우리는 하나님이 행한 구원을 그냥 믿고 따르면 된다는 것이다. 그것이 바로 예수 십자가를 통한 구원이다.

기독교는 사건의 종교인데, 이 사건의 핵심은 십자가와 부활이다. 이 사건은 인간 구원을 위한 어떠한 인간의 행위도 배

---

228 Ibid, 35-36쪽.

제한다. … 십자가는 한마디로 하나님이 자기 피로 자기 백성을 사신 사건이다.[229]

그렇다면 복음의 유일성에 관한 주장들은 어떻게 증명할 수 있을까? 기독교는 복음의 유일성을 증명하는 것조차도 하나님이 행해야 한다고 말한다. 우리는 하나님의 존재를 증명할 수 없고, 예수가 하나님의 아들임을 증명할 수 없다. 우리는 우리가 예수를 믿음으로써 하나님의 자녀가 된 사실과 최후의 심판 날 예수 그리스도의 피로 심판을 면하게 될 것을 증명할 수 없다. 하지만 이 모두는 예수의 재림으로 스스로 증명될 것이다.

이르시되 때와 시기는 아버지께서 자기의 권한에 두셨으니 너희가 알 바 아니요 오직 성령이 너희에게 임하시면 너희가 권능을 받고 예루살렘과 온 유대와 사마리아와 땅 끝까지 이르러 내 증인이 되리라 하시니라 이 말씀을 마치시고 그들이 보는데 올려져 가시니 구름이 그를 가리어 보이지 않게 하더라 올라가실 때에 제자들이 자세히 하늘을 쳐다보고 있는데 흰 옷 입은 두 사람이 그들 곁에 서서 이르되 갈릴리 사람들아 어찌하여 서서 하늘을 쳐다보느냐 너희 가운데서 하늘로 올려

---

229 Ibid.

지신 이 예수는 하늘로 가심을 본 그대로 오시리라 하였느니
라(행 1:7-11).

    지금 인류는 파멸의 길을 걷고 있다. 수년 내에 핵무기로 인해 자
멸할 수도 있다. 어쩌면 요한계시록이 예언한 "불과 유황"(계 14:10)의
심판이 바로 이것일 수도 있다. 인류는 천 길 낭떠러지에 놓인 듯 위
태위태하다. 이러한 인류 파멸의 위기 앞에 인간이 신이라는 힌두
교의 가르침이나 인간 신처럼 고통에서 자유롭게 살 수 있다는 불교
의 가르침은 더 이상 희망이 될 수 없다고 본다. 왜냐하면 인간은 신
이 아니라 그저 나약한 존재에 불과하기 때문이다. 또한 인간이 신
처럼 정신적인 고통에서 자유롭게 될 수는 없기 때문이다. 설사 고
통에서 해탈한다고 하더라도 인류가 당면한 종말론적 파멸에서 벗
어날 수는 없다.

    이제 인류는 자신의 운명을 예수에게 걸어야 할지도 모른다. 예
수가 마지막 희망일지도 모르기 때문이다. 성경은 2,000여 년 전 구
름을 타고 올라간 예수가 인류를 구원하기 위해 다시 구름을 타고
내려오리라고 예언한다.[230]

---

230 구름을 타고 승천했다거나 다시 구름을 타고 내려오리라는 이야기는 과학적으로는 말
이 안 되는 허무맹랑한 이야기다. 그러나 유대교와 기독교의 경전인 구약 성경에는 승
천한 사람이 둘이나 등장한다. 바로 에녹(창 5:24)과 엘리야(왕하 2:1-11)다. 그러므
로 유대교와 기독교 전통에서 볼 때, 예수의 승천과 재림은 신비하지만, 불가능한 이
야기는 아니다. 신의 존재를 믿는 자들에게 신비한 기적은 얼마든지 일어날 수 있는
일이기 때문이다.

볼지어다 그가 구름을 타고 오시리라 각 사람의 눈이 그를 보겠고 그를 찌른 자들도 볼 것이요 땅에 있는 모든 족속이 그로 말미암아 애곡하리니 그러하리라 아멘(계 1:7).

이제 마지막 때에 예수가 심판 주로서 재림함으로써 성경이 말하는 대서사시가 완성되어야 한다. 물론 성경이 말하는 '창조, 타락, 구속, 회복'의 우주적 역사를 받아들이느냐 마느냐는 개인의 선택이다.

만약 당신이 신의 존재 자체를 부정한다면, 기독교적 세계관은 정말 허무맹랑한 이야기에 지나지 않을 것이다. 하지만 만일 신의 존재를 인정한다면, 인간이 신이라고 믿는 범신론적 신비주의의 힌두교나 인간이 신처럼 자유할 수 있다는 무신론적 허무주의의 불교와 기독교 세계관을 비교해야 할 것이다. 더 나아가 인간의 노력으로 이 세상에 유토피아를 건설하고자 했던 유교와 이슬람교의 시도와 인간의 부패와 무능함을 고발하는 기독교적 세계관을 비교해야 할 것이다. 또한 구약 성경에 나타난 메시아 사상이 기독교가 믿는 예수 그리스도를 말하는지 아니면 유대인들이 아직도 기다리고 있는 정치적 메시아를 말하는지 성경을 깊이 탐구해야 한다.

붓다는 자신이 신이라고 말하지 않았다. 무함마드도 자신을 가리켜 신이라 하지 않았다. 하지만 예수는 자신을 신으로 소개한다. 예수, 그는 정신병자인가 아니면 진정 인류를 죄에서 구원할 구세주인가? 종말로 치닫는 듯 파멸해 가는 세상에서 인류는 과연 누구에 게 운명을 걸어야만 할 것인가?